Remo H. Largo / Martin Beglinger
Schülerjahre

PIPER

Zu diesem Buch

Der bekannte Kinderarzt und Entwicklungsspezialist Remo H. Largo diskutiert mit Martin Beglinger über »Turboschulen« und echte Bildung, über Frühförderung und Schulverweigerer, über die Qualität des Unterrichts und den Sinn von Schulnoten, über den wirtschaftlichen und erzieherischen Druck, der auf den Eltern lastet, und über die Frage, was eine gute Lehrerin oder einen guten Lehrer ausmacht. Im Mittelpunkt des Buches steht das Kind und seine Entwicklung: Wie Kinder lernen, was sie kompetent macht und wann die Schule kindgerecht ist. Und wie Eltern ihre Kinder unterstützen können.

Professor Dr. med. Remo H. Largo, geboren 1943, leitete 30 Jahre lang die Abteilung »Wachstum und Entwicklung« am Kinderhospital Zürich. Seine Bücher »Babyjahre« und »Kinderjahre« sind Standardwerke und Longseller. Er lebt in Uetliburg im Kanton St. Gallen / Schweiz, hat drei Töchter und vier Enkelkinder.

Martin Beglinger, geboren 1960, ist Historiker und als Redakteur beim Magazin des Tages-Anzeigers in Zürich tätig. Schwerpunkte seiner Arbeit sind Innenpolitik, Schul- und Bildungsthemen. Er ist verheiratet, hat zwei Töchter und lebt in Glarus / Schweiz.

Remo H. Largo / Martin Beglinger

Schülerjahre

Wie Kinder besser lernen

Mit 100 Farbfotos und Grafiken

Piper München Zürich

Inhalt

Vorwort

Wie das Buch entstanden ist

Der Ausgangspunkt dieses Buches lässt sich auf die Minute genau datieren: Mittwoch, 7. November 2007, 11.51 Uhr. Von: Remo H. Largo. An: Martin Beglinger. Mitteilung: » Ein Thema, das mich schon längere Zeit beschäftigt und Sie vielleicht auch interessieren könnte: An den Schweizer Gymnasien haben wir derzeit etwa 60 Prozent Mädchen und 40 Prozent Jungen – meines Erachtens eine krasse Verletzung der Chancengleichheit, es sei denn, man geht davon aus, das männliche Geschlecht sei dümmer als das weibliche. Die Auswirkungen sind gravierend, doch erstaunlicherweise interessiert dies die Bildungspolitik in keiner Weise. «

So trafen wir uns in den folgenden Wochen mehrmals und diskutierten stundenlang am gemütlichen Küchentisch im Hause Largo hoch über dem Zürichsee – doch längst nicht nur über die ungleichen Chancen von Jungen und Mädchen. Es ging auch um Erziehungsfragen, um die Nöte der Eltern oder um die zunehmend schwierigere Rolle der Lehrerinnen und Lehrer. Aus diesen Begegnungen entstand ein längeres Interview mit dem Titel » Der gute Schüler von heute ist ein Mädchen «, das im Januar 2008 im » Magazin « des Zürcher *Tages-Anzeigers* erschienen ist. In den darauffolgenden Tagen und Wochen wurden wir derart von Briefen, Mails und Anfragen um weitere Auskünfte überschwemmt, dass wir beschlossen, unser Gespräch wiederaufzunehmen, zu vertiefen und auszuweiten. Das Ergebnis dieser rund 20 Treffen zwischen Frühjahr und Herbst 2008 ist das vorliegende Gesprächsbuch. Die Form von Frage und Antwort schien uns nicht nur attraktiv für die Leserschaft, sondern auch naheliegend aufgrund der besagten Entstehungsgeschichte.

Worum es geht

Seit einigen Jahren steht die Schule im Zentrum der gesellschaftlichen Auseinandersetzungen. Die Schulsysteme in Deutschland, Österreich und der Schweiz mögen sich in mancher Hinsicht unterscheiden, doch die öffentliche Diskussion über Schule und Erziehung verläuft in den deutschsprachigen Ländern nahezu identisch. Aufgrund der immer heftiger geführten Debatte könnte man meinen, die heutigen Schulen seien so schlecht wie nie zuvor. Doch die Studien der Bildungsforscher belegen das Gegenteil: Die schulischen Leistungen sind insgesamt besser geworden. Unsere Volksschulen, die je nach Land bis zu 200 Jahre alt sind, können auf eine Erfolgsgeschichte zurückblicken. Und doch kämpft die Schule heute mit großen Schwierigkeiten, auch wenn diese ihren Ursprung oftmals nicht in der Schule selbst haben. Die fehlenden Berufschancen für deutsche Hauptschüler sind sehr real, ebenso die Nöte von Schülern und ihren Eltern an den »Turbogymnasien«. Dass Kinder aus Migrationsfamilien geringere schulische Chancen haben, ist vielfach belegt wie auch die Benachteiligung der Jungen im Vergleich zu den Mädchen. Disziplinarische Schwierigkeiten in Schule und Familien sind große Herausforderungen für alle, von Lehrern und Eltern über die Schulbehörden bis hin zu den Bildungsministerien. Manche gesellschaftlichen Probleme manifestieren sich auch in der Schule, vom Auseinanderdriften zwischen Arm und Reich über Suchtprobleme und Gewalt bis zu den Beziehungsstörungen in den Familien. Schulen sind ein präziser Spiegel unserer Gesellschaft.

Es vergeht überdies kein Tag, an dem man nicht irgendwo den Satz hört oder liest: Die wichtigste Ressource in unseren rohstoffarmen Ländern ist die Bildung. Das Ringen um diese Ressource ist in vollem Gange. Insbesondere Eltern aus bildungsnahen Schichten sind sich der großen Bedeutung der Schule für das spätere Leben sehr bewusst – und entsprechend beunruhigt, wenn die Schulkarriere ihrer Kinder nicht wie erhofft verläuft. Vielen Eltern sitzt die Angst vor dem Abstieg im Nacken, zumal in wirtschaftlichen Krisenzeiten. Sie spüren, wie der Konkurrenzkampf um gute Arbeitsplätze immer härter und auch internationaler wird. Umso mehr versuchen sie alles zu unternehmen, damit ihr Kind eine gute Ausbildung erhält.

All diese Themen wurden in den letzten Jahren von Eltern, Lehrern sowie Vertretern der Politik und Wirtschaft in die Diskussion eingebracht. Das Kind wurde geradezu eingekesselt von Erwachsenen und Institutionen, die nur sein Bestes wollen und sich seinem Wohl verpflichtet fühlen. Dennoch kommen unseres Erachtens die Anliegen und Bedürfnisse der Kinder und Jugendlichen in der epischen Schulreformdebatte notorisch zu kurz, weil im Schulalltag ihre Bedürfnisse oft genug in Konkurrenz zu den Interessen der Erwachsenen stehen. In diesem Buch wollen wir zur Kernfrage der Debatte zurückkehren und sie ins Zentrum stellen: Was für eine Schule brauchen unsere Kinder? Wir verstehen uns gewissermaßen als Anwälte der Kinder, die einen Beitrag zur Bildungsdebatte leisten möchten, indem wir von den Bedürfnissen der Kinder und den Gesetzmäßigkeiten ihrer Entwicklung ausgehen. Dieses Buch ist ein Versuch, die Schule vom Kind her zu denken.

Wie das Buch aufgebaut ist

Das Buch besteht aus 3 Teilen. Die Teile I und II beschäftigen sich mit dem Kind und seiner Entwicklung. Teil III versucht die Frage zu beantworten, was die zuvor gewonnenen Erkenntnisse für Schule, Eltern und Gesellschaft bedeuten. Teil I gibt zunächst einen Überblick über die Gesetzmäßigkeiten der Entwicklung und das Lernverhalten des Kindes. Im Zentrum steht dabei die enorme Vielfalt in der kindlichen Entwicklung, die aus unserer Sicht eine der großen pädagogischen Herausforderungen darstellt. Eltern, Lehrer, Bildungswissenschaftler und Politiker treibt die gleiche grundlegende Frage um, die ihren Ursprung in einem der größten Gruppenexperimente der Menschheitsgeschichte hat: Mindestens 9 Jahre lang werden Kinder mit mehr oder weniger dem gleichen Lernstoff unterrichtet, doch am Ende ihrer Schulzeit sind sie verschiedener denn je. Dieser Vielfalt konnten die bisherigen Unterrichtsmethoden offenkundig nur ungenügend gerecht werden. Wir diskutieren die Ursachen, wie diese Vielfalt aus dem Zusammenspiel von Anlage und Umwelt entsteht. Zwei weitere Kapitel widmen sich dem Lernverhalten sowie der Lernmotivation des Kindes. Dem Begriff des Selbstwertgefühls kommt dabei eine wesentliche Bedeutung zu.

Teil II befasst sich ausführlich mit den sogenannten Kompetenzen, den wichtigsten Bereichen der kindlichen Entwicklung: Sprache, logisch-mathematisches Denken, figural-räumliche Vorstellung, Sozialverhalten, Motorik, musikalische Fähigkeiten sowie ein kompetenzenübergreifendes Verständnis. Wie eignet sich das Kind diese Kompetenzen an? Welche Erfahrungen muss das Kind dazu machen können? Dabei argumentieren wir aus einer verhaltensbiologischen Perspektive und weisen auf Fakten hin, die weder pädagogisch noch ideologisch wegzudiskutieren sind. Man kann diese Fakten zur Kenntnis nehmen oder nicht, doch folgenlos ignorieren lassen sie sich nicht.

Im abschließenden Teil III besprechen wir die Konsequenzen für die Schule, die aus den Teilen I und II zu ziehen sind. Immer wieder rückt dabei die Frage in den Mittelpunkt, ob die heutige Schule den entwicklungsspezifischen Bedürfnissen der Kinder in ausreichendem Maß gerecht wird. Was muss sich ändern? Was können Schule, Lehrkräfte und Eltern dazu beitragen, dass jedes Kind sein Entwicklungspotenzial realisieren und damit beruflich und sozial integriert werden kann? Worauf sollte eine Schule achten, damit die Kinder ein gutes Selbstwertgefühl entwickeln, ihre Stärken entfalten können und mit ihren Schwächen umzugehen lernen? Wir reden über »Turboschulen« und Klassengrößen, über Frühförderung und Schulverweigerer, über die Qualität des Unterrichts und den Sinn von Schulnoten. Der wirtschaftliche und erzieherische Druck, der auf den Eltern lastet, kommt ebenso ausführlich zur Sprache wie die Frage, was eine gute Lehrerin oder einen guten Lehrer ausmacht. Werden überhaupt die richtigen Menschen Lehrer, und werden diese so ausgebildet, dass sie mit den Kindern entwicklungsgerecht umgehen können? Unser Augenmerk gilt bei all diesen Fragen den obligatorischen Schuljahren, aber auch der bisher vernachlässigten Vorschulzeit. Den Bereich der Berufs- und der Hochschulen hingegen behandeln wir nur am Rande.

Im Anhang ist eine Zusammenstellung der Grafiken zu finden, welche die Inhalte von Teil I bis III veranschaulichen und weiterführende Hinweise liefern. Zudem findet sich hier unter anderem ein Überblick über die verschiedenen Schulsysteme in Deutschland, Österreich und der Schweiz. In Teil I bis III werden immer wieder biostatische, entwicklungspsychologische und pädagogische Begriffe verwendet, die zum Verständnis wichtig, aber vielen Lesern nicht geläufig sind. Sie werden im Glossar ebenfalls ausführlich erläutert.

Leserinnen und Leser, die sich für den Erfahrungshintergrund und die Herkunft der pädagogischen Grundhaltung von Remo H. Largo interessieren, verweisen wir auf das Nachwort.

Abschließend noch eine kurze Anmerkung zum Sprachgebrauch: Aus Gründen der besseren Lesbarkeit haben wir im Text entweder die männliche oder die weibliche Form gewählt, doch wir betrachten beide Formen als gleichwertig.

Remo H. Largo und Martin Beglinger,
Januar 2009.

Teil I

Wie sich Kinder entwickeln

Vielfalt und Individualität

Was das einzelne Kind ausmacht

Sie haben während Ihrer 35-jährigen Tätigkeit als Kinderarzt Tausende von Kindern untersucht, insbesondere im Rahmen der Zürcher Longitudinalstudien. In diesen Studien wurden zwischen 1954 und 2005 das Wachstum und die Entwicklung bei etwa 800 gesunden Kindern von der Geburt bis ins Erwachsenenalter festgehalten und analysiert (Largo et al. 2005). Was ist für den Entwicklungsspezialisten Largo ein Kind?

Für mich zeichnet sich ein Kind durch sein einmaliges Wesen aus. Es hat mich immer wieder erstaunt, wie unverwechselbar Kinder sind. Bereits im ersten Lebensjahr ist das Kind eine Persönlichkeit und beginnt sich spätestens mit 2 Jahren seiner Individualität bewusst zu werden. Seine individuellen Fähigkeiten und Verhaltenseigenschaften setzen sich im Laufe der Kindheit immer mehr durch. Das Beste, was wir als Erwachsene tun können, ist: das Kind so annehmen wie es ist. Seine Individualität von klein auf zu respektieren, scheint mir mit das Wichtigste im Umgang mit Kindern zu sein.

In Ihren Arbeiten (Largo 1999, 2007) betonen Sie immer wieder die extremen Entwicklungsunterschiede bei Kindern, und zwar bereits in den ersten Lebensjahren. Kinder beginnen zum Beispiel in sehr unterschiedlichem Alter zu sprechen. Die einen tun dies bereits früh mit 10 bis 12 Monaten, andere erst mit 24 bis 30 Monaten. Wie offenbaren sich solche Unterschiede bei der Einschulung?

Die Individualität ist ein Ausdruck dieser großen Vielfalt unter den Kindern. Die Vielfalt nimmt im Verlauf der Kindheit immer mehr zu. Wenn eine Lehrerin eine Klasse mit 20 7-jährigen Kindern vor sich hat, dann unterscheiden sich die Kinder in ihrem Entwicklungsalter um mindestens 3 Jahre (Abbildung 1). Es gibt

Kinder, die mit 7 Jahren ein Entwicklungsalter von 8 bis 9 Jahren haben und bereits lesen können. Andere mit einem Entwicklungsalter von 5 bis 6 Jahren sind noch weit davon entfernt. Bis zur Oberstufe nehmen die Unterschiede zwischen den Kindern noch einmal deutlich zu. Mit 13 Jahren variiert das Entwicklungsalter um mindestens 6 Jahre zwischen den am weitesten entwickelten Kindern und jenen, die sich am langsamsten entwickeln (Abbildung 2). Hinzu kommt, dass die Jungen als Gruppe im Mittel um eineinhalb Jahre in ihrer Entwicklung hinter den Mädchen zurückliegen. (Beispiele zur Vielfalt in den verschiedenen Entwicklungsbereichen siehe Teil II.) Der Umgang mit dieser sogenannten interindividuellen Variabilität ist für Eltern und Lehrkräfte sehr anspruchsvoll.

Wenn Kinder auf die Welt kommen, sind sie bereits sehr verschieden.

Warum die Begabungen bei einem Kind oft sehr unterschiedlich sind

Eltern und auch Lehrer wundern sich immer wieder, wie unterschiedlich die Begabungen bei einem Kind ausgeprägt sein können. Das eine Kind ist gut in Sprache, aber schwach in Mathematik; bei einem anderem ist es genau umgekehrt. Wie lässt sich das erklären?

Das rührt von der Vielfalt im Kind selbst her, der sogenannten intraindividuellen Variabilität; auch sie kann von Kind zu Kind unterschiedlich stark ausfallen. Diese Vielfalt führt dazu, dass jedes Kind, aber auch jeder Erwachsene sein ihm eigenes Profil von Begabungen oder Kompetenzen aufweist. Vier solche Profile von 10-jährigen Kindern sind in den Abbildungen 3 bis 6 dargestellt. Bei Anna sind alle Fähigkeiten gleich stark ausgeprägt. Ein Kind wie Anna ist mir allerdings noch nie begegnet. Dem Gesetz der Wahrscheinlichkeit nach muss es solche Kinder irgendwo auf der Welt geben, doch sie sind sehr selten. Bei der großen Mehrheit der Kinder sind die Fähigkeiten unterschiedlich ausgebildet. Die Kompetenzprofile von Melissa, Philipp und Joachim zeigen, wie verschieden die Zusammensetzung von Stärken und Schwächen bei einem Kind sein kann. Für die Eltern und vor allem für die Lehrer bedeutet dies, dass sie sich auf jedes einzelne Kind je nach Kompetenz und Lernsituation individuell einstellen müssen. Das ist – zusammen mit den zahlreichen Unterschieden zwischen den Kindern innerhalb einer Klasse – eine große pädagogische Herausforderung für die Lehrkräfte (siehe Teil III).

Wollte man nun den Anspruch umsetzen, dass jedes Kind auf dem ihm entsprechenden Niveau unterrichtet wird, dann müsste man letztlich jedes Kind einzeln unterrichten, um ihm vollauf gerecht zu werden. Ist das nicht eine Illusion?

Wer die Vielfalt negiert, weil er glaubt, individualisierter Unterricht sei nicht realisierbar, der hat kapituliert, aber damit die reale Vielfalt unter den Kindern nicht aus der Welt geschafft. Wenn in einer 2. Klasse an der Grund- oder Primarschule das eine Kind nur bis 10 zählen kann und das andere bereits bis 1000; wenn das eine Kind Bücher liest und das andere noch nicht einmal das ganze Alphabet kennt, dann kann man nicht einfach so tun, als gäbe es diese Unterschiede nicht. Wie in Teil III gezeigt werden wird, ist eine Individualisierung des Unterrichts möglich und keine Utopie.

Wie entsteht die Vielfalt zwischen den Kindern und jene beim einzelnen Kind?

Die Entwicklung eines Kindes hin zu einem unverwechselbaren Individuum lässt sich im Wesentlichen durch 3 Prozesse charakterisieren:

- Das Kind wächst. Jedes Entwicklungsmerkmal wie die Körpergröße nimmt von Kind zu Kind quantitativ unterschiedlich stark zu.
- Das Kind differenziert seine Fähigkeiten aus. Eine Fähigkeit wie die gesprochene Sprache entwickelt sich von Kind zu Kind qualitativ unterschiedlich bezüglich zeitlichem Auftreten und Ausprägung.
- Das Kind spezifiziert seine Fähigkeiten. Je nach Umwelt, in der das Kind aufwächst, werden Fähigkeiten wie Sprache oder Essverhalten von Kind zu Kind unterschiedlich festgelegt.

Im Verlauf der Pubertät werden diese 3 Prozesse abgeschlossen. Damit haben das körperliche Wachstum, die Motorik und die Entwicklung der sogenannten fluiden Intelligenz ihren Höhepunkt, aber auch ihren Abschluss erreicht. Die kristalline Intelligenz und die Persönlichkeit werden sich noch jahrzehntelang weiterentwickeln (fluide und kristalline Intelligenz siehe Anhang).

Die Vielfalt unter den Kindern wird ganz wesentlich durch die Umwelt mitbestimmt. Offensichtlich ist dies bei der Sprache oder dem Beziehungsverhalten. Diese sogenannte Heterogenität ist Ausdruck des sozialen, kulturellen und religiösen Umfeldes, in dem die Kinder leben. Die Heterogenität ist jedoch lediglich ein Teil der Vielfalt. Der entscheidende Anteil an Vielfalt liegt in den Kindern selbst. Selbst wenn die Kinder unter den gleichen sozialen, kulturellen und religiösen Bedingungen aufwachsen würden, wären sie immer noch sehr verschieden. Diese Vielfalt wahrzunehmen und ihr Rechnung zu tragen ist das Anliegen dieses Buches.

Das Wichtigste für die Schule

1. Es gibt kein Entwicklungsmerkmal, welches bei allen gleichaltrigen Kindern gleich ausgeprägt ist.

2. Die Vielfalt unter gleichaltrigen Kindern entsteht, weil Eigenschaften und Fähigkeiten von Kind zu Kind unterschiedlich ausgeprägt sind (zum Beispiel die Körpergröße) und unterschiedlich rasch ausreifen (zum Beispiel die gesprochene Sprache) *(interindividuelle Variabilität)*.

3. Die einzelnen Eigenschaften und Fähigkeiten sind im Kind selbst unterschiedlich angelegt und reifen verschieden rasch aus (zum Beispiel kann es sein, dass sich seine sprachlichen Fähigkeiten rascher entwickeln als seine motorischen) *(intraindividuelle Variabilität)*.

4. Mädchen als Gruppe sind von Geburt an immer etwas weiter entwickelt als Jungen. Dies ist auf eine unterschiedliche Zeitskala der biologischen Reifung bei Mädchen und Jungen zurückzuführen.

5. Die soziale, kulturelle und religiöse Umwelt, in der das Kind aufwächst, trägt wesentlich zur Vielfalt unter den Kindern bei *(Heterogenität)*.

6. Die im Kind angelegte Vielfalt in ihrem ganzen Ausmaß wahrzunehmen und als biologische Realität zu akzeptieren ist eine grundlegende Voraussetzung dafür, den individuellen Bedürfnissen und Fähigkeiten der Kinder in Familie und Schule gerecht zu werden.

Anlage und Umwelt

Wie Anlage und Umwelt auf das Kind einwirken

Wir alle haben unsere eigenen Vorstellungen davon, was bei einem Kind vererbt wird und welchen Beitrag die Umwelt an seiner Entwicklung leistet. Welche Rolle spielen diese Vorstellungen bei unserem Umgang mit einem Kind?

Aus diesen Vorstellungen entstehen Erwartungen, die wir an das Kind stellen. Unsere Erziehungshaltung ist eine andere, wenn wir davon ausgehen, dass die Fähigkeit zu lesen je nach Kind verschieden angelegt ist und unterschiedlich rasch heranreift, oder wenn wir annehmen, dass wir das Kind durch möglichst frühe und intensive Erfahrungen mit dem Alphabet zum Lesen bringen können. Es ist daher wichtig, ein Verständnis dafür zu haben, wie Anlage und Umwelt die Entwicklung eines Kindes bestimmen.

Was verstehen Sie unter Anlage? Welche Bedeutung haben dabei die Gene?

Die Gene werden uns zwar als magischer Schlüssel für alle Geheimnisse des Lebens präsentiert. Doch unter Anlage verstehe ich weit mehr als nur die Gene. Die Gene allein erklären das Wunder »Mensch« nicht. Die Gesamtzahl der Gene, das sogenannte Genom, ist beim Menschen weit weniger groß, als man ursprünglich annahm. Selbst niedrige Tiere wie gewisse Reptilien haben fast vergleichbar viele Gene wie der Mensch. Mit dem Schimpansen haben wir mindestens 98,5 Prozent der Gene gemeinsam, fühlen uns aber doch recht verschieden. An den Genen allein kann es also nicht liegen. Es ist vielmehr das Zusammenspiel der Gene, das den großen Unterschied bewirkt. Gene sind wie Balletttänzer in einem Ensemble. Die Anzahl der Tänzer und Tänzerinnen macht nicht die Güte eines Balletts aus. Und man kann auch kaum allein aufgrund der Zusammensetzung der Balletttruppe erahnen, was sie aufführen wird. Mit dem gleichen Ensemble können ganz unterschiedliche Stücke inszeniert werden. Erst wenn sich die Tänzer und Tänzerinnen bewegen, miteinander interagieren, Szenen darstellen und eine Stimmung erzeugen, entsteht eine Ballettaufführung. Dazu muss es eine Choreografie geben, die jeden Einsatz der Tänzer und Tänzerinnen während der ganzen Aufführung minutiös vorgibt. Und so ist es auch mit den Genen. Sie erhalten erst dann ihre Bedeutung, wenn sie aktiv werden, miteinander interagieren, und dies alles nach einem hochkomplexen, zeitlich streng festgelegten Programm. Balletttänzer können straucheln, einander verpassen, eine Sequenz vergessen oder einen Moment lang innehalten, weil sie durch ein Niesen im Publikum irritiert wurden. Das kann ebenso in der pränatalen Entwicklung geschehen: Gene können defekt sein, zum falschen Zeitpunkt aktiv werden oder aus verschiedenen Gründen den Entwicklungsplan nicht genau befolgen. Entscheidend ist also, wie dieser Entwicklungsprozess, der viele Monate in Anspruch nimmt, vonstatten geht. Wir kennen zwar die Gene, verfügen aber nur über ein minimales Wissen darüber, wie die unzähligen Interaktionen zwischen den Genen ablaufen. Es wird noch viele Jahre dauern, falls es überhaupt je gelingen sollte, bis wir diese hochkomplexen Vorgänge verstehen werden. Die Anlage ist also weit mehr als nur der Ausdruck der Gene, sie ist das Produkt einer Entwicklung, die nicht nur 1 bis 2 Stunden dauert wie eine Ballettaufführung, sondern 9 lange Schwangerschaftsmonate, welche die Anlage braucht, um ein lebensfähiges Kind entstehen zu lassen. Bereits während der Schwangerschaft gibt es zudem äußere Faktoren wie virale Erkrankungen oder Drogen wie Nikotin oder Alkohol, welche die Entwicklung des ungeborenen Kindes zusätzlich beeinträchtigen können.

Um das Verständnis für das Zusammenwirken von Anlage und Umwelt zu erleichtern, wollen wir uns zuerst der Grafik zur Körpergröße *(Abbildung 7)* zuwenden. Wir sehen, dass Kinder in jedem Alter unterschiedlich groß sind und dass Jungen und Mädchen sich unterschiedlich rasch entwickeln. Was ist hier durch die Anlage und was durch die Umwelt bedingt? Und wie wirken Anlage und Umwelt zusammen?

Eine sechste Schulklasse.
Beachte: Der Dritte von rechts ist nicht der Lehrer!

Das Kind kann sein gesamtes Wachstumspotenzial nur realisieren, wenn die Lebensbedingungen optimal sind. Dies ist dann der Fall, wenn es ausreichend ernährt wird, unter guten hygienischen Bedingungen aufwächst und nie ernsthaft über längere Zeit krank ist. Diese Bedingungen sind für die meisten Kinder in Mitteleuropa gegeben. Das heißt, die Unterschiede in der Körpergröße, die wir in unserer Bevölkerung vorfinden, sind mehrheitlich durch die individuell andersgeartete Anlage bedingt. In den Zürcher Longitudinalstudien haben wir festgestellt, dass die Körpergröße zu mindestens 95 Prozent durch die Anlage und zu weniger als 5 Prozent durch die Lebensbedingungen bestimmt wird. Das war früher in Mitteleuropa ganz anders. Im 19. Jahrhundert und in der ersten Hälfte des 20. Jahrhunderts litt die Bevölkerung noch unter Hungersnöten, und ihre Gesundheit war durch schwere Infektionskrankheiten wie Tuberkulose beeinträchtigt. Unter diesen schlechten Lebensbedingungen waren die Menschen im Mittel 10 bis 15 Zentimeter kleiner als heute. Durch die stete Verbesserung der Lebensbedingungen wurden sie von Generation zu Generation größer. Die Zunahme der Körpergröße hat sich dabei in den bessergestellten sozialen Schichten rascher vollzogen als in den benachteiligten Schichten. Sie hat aber in den letzten 30 Jahren alle sozialen Schichten erreicht. Diese Entwicklung, der sogenannte säkulare Trend (Van Wieringen 1986), ist in unserer Bevölkerung weitgehend zum Stillstand gekommen. In vielen Entwicklungsländern sind die Lebensbedingungen leider immer noch so wie bei uns vor 100 Jahren. Die Menschen sind kleiner, weil sie unter Mangelernährung, schlechten hygienischen Verhältnissen und Krankheiten leiden (Schell et al. 1993).

Man kann also auch unter idealen Umweltbedingungen nicht grenzenlos weiterwachsen. Wo liegt die Obergrenze?

Die Anlage schafft die Voraussetzungen für die Entwicklung und legt das Optimum fest, das ein Kind erreichen kann. Die Umweltbedingungen bestimmen, wie viel von dieser Anlage realisiert werden kann. Die individuelle Grenze ist also durch die Anlage festgelegt und lässt sich nicht überschreiten. Das Kind kann für seine Körpergröße nur so viel verwerten, wie sein Stoffwechsel zu leisten vermag. Man kann es auch so ausdrücken: Wenn wir ein Kind überfüttern, wird es nicht größer, sondern nur dick. Für die Bevölkerung bedeutet dies, dass selbst unter optimalen Bedingungen starke Unterschiede in der Körpergröße bestehen bleiben. Die Größe eines Kindes wird durch 2 weitere, ebenfalls anlagebedingte Faktoren mitbestimmt: das Geschlecht und die Reifung. Erst im Verlauf der Pubertät stellt sich der doch recht deutliche mittlere Unterschied von 13 Zentimetern zwischen Frauen und Männern ein. Dazu tragen vor allem die Geschlechtshormone bei, die in der Pubertät aktiv werden. Eine rasche oder langsame Reifung kann die Körpergröße ebenfalls erheblich beeinflussen. Wie unterschiedlich die Reifung verlaufen kann, wird am Auftreten der sekundären Geschlechtsmerkmale besonders gut ersichtlich (Abbildung 8). So kann die erste Menstruationsblutung (Menarche) bereits zwischen 9 und 10 Jahren oder aber erst mit 16 bis 17 Jahren auftreten (mittleres Auftreten mit 12,5 Jahren). Ebenso unterschiedlich kann die Entwicklung der Körpergröße verlaufen. Der pubertäre Wachstumsschub und der Abschluss des Längenwachstums stellen sich bei Spätzündern bis zu 6 Jahre später ein als bei Frühentwicklern.

Die große Frage ist nun allerdings, ob dieses Modell auch in Bezug auf die Entwicklung der geistigen Fähigkeiten eines Kindes Gültigkeit hat.

Grundsätzlich ja. Das Modell wird zwar immer wieder mit Skepsis bedacht, weil sich das Zusammenwirken von Anlage und Umwelt in anderen Entwicklungsbereichen oft nicht so eindeutig wie bei der Körpergröße aufzeigen lässt. Und auch uns als Eltern oder Fachleuten befallen manchmal Zweifel, weil wir das Kind oft anders haben möchten und dazu neigen, seine Begabungen zu überschätzen. Doch für mich sind die Studienergebnisse eindeutig: In Abbildung 9 ist die Lesekompetenz bei 15-jährigen Schülern in 5 Ländern dargestellt (PISA-Studie 2006; Testmethode siehe Anhang). Achtet man auf den Mittelwert (dicker Strich), so stellt man fest: Kinder in Finnland erbringen eine bessere mittlere Leistung als Kinder in der Schweiz, in Deutschland und Österreich sowie eine deutlich bessere als Kinder in Mexiko. Besonders beachtenswert ist jedoch die Ausdehnung der Balken. Finnland weist den kürzesten Balken aus, das heißt es verfügt über mehr Kinder, die sehr gut lesen, und über weniger Kinder mit einer sehr niedrigen Lesekompetenz. Die Balken für Deutschland, Österreich und die Schweiz sind deutlich länger. In allen 3 Ländern gibt es Kinder, die sehr gut lesen, aber auch mehr Kinder mit einer niedrigen Lesekompetenz als in Finnland.

Und welche Schlüsse ziehen Sie daraus?

Ähnlich wie bei der Körpergröße können wir daraus Folgendes ableiten:

- Je besser das schulische Angebot, desto besser ist die mittlere Lesekompetenz und umso mehr gute Schüler gibt es (Finnland > Schweiz > Deutschland > Österreich > Mexiko).
- Je schlechter das schulische Angebot, desto niedriger ist die mittlere Lesekompetenz und desto mehr Kinder können kaum oder gar nicht lesen.
- Selbst Finnland gelingt es aber nicht, bei allen Kindern eine gute bis hohe Lesekompetenz zu erreichen. Auch dort verfügt eine Gruppe von Schülern nur über eine geringe oder gar fehlende Lesekompetenz. Die Streubreite variiert also auch in Finnland

zwischen sehr hoher bis fehlender Lesekompetenz. Selbst in einem qualitativ sehr guten Bildungssystem wie dem finnischen, das das Entwicklungspotenzial der Bevölkerung wahrscheinlich weitgehend realisiert, bleibt eine große interindividuelle Variabilität der Kompetenz bestehen (siehe Teil III Chancengerechtigkeit). Vergleichbare Resultate wurden im Rahmen der PISA-Studien auch für andere Kompetenzen wie mathematisches Denken, Problemlösungsverhalten oder naturwissenschaftliches Denken erhoben (PISA 2000, 2003, 2006).

Wenn offensichtlich selbst im bestentwickelten Schulsystem große Unterschiede zwischen den einzelnen Schülern bestehen bleiben, ist das eine ziemlich desillusionierende Feststellung, die vielen auf Chancengerechtigkeit bedachten Bildungspolitikern gar nicht behagen dürfte.

Trotzdem sollten sie sich zu dieser Einsicht durchringen, wenn sie möglichst allen Kindern gute Lernbedingungen schaffen wollen. Der richtige Umgang mit der Vielfalt ist von großer Bedeutung für die Gestaltung der Schule und die berufliche Integration. Ein mögliches Erklärungsmodell für die PISA-Ergebnisse ist in Abbildung 10 abgebildet. Jede Bevölkerung verfügt, wie für die Körpergröße erläutert, über ein bestimmtes Entwicklungspotenzial. Je ungünstiger die sozioökonomischen Lebensbedingungen sind und je niedriger die Qualität des Bildungssystems in einer Gesellschaft ist, desto weniger Menschen können ihr individuelles Entwicklungspotenzial realisieren. Dabei gibt es in solchen Gesellschaften, wie beispielsweise in Mexiko, immer auch Menschen, die materiell und sozial bevorteilt sind und durchaus einen hohen Bildungsstand erreichen können (siehe Abbildung 9). Je günstiger die Lebensbedingungen und je höher die Qualität des Bildungssystems in einer Gesellschaft sind, desto besser kann das Bildungspotenzial realisiert werden. Doch selbst bei einer vollständigen Realisierung des Entwicklungspotenzials bleibt immer noch eine große Variabilität der Kompetenz bestehen.

Sind die Menschen in den westlichen Ländern im Durchschnitt nicht nur größer, sondern auch klüger geworden?

Der neuseeländische Politologe James R. Flynn hat tatsächlich einen solchen säkularen Trend auch für den Intelligenzquotienten in den Gesellschaften der hoch industrialisierten Länder nachgewiesen. Flynn beobachtete eine mittlere Zunahme von 3 IQ-Punkten pro Jahrzehnt bis in die 90-er Jahre (Flynn 1984). In den Niederlanden betrug die Zunahme zwischen 1952 und 1982 sogar 7 IQ-Punkte pro Dekade. Dieser sogenannte Flynn-Effekt wird auf verschiedene Ursachen zurückgeführt: verbesserte Ernährung und medizinische Versorgung, weniger Kinder in einer Familie und dadurch größere Aufmerksamkeit für das einzelne Kind und seine Bedürfnisse sowie Zunahme der visuellen Medienerfahrung. Für Letzteres spricht, dass der Anstieg des IQ vor allem den nicht sprachlichen, figural-räumlichen Fähigkeiten zuzuschreiben ist. Ein weiterer wichtiger Faktor war wohl auch die Verbesserung des Schulwesens, die bisher benachteiligten Kindern eine bessere Bildung ermöglichte. So war bei Kindern mit hohem IQ in den letzten 20 Jahren kein Flynn-Effekt mehr nachzuweisen, jedoch bei Kindern mit einem tieferen IQ, was wiederum den durchschnittlichen IQ der ganzen Bevölkerung angehoben hat (Kanaya et al. 2003).

Wie stark können wir uns noch verbessern? Wie lange wird der säkulare Trend noch anhalten?

Erste Trendmeldungen zeigen, dass die Zunahme des IQs im Verlauf der 1990-er Jahre zum Erliegen gekommen ist, zumindest in Dänemark, Deutschland, Frankreich, Großbritannien, Österreich und der Schweiz (Teasdale et al. 2005). Als Ursache wird unter anderem eine Bildungsverdrossenheit in der Bevölkerung vermutet. Eine weitere Erklärung könnte sein, dass – wie bei der Körpergröße – das Bildungspotenzial der Bevölkerung weitgehend ausgeschöpft ist. Wenn dem so ist, müssen sich Gesellschaft und Wirtschaft darauf einstellen (siehe Teil III Chancengerechtigkeit).

Noch einmal zum Zusammenwirken von Anlage und Umwelt: Kann der eine Faktor durch den anderen kompensiert werden?

Nein, Anlage und Umwelt können sich nicht gegenseitig kompensieren, denn sie tragen Unterschiedliches zur Entwicklung bei. Ihre

Bedeutung wird in den Studien über ein- und zweieiige Zwillinge sowie über Geschwister besonders gut verständlich (Abbildung 11, Wilson 1983). Eineiige Zwillinge, die gemeinsam aufwachsen, weisen von allen Kindern die größtmögliche Ähnlichkeit bezüglich Anlage und Umwelt auf. Sie haben – theoretisch – eine identische Anlage und leben im gleichen Milieu. Unterschiede können sich dennoch ergeben, wenn ihre vorgeburtliche Entwicklung nicht gleich verlaufen ist oder die Eltern mit den beiden Kindern unterschiedlich umgehen. Die Übereinstimmung der intellektuellen Leistungsfähigkeit beträgt im ersten Lebensjahr lediglich 50 Prozent, nimmt aber bis in die Adoleszenz auf beinahe 80 Prozent zu (Näheres siehe Glossar unter Korrelationen). Sie ist damit etwa gleich hoch, wie wenn die gleiche Person zwei Mal getestet wird. Das heißt, eineiige Zwillinge werden sich im Verlauf der Kindheit in ihrer intellektuellen Leistungsfähigkeit immer ähnlicher. Inwieweit diese Übereinstimmung auf die gemeinsame Anlage beziehungsweise gemeinsame Umwelt zurückzuführen ist, lässt sich nicht entscheiden. Diese Frage kann beantwortet werden, wenn man eineiige Zwillinge untersucht, die getrennt voneinander aufwachsen. Es kommt immer wieder vor, dass eineiige Zwillinge von zwei Familien adoptiert werden. Obwohl sie in unterschiedlichen Familien leben und sich nie begegnet sind, verläuft ihre intellektuelle Entwicklung weitgehend so, wie wenn sie gemeinsam aufgewachsen wären. Was vor allem erstaunlich ist: Sie werden sich bis ins Erwachsenenalter immer ähnlicher, wenn auch nicht ganz so ähnlich, wie wenn sie in der gleichen Familie gelebt hätten. Die Übereinstimmung liegt bei fast 70 Prozent (Scarr 1992).

Die Anlage scheint also dominierend zu sein. Wie setzt sich dann die Umwelt durch?

Die Umwelt hat – wie die Nahrung für das Wachstum – weniger eine gestaltende als vielmehr eine Art nährende Rolle. Sandra Scarr (1992) hat sie folgendermaßen beschrieben: Bei eineiigen Zwillingen bewirkt ihre weitgehend identische Anlage, dass sie die gleichen Interessen und Neigungen haben. Sie suchen daher auch in unterschiedlicher Umgebung nach ähnlichen Erfahrungen, soweit die Umwelt diese anbietet und zulässt. Zwillinge beeinflussen mit ihrer Persönlichkeit und ihrem Verhalten die Umgebung auf eine ähnliche Weise, was wiederum den Umgang der Bezugspersonen mit ihnen beeinflusst. Die Umwelt wirkt also weit weniger als bisher angenommen aktiv auf das Kind ein, sondern das Kind selbst ist aktiv. Die Umwelt bestimmt jedoch das Angebot an Erfahrungen, die das Kind machen kann. Die Umwelt wirkt sich dann negativ auf die Entwicklung des Kindes aus, wenn sie ihm Erfahrungen vorenthält. Ein »Überangebot« an Anregungen verbessert seine Entwicklung hingegen nicht, genauso wenig wie ein Überfüttern die Körpergröße positiv beeinflussen kann. Diese These wird durch die Entwicklung von zweieiigen Zwillingen und Geschwistern gestützt. Zweieiige Zwillinge verfügen zu je 50 Prozent über gemeinsame Erbanlagen. Sie sind sich damit nicht ähnlicher als Geschwister. Ihre Besonderheit liegt darin, dass sie gleich alt sind und im gleichen Milieu aufwachsen. Dieser Umstand führt anfänglich zu einer deutlichen Übereinstimmung in der intellektuellen Entwicklung von etwa 50 Prozent, die damit gleich groß ist wie bei eineiigen Zwillingen. In den folgenden Jahren leben sich zweieiige Zwillinge jedoch zunehmend auseinander, weil sie doch recht verschieden sind und aktiv unterschiedliche Erfahrungen suchen. In der Adoleszenz beträgt die Übereinstimmung etwas mehr als 30 Prozent. Dieser Verlauf mag überraschen, wenn man bedenkt, dass die Kinder zur gleichen Zeit in der gleichen Familie aufwachsen und zumeist auch die gleichen Schulen besuchen. Sie entwickeln sich mit den Jahren immer mehr auseinander, weil sie – genau wie Geschwister – unterschiedliche Interessen und Begabungen haben. Dies führt, obwohl sie im gleichen Milieu groß werden und gleich alt sind, zu unterschiedlichen Entwicklungen.

Zwillinge weisen mit ihren Geschwistern ebenfalls zu 50 Prozent die gleichen Anlagen auf und leben in der gleichen Familie. Der einzige Unterschied ist: Sie sind verschieden alt und müssen daher die Familie unterschiedlich erleben. Wie wirkt sich das aus?

Zwillinge machen mit ihren Geschwistern interessanterweise eine gegenteilige Entwicklung durch wie diejenige, die sie miteinander machen. In den ersten Lebensjahren liegt die Übereinstimmung in ihrer intellektuellen Entwicklung lediglich bei 10 Prozent und ist damit deutlich niedriger als bei zweieiigen Zwillingen. Da sie immerhin zu 50 Prozent eine gemeinsame Anlage haben, werden sich die Zwillinge und ihre Geschwister im Verlauf der Entwicklung jedoch immer ähnlicher. In der Adoleszenz ist ihre Übereinstimmung schließlich etwa gleich groß wie bei zweieiigen Zwillingen. Obwohl sie nicht alterssynchron aufwachsen, werden sie sich ähnlicher, weil sie aufgrund ihrer Anlage die gleichen Erfahrungen suchen und zumeist auch machen können.

Wie sich das Kind entwickelt

Offenbar setzen sich die individuellen Fähigkeiten und Verhalteneigenschaften im Verlaufe der Entwicklung immer mehr durch. Lässt sich daraus schließen, dass das Kind ein selbstbestimmtes Wesen ist?

In einer gewissen Weise ja. Es ist aber auch ein von der Umwelt extrem abhängiges Wesen: Wenn ihm seine Umwelt die notwendigen Erfahrungen vorenthält, kann es sich nicht seiner Anlage entsprechend entwickeln. Sandra Scarr (1992) hat ein Erklärungsmodell vorgeschlagen, dessen Stärke darin besteht, dass es sich durch Studienresultate bestätigen lässt, im Erziehungs- und Schulalltag nachvollziehbar ist und sich unmittelbar auf die Art und Weise auswirkt, wie wir mit dem Kind umgehen.

Dieses Modell geht von folgender Annahme aus:

- Das Kind ist aktiv: Es entwickelt sich aus sich heraus.
- Das Kind ist selektiv: Es sucht sich diejenigen Erfahrungen, die seinem gegenwärtigen Entwicklungsstand entsprechen.
- Das Kind beeinflusst mit seiner Persönlichkeit und seinem Verhalten seine soziale Umgebung, was sich wiederum darauf auswirkt, wie die Umgebung mit ihm umgeht.

Das Kind ist also kein Gefäß, das sich mit beliebigem Inhalt beziehungsweise irgendwelchen Erfahrungen füllen lässt. Vielmehr sucht es sich aktiv jene Erfahrungen, die es braucht, um sich zu entwickeln.

Ein deutlicher Hinweis auf die aktiv bestimmte Entwicklung ist

Erste Erfahrungen mit der Welt der Bücher.

die Beobachtung, dass eine Begabung sich umso stärker durchzusetzen versucht, je ausgeprägter sie ist. Wolfgang Amadeus Mozart wuchs in einer Familie auf, die ihn auf das Höchste förderte. Dass sich seine Begabung voll entfalten konnte, ist daher nicht weiter erstaunlich. Der Pianist Arthur Rubinstein wurde in eine Familie hineingeboren, in der – nach seinen eigenen Worten – »niemand auch nur über die geringste musikalische Begabung verfügte« (Gardner 1985). Er sprach als Kleinkind nur wenig, sang dafür umso mehr und fühlte sich von Tönen und Klängen geradezu magisch angezogen. Bis zum vierten Lebensjahr hatte er sich das Klavierspiel mehr oder weniger selber beigebracht. Bei Rubinstein setzte sich die Begabung auch unter wenig vorteilhaften äußeren Umständen durch. Das Einzige, was er dazu brauchte, war ein Klavier. Wenn wir davon ausgehen, dass das Kind nicht beliebige Erfahrungen verinnerlicht, sondern überwiegend solche, die seinen Interessen und Neigungen entsprechen, sollte seine Individualität im Verlaufe der Entwicklung immer deutlicher in Erscheinung treten: Das Kind wird immer mehr es selbst. Das ist genau das, was wir in der Schule im großen Stil erleben. Verschiedene Studien zeigen überdies, dass sich diese Annäherung an sich selbst bis ins hohe Alter fortsetzt (Baltes et al. 2001).

Können sich Eltern und Lehrer also mehr oder weniger verabschieden und das Kind sich selbst überlassen? Haben sie überhaupt noch eine Aufgabe?

Eltern und Lehrer haben nur geringen Einfluss darauf, welche Erfahrungen ein Kind verinnerlicht. Die enorm wichtige Aufgabe von Eltern und Lehrern besteht vielmehr darin, dem Kind möglichst gute Rahmenbedingungen zu gewährleisten, damit es die Erfahrungen machen kann, die es für seine Entwicklung braucht, und es in seinen Lernbemühungen zu unterstützen. Sie geben beispielsweise dem Kind einen Text zum Lesen, der seiner Kompetenz möglichst gut entspricht und einen Leseerfolg verspricht. Ohne Erfahrungen kann sich das Kind nicht entwickeln und wird nie lesen lernen. Da nützt auch die beste Anlage nichts, so wie auch ein Kind ohne Nahrung nicht wachsen kann. Dem Kind diese Erfahrungen zu ermöglichen, das ist die Aufgabe von Eltern und Lehrkräften. Deshalb sind Bücher im Haushalt und lesende Eltern als Vorbilder auch so wichtig.

Dies kann aber nur gelingen, wenn Eltern und Lehrer den Entwicklungsstand des Kindes erfassen sowie aufgrund des kindlichen Lernverhaltens einschätzen können, welche Erfahrungen das Kind überhaupt machen möchte. Ist das so ohne Weiteres zu schaffen?

Das Wichtigste ist, dass Eltern und Lehrer darauf vertrauen, dass sich das Kind entwickeln will, und sie sich bewusst sind, dass sie für entwicklungsgerechte Erfahrungen sorgen müssen. Wenn es darum geht, den Erlebnisraum des Kindes zu gestalten, sind Kenntnisse über die kindliche Entwicklung hilfreich. Mein Eindruck ist, dass die angehenden Lehrer keine ausreichenden Kenntnisse über die kindliche Entwicklung vermittelt bekommen. Sie müssen sich autodidaktisch im pädagogischen Alltag ein Verständnis für das Verhalten und die Entwicklung des Kindes aneignen. Dabei gibt es nichts Spannenderes für einen Lehrer, als bei einem Kind mithilfe von Beobachtung herauszufinden, woran es wirklich interessiert ist. Wenn er dem Kind dann das richtige Erfahrungsangebot machen kann und dieses vom Kind auch angenommen wird, ist dies für ihn eine sehr befriedigende Erfahrung. Dabei muss der Lehrer die Anforderungen, welche er an das Kind stellt, immer wieder neu an die Bedürfnisse des Kindes anpassen. Je älter das Kind wird, desto größer und komplexer wird der Erfahrungsraum, den es in Anspruch nehmen will (zu Fragen der Umsetzung in der Praxis siehe Teil III).

Wer hat einen stärkeren Einfluss auf das heranwachsende Kind? Die Eltern oder die Schule?

Die Einflussmöglichkeiten der Eltern werden mit zunehmendem Alter des Kindes immer kleiner und diejenigen der Schule immer größer. Sandra Scarr hat mit Nachdruck darauf hingewiesen, dass sich die Bedeutung der Eltern und Lehrer im Verlaufe der Entwicklung ständig verändert. In den ersten Jahren werden die Erfahrungen, die ein Kind machen kann, in einem hohen Maß durch die Eltern bestimmt. Je älter das Kind wird, desto mehr Erfahrungen macht es außerhalb der Familie und orientiert sich immer mehr an anderen Bezugspersonen, insbesondere an anderen Kindern und deren Umgebung. Im Jugendalter schließlich bleiben den Eltern nur noch wenige Einflussmöglichkeiten auf ihre Kinder. Dann sind es die Schule und vor allem die Peergroups, also die gleichaltrigen Freunde, welche die Erfahrungen eines Jugendlichen bestimmen (Harris 2000). Dabei verhält sich der Jugendliche nicht passiv. Er geht vielmehr selektiv vor und wählt seinen Stärken, Neigungen und Bedürfnissen entsprechend Peers aus und die Erfahrungen, die er machen will. Dabei kann es geschehen, dass er sich in seinen Interessen und Tätigkeiten kaum oder aber sehr weit von seinen Eltern entfernt.

Was das Kind von seinen Eltern erbt

Wie berechtigt ist denn die Hoffnung der Eltern, dass sie ihre eigenen Talente ihren Kindern vererben?

Um eine möglichst anschauliche Antwort zu geben, muss ich noch einmal auf die Körpergröße zurückkommen. Es ist eine Alltagserfahrung, dass große Eltern eher große und kleine Eltern eher kleine Kinder haben (Formel zur Berechnung der Zielgröße siehe Glossar). Am ähnlichsten werden die Kinder ihren Eltern, wenn diese durchschnittlich groß sind (Frauen 165 Zentimeter; Männer: 178 Zentimeter). 50 Prozent der Söhne werden größer und 50 Prozent kleiner als ihr Vater (Abbildung 12, 13). Je stärker die Eltern klein- oder großwüchsig sind, desto mehr werden ihre Kinder von den elterlichen Vorgaben abweichen. Dieses Phänomen wird als »Regression to the Mean« bezeichnet (Rückentwicklung zur Mitte; siehe Glossar). Ist der Vater lediglich 165 Zentimeter groß, werden seine Söhne mit einer Wahrscheinlichkeit von 84 Prozent größer als er. Sie können bis zu 180 Zentimeter groß werden. Lediglich 16 Prozent werden gleich groß oder gar kleiner als der Vater. Ist der Vater 191 Zentimeter groß, gelten genau die umgekehrten Verhältnisse. 84 Prozent seiner Söhne werden als Erwachsene kleiner sein als er. Einige werden weniger als 180 Zentimeter groß. Lediglich 16 Prozent werden gleich groß wie der Vater oder noch etwas größer. Für eine möglichst genaue Wachstumsprognose muss selbstverständlich die Körpergröße von Mutter und Vater berücksichtigt werden. Die oben gemachte Aussage bleibt dabei erhalten.

Gilt das Gesetz der »Regression to the Mean« auch für andere Entwicklungsbereiche, insbesondere für die geistigen Fähigkeiten?

Grundsätzlich ja. Je stärker eine Begabung bei den Eltern ausgebildet ist, umso weniger wahrscheinlich ist es, dass sie sich im gleichen Maß auf ein Kind überträgt. In der Familie von Albert Einstein war es zwar nicht völlig ausgeschlossen, aber doch extrem unwahrscheinlich, dass einer seiner beiden Söhne gleich bedeutende oder gar noch bedeutendere Erkenntnisse gehabt hätte als der Vater. Abbildung 14 zeigt, dass die Töchter sich um den Mittelwert herum verteilen, wenn die Mutter über einen durchschnittlichen IQ verfügt. Wenn ihre Mütter extreme Positionen in der Normalverteilung einnehmen, tendieren die Töchter wie bei der Körpergröße zur Mitte hin (Abbildung 15). So werden die Töchter, deren Mütter über einen IQ von 130 verfügen, in 16 Prozent intellektuell gleich oder noch begabter sein als die Mutter. In 84 Prozent werden sie aber intellektuell weniger leistungsfähig, einige sogar nur durchschnittlich sein. Das Gleiche gilt im umgekehrten Sinn, wenn die Mutter einen IQ von 70 aufweist. 84 Prozent der Töchter werden über einen höheren IQ als die Mütter verfügen. Lediglich 16 Prozent über einen gleich großen oder niedrigeren. Für eine genaue Annäherung muss selbstverständlich die intellektuelle Leistungsfähigkeit von Mutter und Vater berücksichtigt werden. Entsprechende Annahmen gelten jedoch auch, wenn der IQ von Mutter und Vater in die Überlegungen miteinbezogen wird. Eine weitere Grundvoraussetzung ist, dass nicht nur ein, sondern mehrere Gene zur Ausbildung eines Entwicklungsmerkmals beitragen, also eine sogenannte multifaktorielle Vererbung vorliegt.

Das Wichtigste für die Schule

1. Die Anlage schafft die Grundvoraussetzungen dafür, dass sich Fähigkeiten und Verhalten ausbilden können. Sie allein bringt aber weder Fähigkeiten noch Verhalten hervor. Das gelingt nur gemeinsam mit der Umwelt.

2. Die organischen und funktionellen Strukturen sind bei jedem Kind anders angelegt und reifen unterschiedlich rasch heran. Fähigkeiten und Verhalten treten daher von Kind zu Kind in verschiedener Ausprägung und in einem anderen Alter auf.

3. Die Anlage schafft die Voraussetzungen für die Entwicklung und legt das Entwicklungspotenzial eines Kindes fest. Die Umweltbedingungen bestimmen, wie viel von diesem Potenzial realisiert werden kann. Selbst unter idealen Umweltbedingungen kann ein Kind nur entwickeln, was in ihm angelegt ist.

4. Die Umwelt trägt in zweierlei Hinsicht zur Entwicklung eines Kindes bei: Sie befriedigt seine körperlichen und psychischen Bedürfnisse. Und sie ermöglicht dem Kind jene Erfahrungen, die es braucht, um sich Fähigkeiten und Wissen anzueignen. Wenn ihm die Umwelt die notwendigen Erfahrungen vorenthält, kann es sich nicht seiner Anlage entsprechend entwickeln.

5. Das Kind entwickelt sich aus sich heraus:
   - Das Kind ist aktiv: Seine Interessen und Neigungen richten sich nach seinem Entwicklungsstand.
   - Das Kind ist selektiv: Es sucht bestimmte Erfahrungen. Es orientiert sich an seinen Interessen und Neigungen.
   - Es beeinflusst mit seiner Persönlichkeit und seinem Verhalten seine soziale Umgebung, was sich wiederum darauf auswirkt, wie die Umgebung mit ihm umgeht.

6. Die individuellen Fähigkeiten und Verhaltenseigenschaften setzen sich im Verlauf der Entwicklung immer mehr durch. Die Umwelt bestimmt das Angebot an Erfahrungen, die das Kind machen kann. Das Kind bestimmt, was es davon aufnehmen will.

7. Das Kind kann immer nur so viel von der Umwelt aufnehmen, wie ihm von seinem Entwicklungsstand vorgegeben ist. Ein Angebot, welches über seine Bedürfnisse hinausgeht, bleibt ungenutzt oder behindert gar seine Entwicklung.

8. Die Kinder sind den Eltern dann am ähnlichsten, wenn die Eltern in ihren Fähigkeiten durchschnittlich sind. Je weiter die Eltern mit ihren Fähigkeiten vom Durchschnitt entfernt sind, desto mehr weichen ihre Kinder von ihnen ab und neigen ihrerseits dem Durchschnitt zu (» Regression to the Mean «).

Lernverhalten

Wie Kinder lernen

Eltern und Lehrkräfte haben oft sehr unterschiedliche Vorstellungen davon, wie sich Kinder entwickeln und wie sie lernen sollen. Lässt sich überhaupt entscheiden, welche Vorstellungen die richtigen sind?

Sobald wir uns mit Kindern beschäftigen, treffen wir gewisse Annahmen, die auch unsere Erwartungen und unseren Umgang mit dem Kind bestimmen. Ein Beispiel: Wir gehen davon aus, dass Patrick bereit ist, lesen zu lernen, denn er ist schließlich 7 Jahre alt und in der ersten Klasse. Er zeigt jedoch noch kein Interesse an Buchstaben und verweigert sich, sobald er Buchstaben lesen oder malen soll. Häufig werden Kinder, die nicht unseren Erwartungen entsprechen, als faul, ablenkbar, unkonzentriert oder unruhig beschrieben. Wir beklagen uns, dem Kind würden die sogenannten Sekundärtugenden wie Fleiß und Ausdauer sowie eine gute Arbeitshaltung fehlen. Wenn es nur wollte, dann könnte es schon! Je nach unseren Vorstellungen, die wir von der kindlichen Entwicklung haben, werden wir mit einem Kind wie Patrick unterschiedlich umgehen. Entweder wir akzeptieren, dass er noch nicht so weit ist in seiner Entwicklung und warten folglich ab. Oder aber wir meinen, dass seiner Entwicklung mit Förderung nachgeholfen werden müsse. Es lohnt sich also, die eigenen Vorstellungen über Entwicklung und kindliches Lernen kritisch zu hinterfragen.

Kann man denn ein Kind wie Patrick einfach sich selbst überlassen und darauf warten, dass es selbstständig lernt? Ist er nicht auf die Unterstützung der Erwachsenen angewiesen?

Beides trifft zu. Doch je nach Lernform braucht das Kind eine andere Art von Unterstützung. Kinder lernen auf unterschiedliche Weise.

- Soziales Lernen (Lernen am Modell; Bandura 1976). Das Kind eignet sich soziales Verhalten durch Nachahmung an. Dazu benötigt es Erwachsene und Kinder als Vorbilder (siehe dazu Teil II Sozialverhalten).
- Lernen durch Erfahrung mit der gegenständlichen Umwelt. Die gegenständliche Umwelt lernt das Kind mit seiner Motorik und seinen Sinnen kennen und verstehen, indem es sich intensiv mit Gegenständen beschäftigt. So entwickelt es beispielsweise ein Verständnis für Größe, Form oder Farben. Solche Kenntnisse muss das Kind eigenständig erwerben, wir können sie ihm nicht beibringen. Diese Form des Lernens ist bis in die Pubertät vorherrschend.
- Lernen durch Unterweisung. Beim Unterweisen sollte das Lernangebot in Form und Inhalt den entwicklungsspezifischen Interessen des Kindes angepasst sein. Idealerweise werden dem Kind Erfahrungsmöglichkeiten angeboten, die es selbstständig nutzen und so eigenständig zu neuen Einsichten kommen kann. Eine Form der Unterweisung besteht zum Beispiel darin, dem Kind ein Angebot zu machen. Ein 15 Monate altes Kind schüttelt heftig eine Flasche, um so an den Inhalt heranzukommen. Wenn man ihm zeigt, dass die Flasche durch Kippen entleert werden kann, wird das Kind dieses Verhalten übernehmen, aber nur dann, wenn sein Verständnis dafür bereits so weit entwi-

Räumliches und soziales Spiel.

ckelt ist. Genauso ist es mit dem Verständnis für den 10-er-Schritt beim Rechnen. Die meisten 8-jährigen Kinder verstehen problemlos den 10-er-Schritt, einige noch nicht. Wenn ein Kind noch keine innere Vorstellung von dem Zahlenraum jenseits von 10 hat, wird alles Unterweisen nichts fruchten (siehe Üben). Das Interesse lässt sich bei einem Kind nur dann durch Unterweisung wecken, wenn es in seiner Entwicklung so weit ist, dass es verstehen kann, worum es dabei geht.

Und diese Entwicklung lässt sich nicht vorantreiben?

Ich habe in einem Forschungsprojekt über 2 Jahre hinweg auf verschiedene Weise versucht, Kinder zu fördern, und seither weiß ich: Wir können ein Kind noch so lange antreiben und üben lassen, eine Fähigkeit oder ein Verständnis stellt sich erst dann ein, wenn das Kind in seiner Entwicklung so weit ist. Diese Feststellung gilt nicht nur für die ersten Lebensjahre, sondern für das gesamte Schulalter. Spielt und lernt das Kind selbstständig, sollten Erwachsene nicht eingreifen und das Kind anleiten, es sei denn, es bittet darum. Unterstützung sollte nicht darin bestehen, dass ein Lehrer, der permanente Überlegenheit ausstrahlt, Kindern Fähigkeiten und Wissen beibringt. Die ideale Unterstützung besteht darin, dass der Lehrer das Umfeld der Kinder so gestaltet und sie in ihren Aktivitäten so unterstützt, dass sie selbstständig zu Erfahrungen und neuen Einsichten kommen können. Das Kind sollte das Gefühl haben: Ich habe es allein geschafft. Eltern und Lehrer sollten sich so weit wie möglich zurücknehmen. Die Bereitschaft mancher Kinder, sich unterweisen zu lassen, ist erstaunlich groß, und damit besteht auch die Gefahr, dass diese missbraucht wird und die Lust am Lernen dabei verloren geht.

Warum individuelles Lernen notwendig ist

Wie erlebt ein Lehrer die Vielfalt unter seinen Schülern?

Die Abbildung 16 beschreibt die individuelle Entwicklung der Lesekompetenz bei 3 Jungen. Eldar zeigt eine durchschnittliche Entwicklung, er beginnt sich für Buchstaben mit ungefähr 7 Jahren zu interessieren. Mit 16 Jahren ist seine Lesekompetenz vollständig ausgebildet. Lars fängt bereits mit 3 bis 4 Jahren an zu lesen. Er verfügt mit 16 Jahren über eine Lesekompetenz, die deutlich höher ausfällt als diejenige von Eldar. Patrick schließlich begreift das Lesen nicht vor dem 10. Lebensjahr, seine Lesekompetenz bleibt auch mit 16 Jahren niedrig. Wie unterschiedlich die Entwicklung bei diesen 3 Kindern verläuft, zeigen folgende Vergleiche: Lars kann mit 10 Jahren gleich gut lesen wie Eldar mit 16 Jahren und ist bereits mit 8 Jahren so kompetent wie Patrick mit 16 Jahren. Lars und Patrick stellen gewissermaßen die Extremverläufe in der Bevölkerung dar. Die blaue Säule beschreibt die Lesekompetenz bei deutschen Schülern im Alter von 15 Jahren (PISA-Studie 2006). Während etwa 20 Prozent der Schüler einen komplexen Text verstehen, verfügen etwa 20 Prozent über eine Lesekompetenz, die sich auf das Lesen eines sehr einfachen Textes beschränkt. Die Mehrheit der Kinder liegt zwischen diesen beiden Extremen. Die Grafik zeigt: Je älter die Kinder werden, desto mehr unterscheiden sie sich in ihrer Lesekompetenz. Die meisten Kinder, die früh zu lesen beginnen, weisen später eine hohe Lesekompetenz auf. Kinder, die spät mit dem Lesen anfangen, können aufholen und noch eine gute Lesekompetenz erreichen.

Das kindliche Interesse an Buchstaben nehmen wir als Neugier wahr. Irgendwann will es lesen und schreiben lernen. Im Allgemeinen halten wir Neugier für eine Charaktereigenschaft, die mehr oder weniger unveränderbar ist. Trifft diese Vorstellung zu? Und lässt sich Neugier auch wecken?

Als Entwicklungsspezialist würde ich Neugier nicht als Charaktereigenschaft bezeichnen, sondern vielmehr als eine Form von Spannung. Abbildung 17 zeigt die Lernkurve von Lars. Die rote Kurve, die sein Entwicklungspotenzial beschreibt, gibt in etwa die neurobiologische Reifung in Bezug auf die Lesefähigkeit wieder. Für jeden Entwicklungsschritt, zu dem sein Gehirn heranreift, braucht Lars die entsprechenden Erfahrungen, damit er seine Lesekompetenz weiterentwickeln kann. Bei Patrick verläuft die Kurve des Entwicklungspotenzials (blau) viel flacher als bei Lars. Dementsprechend fällt bei ihm auch die Spannung geringer aus. Diese

Spannung zwischen dem aktuellen Entwicklungsstand der Lesekompetenz und dem neurobiologischen Entwicklungsstand nehmen wir als Neugierde wahr. Das Kind erlebt den Abbau der Spannung als sogenannte Flow-Erfahrung: Es geht vollkommen in seiner Tätigkeit auf und erlebt dabei eine tiefe Befriedigung (Csikszentmihalyi 1990). Lars und Patrick suchen, jeder auf seine Weise, immer wieder neue Erfahrungen, um die Spannung abzubauen. Dabei sind es nicht beliebige Erfahrungen, sondern solche, die bezüglich Wortwahl und Wortschatz, Komplexität der Satzkonstruktion sowie inhaltlicher Aussagen leicht über ihrer aktuellen Lesekompetenz liegen. Idealerweise stimmen der Entwicklungsstand und das Leseangebot diesbezüglich möglichst gut und oft überein. Um auf Ihre Frage zurückzukommen: Neugierde können wir bei einem Kind wecken, wenn wir ihm ein Angebot machen, das im Bereich seiner Lesekompetenz oder – noch besser – leicht darüber liegt. Je besser ein Kind lesen kann, desto weniger wichtig ist der Lesevorgang an sich und desto wichtiger wird die inhaltliche Aussage des Textes. Bei Lars ist es schon bald der Inhalt, der den Reiz des Lesens ausmacht, bei Patrick hingegen bleiben es noch für lange Zeit die formalen Herausforderungen des Lesens.

Und wenn die Neugierde ausbleibt? Was geschieht mit einem Kind wie Patrick, das desinteressiert und widerwillig in der Schulbank sitzt, während Eldar nebenan bereits ganze Sätze liest?

Die Neugierde kann ausbleiben, wenn ein Kind über- oder unterfordert wird. Nehmen wir an, Patrick, Eldar und Lars sind alle 10 Jahre alt und besuchen die gleiche Klasse (Abbildung 18). Die Lehrerin orientiert sich am Durchschnitt der Klasse, zu dem Eldar gehört. Sie gibt der Klasse also einen Text, den Eldar gut lesen kann. Damit hat er ein Erfolgserlebnis. Nicht so Lars, der solche Texte bereits mit 8 Jahren gelesen hat. Er langweilt sich und ist unterfordert. Er kann sich anpassen und sich ruhig verhalten, vielleicht ist er aber auch frustriert und wird verhaltensauffällig. Patrick wiederum ist hoffnungslos überfordert. Er wird diesen Text erst im Alter von 16 Jahren verstehen, 8 Jahre später als Lars und 6 Jahre später als Eldar. Auch bei Patrick können sich Überforderung und Frustrationen in Form von Verhaltensauffälligkeiten oder psychosomatischen Symptomen äußern. Die Unterforderung bei Lars und die Überforderung bei Patrick wirken sich zusätzlich negativ aus, indem sie ihre Lernmotivation und ihr Selbstwertgefühl beeinträchtigen. Die Lernmotivation wird dann gestärkt und das Selbstwertgefühl bestätigt, wenn Anforderungen und Kompetenz des Kindes so weit übereinstimmen, dass das Kind in seinen Lernbemühungen zumeist erfolgreich ist. Selbstverständlich gibt es noch weitere Gründe, weshalb ein Kind keine Neugierde und kein Interesse zeigen kann, zum Beispiel wenn es unter den partnerschaftlichen Spannungen seiner Eltern leidet oder wenn es sich von den anderen Kindern abgelehnt fühlt (siehe dazu Teil III).

Nun gibt es Kinder, die deshalb kaum lesen, weil sie aus einer bildungsfernen Familie stammen. Kann man solchen Kindern durch Nachhilfe auf die Sprünge helfen?

Gehen wir davon aus, Eldar stamme aus einer solchen Familie. Seine Eltern können kaum lesen, da sie selbst nur wenige Jahre oder gar nicht in die Schule gegangen sind. Bücher gibt es bei ihnen zu Hause nicht, und so hat Eldar bis zu seinem ersten Schultag kaum Buchstaben gesehen. Zwischen 7 und 8 Jahren verläuft seine Entwicklungskurve (grün) deutlich unter jener seines Entwicklungspotenzials (rot) (Abbildung 19). Dann beginnt Eldar, sich vermehrt für das Lesen zu interessieren, und die Lehrerin unterstützt ihn dabei. Seine Lesekompetenz nimmt überdurchschnittlich rasch zu, und mit 10 Jahren erreicht er sein Entwicklungspotenzial.

Da wird aber mancher Lehrer einwenden, es lasse sich bei Weitem nicht so rasch mit intensiver Betreuung aufholen, was in der Vorschule verpasst wurde.

Das stimmt. Es kommt leider vor, dass Kinder wie Eldar sich auch im Vorschulalter nur ungenügend entwickeln konnten. Ihre sprachlichen Voraussetzungen sind daher bei Schuleintritt ungenügend und verbessern sich nur beschränkt im Laufe der Schulzeit. So kann es geschehen, dass die Entwicklungskurve seiner Lesekompetenz deutlich unter seinem Entwicklungspotenzial bleibt (gestrichelte Kurve). In welchem Ausmaß ein Kind aufholen kann, hängt von seiner bisherigen Entwicklung, seinem Alter und der Unterstützung ab, die es bekommt.

Wie können Eltern und Lehrer feststellen, ob ein Kind sein Potenzial ausgeschöpft hat oder doch noch Steigerungsmöglichkeiten bestehen?

Für Lehrkräfte und Eltern ist das ein kritischer Punkt. Sie wollen das Kind ja bestmöglich fördern und neigen deshalb dazu, es zu überfordern und somit seine Lernmotivation zu beeinträchtigen. Abbildung 20 beschreibt die Lernkurve, beispielsweise beim Lesen, bei einem Kind in einem bestimmten Alter. Die Lernkurve steigt anfänglich rasch an, das Kind lernt rasch mit wenig Erfahrung. Wenn sich die Lernkurve dem Entwicklungsstand annähert, wird die Lernkurve flacher, und auch viel zusätzlicher Aufwand bringt keine wesentliche Zunahme an Kompetenz. Schließlich wird die Fördergrenze erreicht. Über den Entwicklungsstand hinauszugehen ist dem Kind nicht möglich. Neugierde und Flow-Gefühl verhalten sich spiegelbildlich zu der Lernkurve. Es gibt 4 Anhaltspunkte, die das Erreichen der Fördergrenze anzeigen:

- Der Fortschritt verlangsamt sich nach einer Phase beschleunigter Entwicklung (Abbildung 19, grüne Kurve).
- Der Fortschritt nimmt trotz verstärktem Aufwand immer mehr ab und bleibt schließlich ganz aus (Überforderung).
- Das Kind wird zunehmend lustlos, und seine spontane Lernbereitschaft geht verloren.
- Die Lernbereitschaft kehrt zurück, wenn beim demotivierten Kind die Anforderungen an seinen Entwicklungsstand angepasst werden.

Das vorgegebene Entwicklungspotenzial eines Kindes zu akzeptieren und die eigenen Erwartungen dem Kind anzupassen ist eine Herausforderung für Eltern und Lehrer. Für das Kind bedeutet es jedoch eine große emotionale Entlastung und ist wesentlich für seine Entwicklung, weil nur so seine Lernfreude zurückkehren und auch erhalten bleiben wird.

Unter welchen Bedingungen Üben und Fördern sinnvoll sind

Wir kommen zu einer Frage, die schon Generationen von Lehrern, Eltern und Kindern aufgebracht hat: Was bringt das Üben? Gilt die alte Weisheit nicht mehr, dass es die Übung ist, die den Meister macht?

Kinder sind Weltmeister im Üben. Alle Kinder üben neu erworbene Fähigkeiten aus innerem Antrieb heraus, wie freies Gehen, selbstständiges Essen, Ballspielen oder Lesen. Dieser Antrieb entsteht wie die Neugierde aus der oben erwähnten Spannung. Das vom Kind bestimmte Üben verläuft jedoch nicht monoton, sondern spielerisch variabel. Es dient dazu, Abläufe und Erfahrungen zu verinnerlichen und neue Fähigkeiten mit den bereits vorhandenen zu verbinden. Kinder wollen Erfahrungen machen, lustvoll und freiwillig, aber nur dann, wenn sie aufgrund ihrer Entwicklung das Bedürfnis danach haben und es selbstbestimmt tun dürfen. Wir Erwachsene können und sollten Angebote machen, sollten aber nicht insistieren, wenn das Kind kein Interesse zeigt. Kinder mögen es nicht, etwas üben zu müssen, für das sie noch nicht bereit sind oder aber das sie bereits beherrschen. Im ersten Fall ist die Spannung der Neugierde darauf noch nicht entwickelt, im zweiten ist sie bereits abgebaut.

Gibt es keinen Unterschied zwischen dem Einübenwollen des Gehens, das eine evolutionsgeschichtliche Entwicklung von mehreren Millionen Jahren hinter sich hat, und dem Lesenwollen, einer Kulturtechnik, die lediglich 3000 Jahre alt ist?

Nein, aus meiner Sicht gibt es keinen grundsätzlichen Unterschied.

Die Neugierde ist also ein wichtiges Merkmal echten Lernens. Kann man nicht dennoch sagen, dass man etwas erst dann begreift, wenn man es ausreichend geübt hat?

Neubauer und Stern (2007) schreiben: »…für das Lernen im Säuglingsalter bis zum Lernen im Greisenalter gilt: Erfolgreiches

Lernen findet statt, wenn eingehende Information an bestehendes Wissen angebunden wird.« Diese Feststellung schließt nahtlos an unser Verständnis von genuiner Motivation und Neugierde an. Wer weiß Bescheid über den Stand des Wissens und der Fähigkeiten eines Kindes? Nur das Kind selbst. Wir können es wahrnehmen in seinem Neugierverhalten und dem Willen, bestimmte Erfahrungen zu machen. Das ist wiederum eine der großen pädagogischen Herausforderungen: das Kind richtig zu lesen, um herauszufinden, wo es steht und welche Erfahrungen es machen will. Wirkliches Verstehen bedeutet, dass das Kind nicht einfach Informationsklumpen memoriert, sondern sich Wissen und Fähigkeiten aneignet, die es mit seinem bestehenden Wissen vernetzen kann (Abbildung 21). Diese Vernetzung kann das Kind nur leisten, wenn es den Lernprozess selbst bestimmt. Es erweitert seinen Zahlenraum, indem es von seinem aktuellen Zahlenverständnis ausgehend mit Zahlen experimentiert und das neu erworbene Verständnis in seinen Zahlenraum einfügt. Wissen, das nur auswendig gelernt ist, und Fertigkeiten, die nur eingeübt sind und nicht mit bestehendem Wissen und bestehenden Fähigkeiten vernetzt sind, werden rasch wieder vergessen, was leider in der Schule nur allzu oft geschieht.

Gibt es also gutes Üben und schlechtes Üben?

In einer gewissen Weise schon. Mit Üben können wohl Bewegungs- oder Handlungsabläufe beschleunigt werden, und mit Auswendiglernen kann Wissen vorübergehend aufgenommen werden. Beides führt aber nicht zum Begreifen. Üben und Auswendiglernen, welche sich nicht am Entwicklungsstand des Kindes orientieren, beeinträchtigen letztlich auch die Lernmotivation und das Selbstwertgefühl. Dies zu vermeiden und dem Kind stattdessen ein entwicklungsgerechtes Angebot zu machen ist pädagogisch anspruchsvoll. Patrick will mit 10 Jahren lesen, aber eben auf seine Weise und so, dass er ein Erfolgserlebnis hat. Ist der Text zu anspruchsvoll, wird er sich verweigern. Geht Patrick jedoch spontan darauf ein, liegt man mit dem Angebot richtig.

Eltern und Lehrer versuchen häufig, das Verständnis des Kindes zu wecken, indem sie logisch argumentieren. Ist auch dies vergebliche Liebesmüh?

Selbst wir Erwachsenen lernen noch mehrheitlich unbewusst. Wenn wir Autofahren lernen, eignen wir uns theoretisches Wissen darüber an, wie ein Auto funktioniert. Um es aber zu beherrschen, reichen diese Kenntnisse nicht aus. Also müssen wir den Wagen fahren und konkrete Erfahrungen beim Lenken, Beschleunigen und Bremsen machen. Diese Form des Lernens durch aktives Handeln und Erleben ist in der Kindheit die vorherrschende. Dieses Lernen entgeht uns aber zum großen Teil und wird unterschätzt, weil es nicht durch rationale Überlegungen bestimmt wird, sondern unbewusst abläuft. Abstrakte Einsichten und darauf basierendes Handeln, die uns Erwachsenen einleuchten, bleiben für Kinder sehr lange unverständlich und sind daher für sie auch nicht anwendbar. Sie werden für die meisten Kinder erst nach dem 10. Lebensjahr bedeutsam. Dazu gehören beispielsweise in der Sprache ein Verständnis für Grammatik und Syntax oder in der Mathematik für Formeln und Algebra.

Wie sieht das in der Praxis aus?

Es gibt ein berühmtes Beispiel von Jean Piaget, das den Unterschied zwischen konkretem und abstraktem Lernen deutlich macht: Der Inhalt eines rechteckigen Behälters lässt sich nach der Formel »Volumen = Länge × Breite × Höhe« berechnen. Diese Formel verstehen Kinder erst, wenn sie ausreichend konkrete Erfahrungen mit diesen Größen machen konnten. Bis ins frühe Schulalter haben sie eine unzureichende Vorstellung von der Konstanz von Mengen und Volumina (Piaget 1975). Sie gehen davon aus, dass Flüssigkeitsmengen, deren Flüssigkeitsspiegel unterschiedlich hoch sind, auch unterschiedlich groß sind (Abbildung 22). Sie berücksichtigen bei ihren Überlegungen nur die Höhe des Flüssigkeitsstandes, nicht aber die beiden anderen Dimensionen, die das Flüssigkeitsvolumen mitbestimmen. Zu einem Verständnis für die Raumdimensionen kommen Kinder, wenn sie sich durch wiederholtes Umgießen der Flüssigkeiten mit der Beziehung zwischen Form und Inhalt von Gefäßen praktisch auseinandergesetzt haben. Erst wenn sie durch diese Erfahrungen zu der Einsicht gekommen sind, dass Höhe, Breite und Tiefe der Gefäße gleichermaßen von Bedeutung sind, begreifen sie auch die abstrakte Aussage, dass das Volumen von Flüssigkeiten und Gefäßen aus dem Produkt von Länge, Breite und Höhe berechnet werden kann. Ein solcher Lernprozess lässt sich durch Belehrungen der abstrakten Art oder das Auswendiglernen der Formel nicht abkürzen. Erwachsene unterschätzen häufig das Ausmaß an Erfahrungen, die Kinder machen müssen, bis sie einen abstrakten Zusammenhang wirklich verstanden haben. Dabei ist die Anzahl an Erfahrungen, die dazu notwendig ist, bei jedem Kind anders. Das Kind sollte daher die Vorgehensweise und das Ausmaß der Erfahrungen so weit wie möglich selbst bestimmen dürfen.

Was die frühkindliche Förderung bewirkt

Die Neurowissenschaften haben sich in den letzten Jahren intensiv mit Themen wie Entwicklung und vor allem mit dem Lernen beschäftigt. Mittlerweile hat sich ein Forschungszweig »Neurodidaktik« gebildet, und man liest Inserate wie: »Das Genie in Ihrem Kind! Hirnforscher zeigen Eltern, wie sie sein Talent entdecken und fördern können.« Was haben die Neurowissenschaften aus Ihrer Sicht bislang zum Verständnis des Kindes beziehungsweise des Schulkindes beigetragen?

Der technische Fortschritt in den Neurowissenschaften ist beachtlich. Gewisse Hirnfunktionen können mithilfe von bildgebenden Verfahren wie der funktionellen Magnetresonanz-Untersuchung seit einigen Jahren dargestellt werden. Diese farbigen Darstellungen haben für Laien und manche Fachleute etwas Faszinierendes, weil sie geistige Funktionen und emotionale Befindlichkeiten sichtbar machen. Eine solche aufsehenerregende Beobachtung war, dass Nervenzellen, sogenannte Spiegelneuronen, das Verhalten eines Menschen im Gehirn anderer Menschen »spiegeln« können. Das heißt, Handlungen und Gefühle eines Menschen werden im Gehirn des beobachtenden Gegenübers gewissermaßen nachgeahmt und damit nachvollzieh- und spürbar gemacht

(Buccino et al. 2004, Bauer 2006). Gleichwohl stimme ich mit der Lernforscherin Elsbeth Stern und der Erziehungswissenschaftlerin Nicole Becker überein, die die meisten Erkenntnisse der Neurodidaktik entweder für relativ banal oder so allgemein halten, dass sie für den Schulunterricht kaum eine Einsicht bringen, die erfahrene Pädagogen nicht schon längst von sich aus gemacht haben (Stern 2004; Becker 2005). Die Neurowissenschaften sind beispielsweise noch weit davon entfernt, die individuelle Vielfalt bestimmter Funktionen bei Kindern zuverlässig darstellen zu können. So vermögen sie nicht zu bestimmen, ob ein normal entwickeltes Kind sehr gut oder fast gar nicht lesen kann oder ob es motorisch mehr oder weniger geschickt ist. Bei einem Kind mit Legasthenie oder motorischer Ungeschicklichkeit sind für mich die Beobachtungen einer erfahrenen Lehrerin noch immer weit informativer als jede noch so aufwendige neurobiologische Untersuchung.

Neurowissenschaftler wie Manfred Spitzer oder Lutz Jäncke weisen in ihren Arbeiten regelmäßig darauf hin, dass das Gehirn das »Protokoll seiner Benutzung« ist und quasi umso leistungsfähiger wird, je intensiver man es trainiert (Jäncke 2008, Spitzer 2002). Ist folglich die Entwicklungsfähigkeit des Gehirns nach oben hin offen?

Ich bin wie bereits erläutert nicht dieser Meinung. Mich stört diese Argumentation insbesondere, wenn sie suggeriert, dass alles möglich ist, wenn man es nur richtig anstellt und lange genug übt. In diesem Zusammenhang wird häufig der Begriff »Plastizität« bemüht. Er besagt, dass nicht alles in der Hirnentwicklung von vornherein festgelegt ist, sondern durch Erfahrungen mitbestimmt wird, was ja auch richtig ist. Manche Fachleute und Therapeuten neigen jedoch dazu, solche Äußerungen kritiklos zu übernehmen und bei den Eltern Hoffnungen zu wecken, die sich nie erfüllen werden. Ich werde von meiner skeptischen Haltung erst abrücken, wenn gut kontrollierte Studien überzeugend nachgewiesen haben, dass man Kinder tatsächlich über ihr Entwicklungspotenzial hinaus fördern kann.

Manche Erziehungsoptimisten beharren jedoch darauf, dass jedes Kind beliebig gefördert werden kann und sein Entwicklungsstand nur eine Frage der Umweltanreize oder Ressourcen ist, die in ein Kind investiert werden.

Dieser Optimismus rührt von den Erfahrungen her, die mit vernachlässigten Kindern gemacht worden sind, beispielsweise mit Waisenkindern in den 1990-er Jahren nach dem Sturz des Ceauşescu-Regimes in Rumänien (Rutter 2002). Ein Teil dieser Kinder, obwohl schwer vernachlässigt und körperlich stark geschwächt, hat mit emotionaler Zuwendung, entwicklungsgerechter Anregung und ausreichender Ernährung seinen schweren Entwicklungs- und Wachstumsrückstand in erstaunlichem Ausmaß aufgeholt. Unterernährte Kinder können ihre Wachstumsverzögerung kompensieren, wenn sie ausreichend ernährt werden. So verhält es sich auch mit der Entwicklung. Werden dem Kind Erfahrungen vorenthalten, dann entwickelt es sich entsprechend langsamer. Ermöglicht man ihm die notwendigen Erfahrungen, kann es aufholen. Die Grenzen der Entwicklung setzt das eigene Entwicklungspotenzial. Je weiter das Kind von seinem eigenen Potenzial entfernt ist, umso mehr kann es an Entwicklung aufholen, immer vorausgesetzt, dass seine Entwicklung nicht allzu fortgeschritten und sein Gehirn nicht bleibend geschädigt worden ist (siehe Kapitel Anlage und Umwelt).

Gerade für Kleinkinder existiert mittlerweile ein gigantisches Förderangebot. Es gibt DVD-Lernprogramme mit bezeichnenden Titeln wie »Baby-Einstein« und »Baby-Van Gogh«. In den USA versuchen Eltern mit sogenannten »Hothousing«-Programmen (Treibhauseffekt), ihre Kinder möglichst früh und intensiv zu fördern, um ihnen maximale schulische Chancen zu sichern. Ist das einfach nur kostspielige Betriebsamkeit, oder haben diese Programme nicht doch einen stimulierenden Effekt auf die Kinder?

Es gibt ein wunderbares afrikanisches Sprichwort, das alles auf den Punkt bringt: Das Gras wächst nicht schneller, wenn man daran zieht. Ein Kind lässt sich nicht »machen«. Es lässt sich nicht je nach Bedarf von den Eltern in eine bestimmte Form kneten. Der Glaube, ein Kind entwickle sich umso erfolgreicher, je früher man es mit Förderprogrammen füttert, basiert auf einem verhaltensbiologischen Irrtum. Das Kind entwickelt sich aus sich selbst heraus, solange sein körperliches und psychisches Wohlbefinden gewährleistet ist und es die notwendigen entwicklungsspezifischen Erfahrungen machen kann. Wie ich schon sagte: In diesem Prozess ist das Kind nicht nur aktiv, sondern auch selektiv. Das heißt, es sucht sich die Erfahrungen selber aus, die an sein Verständnis anknüpfen und es vergrößern.

Muss man bei dieser Förderwut im Grunde von einer Irreführung der Eltern und einem Missbrauch der Kinder sprechen?

In den USA boomen Kurse für Schwangere, in denen das Kind mit klassischer Musik beschallt wird, vorzugsweise mit Mozart, um dann besser für die Schule gerüstet zu sein. Oder es werden Spielsachen verkauft, die Form-, Farb- und Größenwahrnehmung der Kinder fördern sollen. Hier werden einzig elterliche Ängste für kommerzielle Zwecke ausgebeutet. Die Kinder werden dadurch nicht klüger. Der Mozart-Effekt wurde mit einem Artikel in der renommierten Zeitschrift *Nature* widerlegt, der den sinnigen Titel trug: »Mozart doesn't make you clever.« (Abbott 2007). Es gibt keine Studie, welche die Wirksamkeit von »Hothousing« belegen würde. Vielmehr muss man sich fragen, ob derartige Programme nicht mehr schaden als nützen, denn im schlechtesten Fall zerstören sie die natürliche Lernmotivation und das Selbstwertgefühl des Kindes. Viele Erwachsene haben insgeheim die Befürchtung, das Kind werde nichts lernen ohne ihr maßgebliches Zutun. Doch dem ist nicht so. Das Kind entwickelt sich aus sich heraus. Und so wird oft trotz der gut gemeinten, aber nicht kindgerechten Bemühungen der Erwachsenen dennoch etwas Gutes aus dem Kind. Eltern und Lehrer sollten in dieser Hinsicht ruhig etwas mehr Vertrauen in ihre Kinder haben.

Warum die Orientierung an Defiziten falsch ist

Es ist ja gerade auch die Schule, die namentlich die teilleistungsschwachen Schüler mit verschiedensten Maßnahmen zu fördern versucht. Klingt es da nicht zynisch für Lehrer, Eltern und die betroffenen Kinder, wenn man mehr Vertrauen in die Selbstentwicklungskräfte der Kinder verlangt?

Im Gegenteil. Das Problem ist die ausgeprägte Defizitorientiertheit unserer Gesellschaft. Defizite sollen möglichst früh erfasst und therapiert werden, mit dem Anspruch, dass sie auch behoben werden. Eine Legasthenie lässt sich aber nicht wegtherapieren. Es gibt nicht wenige Erwachsene mit Legasthenie, die während der Schulzeit durch Unterricht und Therapie so traumatisiert wurden, dass sie ein Leben lang darunter leiden. Defizite wie eine Lese- oder Rechenschwäche können nicht einfach ausradiert werden. Eine falsch verstandene Therapie kann das Defektbewusstsein sogar verstärken. Was das Kind vielmehr braucht, ist eine Unterstützung, die ihm hilft, mit der Teilleistungsschwäche umzugehen und seine beschränkten Kompetenzen möglichst gut zu nutzen. Und es soll lernen, seine Leseschwäche zu akzeptieren. Dazu muss aber auch sein soziales Umfeld bereit sein, damit das Kind nicht zusätzlich verunsichert und sein Selbstwertgefühl möglichst wenig beeinträchtigt wird. Diese Argumentation sollte nicht in dem Sinne missverstanden werden, dass jegliche Form von Hilfeleistung zu unterlassen sei. Das Kind braucht – wie oben ausgeführt – Unterstützung, aber keine Therapie, die den Anspruch hat, ein Defizit zu beheben und das Kind zu »normalisieren«.

Woher rührt diese Defizitorientiertheit?

Diese Einstellung mag einerseits ein Überbleibsel der autoritären Erziehungshaltung sein, die sich der Aufgabe verschrieben hatte, alles Böse und Schwache auszumerzen. Sie ist aber vor allem Ausdruck einer sehr leistungs- und wettbewerbsorientierten Lebenshaltung. Unser ganzes Schulsystem ist noch immer sehr defizitorientiert. Lernschwächen stellen für den Lehrer die Lernziele und gegebenenfalls ihn selbst infrage und für die Eltern gar die Zukunft ihrer Kinder. So bestimmen nicht die guten Noten die Schulkarriere eines Kindes, sondern die schlechten. Warum eigentlich? Wir Erwachsenen verstecken unsere Schwächen und sind erfolgreich mit unseren Stärken. Doch bei unseren Kindern lassen wir das nicht zu. Es wäre doch viel sinnvoller, ihre Stärken zu fördern, anstatt auf ihren Schwächen herumzureiten. Die Stärken bestimmen ihre Zukunft.

Das Wichtigste für die Schule

1. Formen des Lernens:
   - Soziales Lernen. Das Kind eignet sich Verhalten durch Nachahmung an. Dazu braucht es Vorbilder.
   - Lernen durch Erfahrung mit der gegenständlichen Umwelt. Die gegenständliche Umwelt lernt das Kind mit seiner Motorik und seinen Sinnen kennen und verstehen, indem es sich selbstständig mit ihr auseinandersetzt.
   - Lernen durch Unterweisung. Die Unterweisung dient dazu, das Lernangebot in Form und Inhalt den entwicklungsspezifischen Interessen des Kindes anzupassen und das Kind in seinem Lernverhalten zu unterstützen.

2. Das Kind entwickelt sich aus sich selbst heraus, wenn sein körperliches und psychisches Wohlbefinden gewährleistet ist und es die notwendigen entwicklungsspezifischen Erfahrungen machen kann.

3. Die Spannung zwischen dem aktuellen Entwicklungsstand eines Kindes und dem Bedürfnis nach neuen Erfahrungen nehmen wir als Neugierde wahr.

4. Echtes Lernen setzt voraus, dass Erfahrungen mit bestehendem Wissen und bereits vorhandenen Fähigkeiten vernetzt werden können.

5. Lernen durch aktives Handeln und Erleben ist in der Kindheit vorherrschend. Dieses Lernen läuft weitgehend unbewusst ab und wird nicht durch rationale Überlegungen geleitet.

6. Idealerweise werden dem Kind Erfahrungsmöglichkeiten angeboten, die seinem Entwicklungsstand entsprechen und die es selbstständig nutzen kann.

7. Über- und Unterforderung sollen möglichst vermieden werden, damit Lernmotivation und Selbstwertgefühl des Kindes erhalten bleiben.

8. Das Kind wird nicht umso klüger, je intensiver man mit ihm übt. Ein Kind lässt sich nicht »machen«. Es lässt sich nicht wie ein Gefäß beliebig mit Inhalt füllen.

9. Durch Üben können Bewegungsabläufe beschleunigt und Verhaltensweisen angepasst werden. Mit Üben und Auswendiglernen kann man dem Kind – im Sinne von Begreifen – aber nichts beibringen, wozu es nicht selber bereit ist. Üben und Auswendiglernen führen nicht zum Verstehen.

10. Der Glaube, ein Kind entwickle sich umso erfolgreicher, je früher man es mit Förderprogrammen füttert, basiert auf einem verhaltensbiologischen Irrtum.

Lernmotivation

Wie gute Lernmotivation entsteht

Ein Schweizer Sekundarlehrer beschrieb bei seiner Pensionierung nach 40 Jahren Schuldienst seine Auffassung von Unterricht folgendermaßen: »In erster Linie muss Schule Arbeit sein. Wissen muss erarbeitet werden. Auch mit Üben. Eine gute Schule ist anstrengend und darf auch einmal langweilig sein. Die Schule sollte selektiver werden und wieder höhere Anforderungen stellen und sich nicht mehr damit abfinden, dass ein Schüler in einem bestimmten Fach nicht über eine ungenügende Note hinauskommt. Wir brauchen einen insistierenden Unterricht. Schüler sitzen nach und lösen die Aufgaben unter Aufsicht noch einmal, bis ihre Leistung den Anforderungen genügt oder bis eine zumutbare Anstrengung erbracht ist.« (Müller 2006) In der Öffentlichkeit stieß dieser Lehrer damit auf breite Zustimmung.

Ein solcher Lehrstil war lange Zeit weit verbreitet und wird auch heute noch praktiziert. Für mich ist das jedoch keine kindgerechte Pädagogik, weil sie sich nicht an den emotionalen Bedürfnissen der Kinder orientiert. Goethe sagte vor 250 Jahren: »Das Kind lernt nur von denjenigen, die es liebt.« Ich halte diese Auffassung für brandaktuell, weil das Kind ein zutiefst soziales Wesen ist. Sich geborgen und angenommen zu fühlen ist in jedem Alter die Grundvoraussetzung zum Lernen (siehe Teil II Bindungsverhalten). Damit sich Kinder unterweisen lassen und lernen wollen, muss eine vertrauensvolle Beziehung zum Lehrer bestehen. Gelingt es dem Lehrer, eine solche Beziehung zu den Schülern herzustellen, dann sind diese auch bereit, auf sein Lernangebot einzugehen und sich auf ihn auszurichten. So fühlt sich auch der Lehrer von Schülern und Eltern als Person und mit seiner Art des Unterrichtens akzeptiert.

Es gibt immer wieder Eltern und Lehrer, die davor warnen, zu viel zu loben. Das Kind würde davon träge und strenge sich nicht mehr an.

In unserer Kultur sind wir überaus zurückhaltend mit dem Loben – im Gegensatz zu den angelsächsischen Ländern. Natürlich soll man nicht grundlos und überschwänglich loben, doch jedes Kind erwartet Lob und Anerkennung für seine Leistung. Lob wird leider häufig zweckentfremdet, indem mit Lob sichergestellt werden soll, dass die Leistung erhalten bleibt und das Kind zu noch mehr Leistung angespornt wird. Ehrliches Lob sollte weniger der Leistung an sich gelten als vielmehr der Anstrengung, die das Kind erbracht hat. Damit es sich wirklich angenommen und geborgen fühlt, braucht das Kind jedoch viel mehr als nur Lob. Sich geborgen und angenommen fühlen meint – im Sinne Goethes – nicht die Leistung, sondern die Person. Wenn das Kind spürt: Der Lehrer mag mich, unabhängig von meiner Leistung, dann kann es auch gut lernen.

Bezüglich Lernmotivation haben Sie Ihre eigenen Vorstellungen, die sich deutlich von der klassischen Lernpsychologie unterscheiden, welche diesem »inneren Drang zum Lernen« weit weniger Gewicht beimisst. Worauf gründen Ihre Vorstellungen?

Meine Vorstellungen über die Lernmotivation weichen tatsächlich etwas von denjenigen der klassischen Lernpsychologie ab. Dabei beruhen meine Erfahrungen vor allem auf Untersuchungen in den ersten Lebensjahren (Largo 2007). Bei kleinen Kindern ist es methodisch wesentlich einfacher, das Lernverhalten zu untersuchen, als bei Kindern im Schulalter, bei denen die Lernbereitschaft oft bereits von negativen Erfahrungen überlagert oder sogar verschüttet worden ist. Die Vorstellungen, die ich vertrete, sind meines Erachtens jedoch nicht nur für das Vorschulalter gültig, sondern für die ganze Kindheit. Ich gehe von den folgenden inneren und äußeren Motivationsquellen aus:

- Emotionale Sicherheit. Das Kind muss sich geborgen und angenommen fühlen, damit es lernen kann.
- Genuines Lernen. Jedes Kind will Erfahrungen machen, weil es diese braucht, um sich überhaupt entwickeln zu können. Diese Lernbereitschaft ist der eigentliche Motor der Entwicklung und damit weitaus die wichtigste Motivation. Ohne sie würde das Kind weder laufen noch sprechen oder schreiben lernen. Diese

innere Motivation zum Lernen, erkennbar als Neugierde, wird von der individuellen Anlage und dem Verhältnis zwischen Entwicklungsstand und Erfahrungsmöglichkeiten bestimmt (Teil I Lernverhalten).

- Lernen durch Verstärkung. Das Kind wird durch Lob und Zuwendung in seinem Lernen bestärkt beziehungsweise durch Kritik und Androhung negativer Folgen wie Strafe von bestimmten Verhaltensweisen abgehalten. Diese Motivationsform wurde in den vergangenen Jahren wieder vermehrt angepriesen. Sie ist ein zentrales Element des Behaviorismus und verschiedenster Lerntheorien, die sich darauf beziehen (Watson 1930).
- Lernen durch sozialen Wettbewerb. Das Kind steht im Wettbewerb mit den anderen Kindern. Diese Form des Lernens ist in der Schule häufig. Dabei spielt die Art der Beziehungen unter den Kindern eine bedeutsame Rolle.

Die genuine Bereitschaft zum Lernen scheint mir von allen Motivationsformen die wichtigste zu sein. Die anderen Motivationsformen reichen bei Weitem nicht aus, um die immense Lernbereit-

Wetteifern an der Tafel.

schaft von Kindern zu erklären. Dies gilt ganz besonders für das Vorschul- und das frühe Schulalter. Deshalb ist es auch so wichtig, auf den individuellen Entwicklungsstand eines Kindes einzugehen.

Warum selbstbestimmtes Lernen sinnvoll ist

Sie sagen, dass das Kind selbstbestimmt lernen soll, damit es aktiv und selektiv in seinem Lernverhalten sein kann. Selbstbestimmung setzt aber voraus, dass es Verantwortung für sich selbst übernehmen kann. Ab wann ist ein Kind dazu in der Lage? Droht ihm nicht eine Überforderung, wenn es über sich selber bestimmen soll?

Hinter dieser Frage steckt ein Misstrauen dem Kind gegenüber. Man traut ihm nicht zu, dass es kompetent sein kann. Dabei ist bereits ein Säugling in manchen Bereichen kompetent, zum Beispiel was die Nahrungsaufnahme betrifft. Deswegen sollten die Eltern nicht über das Kind bestimmen und ihm eine bestimmte Nahrungsmenge aufzwingen. In vielen anderen Bereichen ist der Säugling nicht kompetent, da müssen die Eltern die Verantwortung übernehmen. In den folgenden Jahren wachsen die Kompetenzen des Kindes. Überall dort, wo sie noch zu gering sind, müssen die Eltern und Lehrer für das Kind entscheiden. Seien wir doch ehrlich: In den ersten 5 Lebensjahren wird dem Kind das wenigste von uns Erwachsenen beigebracht. Das meiste eignet es sich selber an. Wir sprechen wohl mit dem Kind; dass es verstehen und sprechen lernt, ist aber seine eigene Leistung. Selbstbestimmtes Lernen heißt, dass die notwendigen Lernerfahrungen dem jeweiligen Entwicklungsstand angepasst sind und dass das Kind sich aktiv damit auseinandersetzen kann. Nur so kann das Kind das frisch Gelernte mit seinem bestehenden Wissen vernetzen. Mit dem selbstbestimmten Lernen entwickelt das Kind auch seine eigenen Lernstrategien. Versucht ein 18-monatiges Kind zum Beispiel, Bauklötze zu einem Turm aufzuschichten, benötigt es vielleicht 10 Versuche. Das sollten ihm die Eltern auch keinesfalls abnehmen in dem irrigen Glauben, sie würden ihm damit einen

Gefallen tun, oder es anleiten, wie das zu bewerkstelligen sei. Beim 11. Versuch hat es das Kind von alleine geschafft und damit einen Weg gefunden, um das Problem zu lösen. Dabei hat es auch gelernt, welche Vorgehensweisen zum Ziel führen und welche nicht. Am Ende hat es ein Erfolgserlebnis, ein gutes Selbstwertgefühl und auch die Motivation, das nächste Problem mit gutem Selbstvertrauen und neuen Lernstrategien anzugehen. »Alles, was wir dem Kind beibringen, kann es selber nicht mehr lernen.« Der Satz von Jean Piaget hat immer noch seine Gültigkeit.

Doch lässt sich das Lernen bei einem Kleinkind so ohne Weiteres auf das schulische Lernen übertragen? Ist seine Lernmotivation nicht völlig anders als diejenige eines 8- oder 12-jährigen Schülers?

Die Prinzipien des erfolgreichen Lernens sind altersunabhängig. Das Kind hat in jedem Alter eine angeborene Neugier, es will von sich aus lernen und Fortschritte machen. Ich habe noch kein Kind gesehen, das nicht lernen will, sofern – und das ist vom Neugeborenen bis zum Jugendlichen die Grundvoraussetzung zum Lernen – die Anforderungen seinem Entwicklungsstand angepasst sind.

Die meisten Kinder treten freudig und motiviert in die erste Schulklasse ein. Nach ein paar Jahren sind viele frustriert, demotiviert und passiv geworden. Warum?

Weil sie fremdbestimmt lernen müssen. Es wird ihnen vorgeschrieben, was und wie sie zu lernen haben. Fremdbestimmung lähmt die Eigeninitiative und birgt das Risiko der Unter- und vor allem der Überforderung eines Kindes. Die Lernmotivation wird zerstört, wenn ein Kind in der Schule jahrelang die Erfahrung macht, dass es den eigenen Ansprüchen und jenen des Lehrers nicht genügen kann. Es wird zunehmend desinteressiert, frustriert und verweigert schließlich seine Teilnahme am Unterricht. Die Leistung bleibt aus und das Selbstwertgefühl verschlechtert sich, was wiederum die Lernmotivation beeinträchtigt – ein Teufelskreis.

Was macht Sie so sicher, dass ein Kind ausgerechnet lesen, schreiben und rechnen und nicht etwas ganz anderes lernen will, wenn es selbst darüber bestimmen kann, was es lernen will? Was machen Sie mit einem Kind, das überhaupt nicht lernen, sondern sich lieber mit Fußball oder Computerspielen beschäftigen will?

Diese Frage suggeriert, das Kind sei ein vergnügungssüchtiges Wesen, das sich nur am Lustprinzip orientiert. Doch jedes Kind will lesen und rechnen lernen – wenn es so weit ist. In der Grundstufe gibt es Kinder, die bereits mit 5 bis 6 Jahren lesen und rechnen wollen, andere sind noch nicht so weit und ziehen Zeichnen oder Fußballspielen vor. Die pädagogische Herausforderung für Eltern und Lehrer besteht darin, jenes Niveau an Anforderung zu eruieren, auf dem das Kind »anbeißt«. Häufig haben wir Erwachsenen zu hohe Erwartungen. Dann gilt es, das Niveau so weit zu senken, bis das Kind Interesse zeigt. Es gibt kein Alter und kein Niveau, auf dem dieses Prinzip nicht anwendbar ist. Die meisten Erwachsenen wären zum Beispiel in einer Physik-Vorlesung für Fortgeschrittene hoffnungslos überfordert und innerhalb kurzer Zeit so demotiviert, dass sie nicht mehr weiter zuhören würden. Wenn sich der Referent aber auf den Wissens- und Verständnisstand der Zuhörer einstellt, werden diese interessiert bleiben. Gut gemachte wissenschaftliche TV-Sendungen sind aus genau diesen Gründen bei den Zuschauern beliebt. Jeder Mensch hat ein individuelles Verständnisniveau, wo man ihn abholen und für eine Sache interessieren kann.

Trifft dies auch für ältere Schüler zu, die doch häufig wenig Interesse am Unterricht zeigen?

Auch auf solche Schüler ist das Prinzip anwendbar. So hat zum Beispiel ein Gymnasium in der Kleinstadt Wetzikon, das ursprünglich aus finanziellen Gründen gezwungen war, neue pädagogische Wege zu beschreiten (Wetzikon) und Personalkosten einzusparen, ein sogenanntes »Selbstlernsemester« eingeführt. Die 17-jährigen Gymnasiasten müssen sich dabei ein halbes Jahr lang Deutsch, Mathematik, Chemie, Biologie, Sport und 2 Sprachen gemäß Lehrplan weitgehend selber beibringen. Nur gerade ein Mal pro Woche dürfen sie pro Fach beim zuständigen Lehrer Fragen stellen. Hier wird also weitgehend eine Schule ohne Lehrer praktiziert. Und was ist das Resultat? Es bricht keineswegs das Chaos aus, wie es anfangs vor allem viele Eltern der beteiligten Schüler befürchteten. Die Leistungen der Schüler bleiben zumindest gleich, während ihre Selbstlernfähigkeiten markant steigen. Die Schüler helfen sich überdies gegenseitig in Tutoraten. Offensichtlich sind sie auch ohne ständige Anwesenheit des Lehrers gut in der Lage, sich zu motivieren und etwas zu leisten. Dieser Versuch, der mittlerweile zum festen Programm der Schule gehört, zeigt: Selbstbestimmtes Lernen funktioniert auch in der Oberstufe. Nun möchte auch der Kanton Zürich das »selbst organisierte Lernen« unter den Gymnasiasten fördern, weil sich gezeigt hat, dass viele Abiturienten überfordert sind, wenn sie sich auf den Universitätsbetrieb umstellen müssen (Oelkers 2008). Angestrebt werden nun sogenannte überfachliche Kompetenzen: Lernziele planen und umsetzen, sich organisieren, sich Wissen selbstständig aneignen, sich selber motivieren und mit Belastungen umgehen. Es ist schon merkwürdig: Da kommen die Kinder höchst motiviert und aktiv in die Schule, werden zur Passivität erzogen und müssen, bevor sie die Schule verlassen, wieder motiviert und aktiviert werden.

Gymnasien sind Spezialfälle, weil die Jugendlichen dort grundsätzlich lernbereiter und die Klassen vergleichsweise sozial homogener sind. In einer Berliner Hauptschulklasse mit 25 Schülern aus einem oftmals schwierigen familiären oder sozialen Umfeld dürfte so etwas kaum Erfolg haben.

Diese Lehrer und Schüler müssen etwas ausbaden, was aus verschiedenen Gründen leider seit vielen Jahren falsch gelaufen ist. Häufig waren diese Schüler bereits im Vorschulalter in ihrer Entwicklung benachteiligt, insbesondere bezüglich Sozialisierung und Sprache. In der Schule kommen sie deshalb oft nie richtig an. Sie fühlen sich nicht akzeptiert, erbringen nicht die ihnen mögliche Leistung, werden von ihrer Familie nicht unterstützt und dann auch noch von den Gleichaltrigen ausgegrenzt (siehe Teil III Bildungspolitik).

Das Wichtigste für die Schule

1. Damit das Kind lernen kann, muss es eine vertrauensvolle Beziehung zum Lehrer oder zur Lehrerin haben. Sich geborgen und angenommen fühlen ist eine Grundvoraussetzung für das Lernen.

2. Die Anforderungen sollten dem Entwicklungsstand angepasst sein. Kinder spüren sehr genau, wo ihre Stärken und Schwächen liegen.

3. Das Kind hat in jedem Alter eine angeborene Neugier. Es will von sich aus lernen und Fortschritte machen.

4. Selbstbestimmtes Lernen heißt, dass das Kind aktiv und selektiv Lernerfahrungen machen kann. Nur so kann es das frisch Gelernte mit seinem bestehenden Wissen vernetzen.

5. Lernstrategien werden nur durch selbstbestimmtes Lernen erworben.

6. Erfolgreiches Lernen führt zu einem guten Selbstwertgefühl und zu der Motivation, die Herausforderungen mit Selbstvertrauen anzugehen.

7. Das Kind will lernen, wenn es:
   - sich geborgen und angenommen fühlt;
   - sein genuines Bedürfnis befriedigen kann, Erfahrungen zu machen, die es für seine Entwicklung benötigt;
   - durch Lob und Zuwendung im Lernen bestärkt wird;
   - im Wettbewerb mit den anderen Kindern bestehen kann.

8. Gründe, weshalb einem Kind die Lernmotivation abhandenkommt:
   - Das Kind fühlt sich in der Schule und/oder auch zu Hause emotional vernachlässigt und nicht akzeptiert.
   - Das Kind wird durch die Erwartungen und Anforderungen der Schule und Familie überfordert oder unterfordert.
   - Das Kind fühlt sich fremdbestimmt und erlahmt in seiner Neugierde.
   - Dem Kind fehlt die Wertschätzung für seine Person und Leistung.

9. Die Lernmotivation bleibt dann erhalten und das Selbstwertgefühl wird gestärkt, wenn die Anforderungen den entwicklungsspezifischen und individuellen Bedürfnissen des Schülers entsprechen und er in seinen Lernbemühungen zumeist erfolgreich ist.

Teil II

Was Kinder kompetent macht

Sprache

Wie Kinder Sprachen lernen

Für viele Eltern und Bildungspolitiker ist in den Zeiten der Globalisierung eines klar: Das frühe Erlernen von Fremdsprachen ist wichtig. Im Grundsatz gilt: Je früher, umso besser. Mittlerweile erhalten sie auch Unterstützung vonseiten der Neuropsychologie, die ebenfalls für die frühe Einführung von 2 Fremdsprachen plädiert. Einverstanden?

Ja und nein. Wir Erwachsene machen alle die gleiche frappierende Erfahrung, nämlich mit welch gewaltigem Tempo Kinder in den ersten Lebensjahren eine Sprache zu lernen vermögen. Aus den langen Lautfolgen, die das Kind zu hören bekommt, pickt es Wörter heraus und begreift ihre Bedeutung. In den ersten Lebensjahren verinnerlicht das Kind jeden Tag bis zu 8 Wörter. Das ist eine enorme Leistung und nur möglich, weil es über eine angeborene Begabung zum Spracherwerb verfügt. Das Kind eignet sich Sprache unbewusst an. Erleben und Verstehen gehen Hand in Hand. Gehörtes verbindet das Kind mit Erfahrungen, die es mit Personen, Gegenständen, Handlungen und Situationen macht (synthetischer Spracherwerb). Diese Fähigkeit ist in den ersten Lebensjahren am stärksten ausgeprägt und nimmt im Verlauf des Schulalters immer mehr ab (Lenneberg 1967). Nur eine Minderheit der Menschen bewahrt sich die Fähigkeit, eine Sprache synthetisch, also wie ein Kind, zu lernen bis ins Erwachsenenalter (Abbildung 23). Die meisten Jugendlichen und Erwachsenen müssen eine Fremdsprache – oft mühsam – analytisch lernen. Sie eignen sich bewusst einen Wortschatz und die formalen Elemente der Sprache wie Grammatik und Syntax an. Dieses analytische Lernen führt zumeist nur noch zu einer beschränkten Sprachkompetenz, die charakteristischerweise mit einem Akzent behaftet ist.

Also ist die Einführung von Frühenglisch und Frühfranzösisch für die 7- und 8-Jährigen sinnvoll?

So kann man das leider nicht sagen. Denn die These »Je früher, desto besser« stimmt nur unter 2 Vorbedingungen: Erstens muss das Kind zeitlich ausreichend die Sprache erfahren. Und zweitens müssen die Spracherfahrungen mit ganzheitlichem Erleben verknüpft sein. Nur wenn das Kind das Gehörte mit Handlungen und Situationen unmittelbar verbinden kann, lernt es Sprache zu verstehen und schließlich auch zu sprechen. Die Sprache muss also in den Alltag des Kindes eingebettet sein und ständig in einem direkten Bezug zu seinen Erfahrungen stehen. Ich weiß von einer englischsprachigen Kindergärtnerin, die mit den deutschsprachigen Kindern im Kindergarten nur auf Englisch kommunizierte. Nach einem halben Jahr sprachen die meisten von ihnen recht gut Englisch. Vergleichbar ist diese Situation mit einer fremdsprachigen Nanny, mit der das Kind jeden Tag einige Stunden kommuniziert, gemeinsame Erfahrungen macht und sich so ihre Sprache aneignet.

Das sind aber wesentlich andere Umstände, als wenn an der Grundschule 2 Lektionen Englisch pro Woche unterrichtet werden. Sprachforscher haben bereits große Zweifel an der Wirksamkeit von Frühenglisch angemeldet und meinen, es sei »nur eine Frage der Zeit, bis diese Seifenblase platzt« (Kalberer 2007, 2008). Ist Frühenglisch also nur eine Placebo-Medikation gegen Globalisierungsängste?

Frühenglisch light kann die Erwartungen, welche die Bildungspolitiker geweckt haben, nicht erfüllen. Berücksichtigt man die Form und Dauer des Unterrichts, erstaunen mich die Resultate dieser Studien nicht. Da mal ein Wort, dort mal ein Reim oder ein Lied auf Englisch zu hören mag ja für die Kinder unterhaltend und anregend sein, doch ich habe ernsthafte Zweifel, ob das wirklich zu einer Sprachkompetenz führt. Es sind zu wenige Wochenstunden mit der falschen Methodik.

Wie müsste man es besser machen?

Es gibt Schulen im Saarland und in Baden-Württemberg, in denen zur Hälfte auf Deutsch und auf Französisch unterrichtet wird. In der 4. Klasse sind die Schüler dort fähig, sich in beiden Sprachen zu verständigen. Fremdsprachen unterrichten ist also erfolgreich, wenn die Schüler jeden Tag einige Stunden in einer Fremdsprache kommunizieren und die Sprache in den allgemeinen Unterricht eingebettet ist. Gute Erfahrungen sind in den vergangenen 30 Jahren in Kanada, Finnland und Australien mit dem sogenannten Immersionslernen gemacht worden, also dem Eintauchen in eine Fremdsprache. Dieser pädagogische Ansatz orientiert sich an den folgenden Grundsätzen:

- Konsequenter Einsatz der Fremdsprache in allen Situationen des Alltags.
- Eine Person spricht nur eine Sprache.
- Frühzeitiger Beginn (möglichst mit 3 Jahren).
- Hohe Intensität (täglich über mehrere Stunden).
- Lange Dauer (Kindertagesstätten- und Grundschulzeit).
- Vielfältige sprachliche Erfahrungen: Begleiten von Handlungen, Herstellen von Sachzusammenhängen, Ansprechen aller Sinne, Miteinbeziehen von emotionalen Elementen (Ritualen etc.).

Das Immersionslernen ist wahrscheinlich deshalb so erfolgreich, weil es dem natürlichen Spracherwerb nachempfunden ist (Frühe Mehrsprachigkeit).

Auf welche Weise lernt denn ein Kind überhaupt sprechen?

In den ersten Lebensjahren eignet sich das Kind eine Sprache nicht an, indem es nachplappert, was es hört. Es kann auch nicht – wie ein Erwachsener – ein Vokabular sowie die Regeln der Grammatik und Syntax auswendig lernen (analytisches Lernen). Es hört vielmehr immer wieder das gleiche Wort in verschiedensten Zusammenhängen, und irgendwann begreift es, was mit den Worten gemeint ist (synthetisches Lernen).

Ein Beispiel: Wie lernt das Kind die Bedeutung der Präposition »in«? Das Kind begreift als Erstes bei seinem Spiel, dass ein Gegenstand in einem anderen Gegenstand enthalten sein kann. Es legt beispielsweise Würfel in eine Schachtel und nimmt sie wieder heraus. Diese Einsicht muss es nun mit der Präposition »in« in Verbindung bringen (Abbildung 24). Es erlebt, wie seine Mutter

Milch in die Tasse gießt, Äpfel in den Korb legt und Kleider im Schrank verstaut. Sie kommentiert ihr Tun und erwähnt dabei immer wieder die Präposition »in«. Schließlich versteht das Kind, was das Wort »in« bedeutet, und wendet es einige Zeit später auch selber an.

Das Kind erschließt sich gewissermaßen die Sprache selbst?

Ja, die Regeln der Sprache – oder die Tiefenstruktur, wie es der Linguist Noam Chomsky (1997) genannt hat – leitet das Kind selbstständig ab. In den ersten 5 Jahren eignet es sich die phonologischen, syntaktischen und grammatikalischen Grundregeln der Erstsprache unbewusst an und erschließt sich mit seinen kognitiven Fähigkeiten den Sinn der Worte (Semantik). Im Kindergartenalter versteht es die Alltagssprache, spricht weitgehend fehlerfrei und macht vollständige Sätze (Abbildung 25). Entscheidend dabei ist, dass das Kind in den ersten Lebensjahren einen ständigen sprachlichen Austausch erlebt, nicht nur mit den Eltern, sondern auch mit anderen Bezugspersonen, vor allem aber mit Kindern. Eltern und andere Erwachsene dienen ihm als Vorbilder und die Kinder als Übungspartner, idealerweise jeden Tag mehrere Stunden lang.

Ist das in der Kleinfamilie noch möglich?

Kaum. Die meisten Eltern können die ausgedehnte Kommunikation, die das Kind für seine Entwicklung braucht, zeitlich nicht leisten. Oft sind sie auch keine idealen Gesprächspartner. Kleinkinder wollen den ganzen Tag plaudern und haben ein intensives Bedürfnis, sich immer wieder mit anderen Kindern sprachlich auszutauschen. Die wenigsten Eltern können dieses Verlangen nach ausgedehnter Kommunikation befriedigen. Manche Mutter fühlt sich überfordert von dem andauernden Geplauder und den endlosen Fragen. Früher spielten die Eltern auch nie jene zentrale Rolle, die man ihnen heute oft in verklärender Art und Weise zuschiebt. Vielmehr lebte immer eine ganze Reihe von Bezugspersonen um das Kind herum – Onkel, Tanten, Nachbarn – und vor allem viel mehr andere Kinder. In der Kleinfamilie ist dieses Bezugssystem häufig auf eine Person, die Mutter, zusammengeschrumpft und damit unzureichend für eine auf intensive Erfahrungen angelegte kindliche Entwicklung. Dies gilt auch für andere Bereiche, insbesondere die Sozialisierung.

Die Eltern können dennoch wesentlich zur Sprachentwicklung ihres Kindes beitragen, wenn sie geduldig auf seine Fragen eingehen, es möglichst in ihren Alltag miteinbeziehen sowie ihre eigenen Tätigkeiten und die des Kindes kommentieren. Sie sollten mit ihm Bilderbücher anschauen, ihm Geschichten erzählen, gemeinsam Reime aufsagen und Lieder singen. Einen sehr wichtigen Beitrag leisten die Eltern, wenn sie ihrem Kind ausreichend Gelegenheit geben, mit anderen Kindern aufzuwachsen.

Warum Kinder unterschiedlich schnell sprechen lernen

Schaut man sich die Untersuchungen über die sprachliche Kompetenz zu Beginn des Kindergartens oder in der 1. Klasse einer Grundschule an, dann stellt man enorme Unterschiede fest. Der Wortschatz unter 5-jährigen Kindern kann um mehr als das 5-Fache auseinanderliegen (Abbildung 26). Die einen Kinder sprechen schon so differenziert wie 8-Jährige, andere bringen noch keinen fehlerfreien Satz zustande. Wo liegen die Gründe für diese enormen Unterschiede?

Wichtige Gründe sind das zeitliche Ausmaß und die Qualität der Kommunikation in den ersten Lebensjahren. Wie viele sprachliche Erfahrungen konnte das Kind machen, mit wem und auf welche Weise? Wir müssen aber auch akzeptieren, dass selbst unter optimalen Bedingungen nicht alle Kinder das gleiche sprachliche Kompetenzniveau erreichen. Sprache ist von Kind zu Kind sehr unterschiedlich angelegt. Aufgabe der Familie und der Gesellschaft ist es, jedem Kind diejenigen sprachlichen Erfahrungen zu ermöglichen, die es braucht, um sein individuelles Sprachpotenzial so gut wie möglich auszuschöpfen.

Viele Kinder aus bildungsfernen Familien oder aus Familien mit Migrationshintergrund haben bereits bei Schulbeginn einen mehr

oder weniger großen sprachlichen Rückstand auf die Gleichaltrigen. Lässt sich das später aufholen?

Was bis ins Alter von 5 Jahren an Grundfähigkeiten nicht vorhanden ist, lässt sich später oft nur noch mit großem Aufwand aufholen. Durch eine verbesserte vorschulische Integration würden diese Lücken gar nicht erst entstehen. Jene Kinder, die beim Eintritt in den Kindergarten oder die Schule sprachlich rückständig sind, in Deutsch-Förderkurse zu schicken ist wenig entwicklungsgerecht und ineffizient. Wenn die fremdsprachigen Kinder zwischen 2 und 5 Jahren ausreichend Gelegenheit haben, mit deutschsprachigen Kindern aufzuwachsen, dann werden sie bei Schulbeginn ein gutes und akzentfreies Deutsch sprechen. Zu einer umfassenden Integration gehört, dass nicht nur das Kind, sondern auch die Mutter und wenn möglich auch der Vater in die Integrationsbemühungen miteinbezogen werden. Dies trägt ganz wesentlich zur Lernmotivation und Sprachentwicklung des Kindes bei (zu Chancengerechtigkeit siehe Teil III).

Zwischen Mädchen und Jungen existieren große Unterschiede in der Sprachkompetenz. Bereits in den ersten Lebensjahren sind Mädchen in ihrer sprachlichen Entwicklung weiter. Warum ist das so?

Die Differenz zwischen den Geschlechtern ist insgesamt wesentlich kleiner als die Differenzen zwischen dem jeweils besten und schwächsten Jungen beziehungsweise dem besten und schwächsten Mädchen. Was die Ursachen angeht, so geht der Reifungsprozess bei Mädchen generell schneller voran als bei Jungen. Und sie sind stärker sprachorientiert. Lange Zeit schrieb dies die Forschung dem Umstand zu, dass die Mutter mehr mit der Tochter spricht als mit dem Sohn. Das ist zwar richtig, aber ganz einfach deshalb, weil die Töchter stärker auf Sprache reagieren als die vergleichsweise schweigsameren und weniger kommunikationsbereiten Söhne. Ohnehin setzen ja die Geschlechter die Sprache unterschiedlich ein – bis ins Erwachsenenalter. Für Frauen – und Mädchen – ist die Sprache ein wichtiges Mittel, um Beziehungen aufzunehmen und zu unterhalten. Männer – und Jungen – neigen hingegen dazu, die Sprache vor allem zum Austausch von Informationen zu benutzen. Der Beziehungsaspekt ist für sie weniger wichtig als für die Frauen, was wiederum daran liegen mag, dass in der Menschheitsgeschichte die Frauen die Kinder seit jeher betreut und großgezogen haben. Kommunikation ist das Mittel, um Beziehungen aufrechtzuerhalten. Mütter müssen fähig und innerlich bereit sein, auf die beschränkten kommunikativen Fähigkeiten des kleinen Kindes einzugehen. Gerade in den ersten beiden Lebensjahren ist das präzise Lesen der Körpersprache unabdingbar, um die Befindlichkeit und Bedürfnisse des Säuglings und Kleinkindes richtig zu erfassen. Diese Fähigkeit ist in aller Regel bei Frauen deutlich ausgeprägter – wohl eine zwangsläufige Folge der Selektion jener Fähigkeiten, die für das Aufziehen der Kinder vorteilhaft sind. Die nonverbale Kommunikation schafft nicht nur die Beziehung zwischen Kind und Bezugsperson, sie ist auch die Grundlage für die gesprochene Sprache.

Der 3-jährige Lars bringt sich das Lesen selbst bei.

Weshalb wir unterschiedlich gut lesen

In Deutschland geht man von 4 000 000 funktionalen Analphabeten aus, die also selbst einfachste Texte nicht verstehen, obwohl sie die einzelnen Buchstaben erkennen. Für Österreich liegen die Schätzungen bei 300 000 bis 600 000 Personen, für die Schweiz bei 500 000 bis 800 000. Einer Studie zufolge (Notter 2006) kann in der Schweiz ungefähr jeder 7. Erwachsene selbst einfache Sätze weder flüssig lesen noch schreiben. Und dies gilt wohlgemerkt für Leute, die ihre obligatorische Schulzeit absolviert haben, und für Länder mit vergleichsweise hohen Bildungsausgaben.

Wie bei der gesprochenen Sprache sind auch die Kompetenzen im Lesen und Schreiben unter den Menschen sehr unterschiedlich ausgebildet. Einige Kinder beginnen bereits mit 3 bis 4 Jahren zu lesen, die meisten mit 6 bis 8 Jahren, einige erst im späteren Schulalter. Die Lesekompetenz ist daher bei Schuleintritt unterschiedlich groß (Abbildung 27), und bis zum Schulabschluss nehmen diese Unterschiede noch einmal deutlich zu. Im Alter von 15 Jahren sind die Kompetenzniveaus dann höchst unterschiedlich verteilt. Während gewisse Jugendliche sehr anspruchsvolle Texte verstehen, können andere kaum lesen und schreiben – obwohl auch sie 9 Schuljahre absolviert haben (Abbildung 9).

Wer oder was hat hier versagt?

Es gibt tatsächlich Menschen, bei denen von der Anlage her die Voraussetzungen zum Lesen und Schreiben wenig ausgebildet sind oder sogar weitgehend fehlen. Dennoch glaube ich, dass das Begabungspotenzial bei vielen Schülern, welche die Schriftsprache beim Schulabschluss nur sehr ungenügend beherrschen, nicht ausgeschöpft worden ist. Ich vermute, dass hier die Spätfolgen von jahrelangen negativen Lernerfahrungen sichtbar werden. Die meisten Schulen orientieren sich an einem mittleren Anforderungsniveau, was dazu führt, dass all jene Kinder, die mit ihren Möglichkeiten weit unter diesem Niveau liegen, frustriert werden und schließlich aufgeben. Ein 13-Jähriger in der Sekundarstufe I, der auf dem sprachlichen Niveau eines 9- oder 10-Jährigen steht, wird sich eher früher als später aus dem Deutschunterricht ausklinken. Er wird zu einem Erwachsenen mit funktionalem Analphabetismus, der nicht mehr an seine Fähigkeiten glauben kann. Solche Menschen später zu einem Lese- und Schreibkurs zu ermutigen ist schwierig, weil sich die meisten aufgrund der Erfahrung des Nichtgenügens gar nicht mehr trauen oder weil sie glauben, es fehle ihnen grundsätzlich an Intelligenz. Es gibt aber immer wieder Menschen, die sich mit 40 und mehr Jahren noch einmal zu einem Kurs aufrappeln. Dabei machen sie die ermutigende Erfahrung, dass sie durchaus ein ansprechendes Niveau im Lesen und Schreiben erreichen können, sofern sie ohne Überforderung lernen dürfen. Solche negativen Schulerfahrungen lassen sich vermeiden, wenn der Unterricht individualisiert wird und man den unterschiedlichen Niveaus der Kinder so weit Rechnung trägt, dass sie Erfolg haben und nicht überfordert werden, ihre Lust am Lesen nicht verloren geht und sie damit nicht entmutigt werden.

Wie stark beeinflusst eine ungenügende Kompetenz im Lesen und Schreiben die Leistungen in anderen Fächern?

Leistungen werden in der Schule sehr häufig über die Schriftsprache erbracht. Wenn diese ungenügend ist, hat das weitreichende Konsequenzen für den gesamten Unterricht. Eine Leseschwäche führt beispielsweise beim Lösen von Satzrechnungen dazu, dass betroffene Schüler auch in Mathematik ihre Leistung nicht oder zumindest weniger gut erbringen können. Noch stärker ist die Benachteiligung in Fächern wie »Mensch und Umwelt«. Diese Schüler leiden also nicht nur unter ihrer Lese- und Schreibschwäche, sondern auch darunter, dass sie in vielen anderen Bereiche ebenfalls keinen Erfolg haben, und das, obwohl sie geistig dazu durchaus in der Lage wären. Umso größer ist ihre Frustration.

Trotz allem bleibt es irgendwie unverständlich, weshalb die Lesekompetenz unter den Menschen so extrem unterschiedlich entwickelt ist.

Nicht so sehr, wenn man bedenkt, dass die Schrift erst vor etwa 3000 Jahren erfunden wurde. Das mag uns als eine lange Zeit erscheinen, aber evolutionsgeschichtlich ist es ein Wimpernschlag.

Die Schrift ist eine Kulturtechnik, die der Mensch gerade erst erworben hat. Der Pinzettengriff, also das Greifen zwischen den Fingerkuppen von Daumen und Zeigefinger, den auch die Schimpansen beherrschen, ist demgegenüber einige Millionen Jahre alt und deshalb auch bei allen Menschen gut entwickelt. Hinzu kommt, dass bis zur Aufklärung beziehungsweise bis zur Einführung der obligatorischen Schulpflicht vor etwa 150 Jahren viele Menschen nie lesen lernten und die schriftliche Sprache im Alltag nicht allgegenwärtig war. Das hat sich in unserer Kommunikationsgesellschaft gründlich geändert.

Dennoch hat die allgemeine Schulpflicht noch nicht dazu geführt, dass das Lesen sich in der Bevölkerung allgemein durchsetzen konnte.

Ja, das stimmt. Etwa 50 Prozent der Bevölkerung lesen kaum oder nur Zeitungen mit kurzen Artikeln und möglichst einfachen Sätzen. Obwohl heutzutage jedermann Zugang zu Buchhandlungen und Bibliotheken hat und sich Belletristik oder gar den » Faust « von Goethe besorgen kann, liest nur etwa ein Drittel der Bevölkerung regelmäßig Bücher, davon sind 70 Prozent Frauen und lediglich 30 Prozent Männer. Jene, die besonders wenig oder überhaupt nicht lesen, sitzen dafür umso länger vor dem Fernseher (Notter et al. 1999). Doch vielleicht sollten wir die Bedeutung der Schrift auch etwas hinterfragen. Die Schrift war über mindestens 2000 Jahre hinweg der dominierende Kulturträger und Lesen und Schreiben überdies ein Privileg. Heute ist die Schrift aber längst nicht mehr das einzige Medium, das Informationen vermitteln kann. Bildmedien können es in manchen Bereichen deutlich besser. Die derzeitige Verteufelung der Bildmedien erinnert fatal an die Verteufelung der Bücher in den vergangenen Jahrhunderten. Der Index Librorum Prohibitorum der katholischen Kirche wurde erst 1966 aufgehoben, wohl weniger aus Einsicht, sondern weil er nicht mehr durchsetzbar war. Ob Bild oder Schrift: Die größte Sorge galt und gilt zu jeder Zeit einem möglichen Zerfall sittlicher Werte. Unbestritten bleibt auch: Eltern, die Freude an einer eigenen Bibliothek haben und ihren Kindern Geschichten vorlesen, sind für ihre Kinder genauso Vorbilder wie Eltern, die vor dem Fernseher sitzen.

Wenn die Eltern so viele Bücher haben, muss am Lesen ja was dran sein.

Wie man mit einer Leseschwäche umgehen kann

Ein Sonderfall im Bereich des Spracherwerbs ist die Legasthenie. Welche Ursachen liegen dieser Teilleistungsstörung zugrunde?

Legasthenie ist der Fachbegriff für Leseschwäche und hat vielfältige Ursachen. Zunächst einmal ist die Erkenntnis wichtig, dass die gesprochene Sprache eine Grundvoraussetzung für das Lesen und Schreiben ist. Beim Lesen treffen wir laufend Annahmen: Aus wenigen Buchstaben schließen wir auf das ganze Wort; lesen wir ein bestimmtes Wort, erwarten wir eines, das mit diesem Wort häufig gemeinsam vorkommt, oder aufgrund eines Tätigkeitswortes erwarten wir einen bestimmten Satzbau. All diesen Annahmen liegt ein vorwiegend unbewusstes Wissen über die Regelhaftigkeit der Sprache zugrunde. Ohne diese Fähigkeit müssten wir uns jedes Wort immer wieder aufs Neue aus den einzelnen Buchstaben erschließen – so wie es Erstklässler tun. Eine der wichtigsten Ursachen der Legasthenie ist auf eine Schwäche der gesprochenen Sprache zurückzuführen. Wenn ein Kind zum Beispiel die Sprachlaute nicht ausreichend differenzieren oder die Regeln der gesprochenen Sprache nur ungenügend ableiten kann, dann resultiert daraus eine Sprachschwäche, die sich wiederum nachteilig auf das Lesen und Schreiben auswirkt (Schneider et al. 1997). Eine gute Förderung der gesprochenen Sprache bereits im Vorschulalter vermindert daher auch das Risiko für eine Lese- und Schreibschwäche. Wie bedeutungsvoll die Beziehung zwischen gesprochener und geschriebener Sprache ist, kann man zudem daraus ersehen, dass Legasthenie in England deutlich häufiger vorkommt als in Italien. Im Englischen stimmt die geschriebene Sprache weit weniger mit der gesprochenen überein als im Italienischen, was den Erwerb der Schriftsprache deutlich erschwert. Bei einer Minderheit der Kinder wird das Lesen vor allem durch eine Schwäche der figural-räumlichen Wahrnehmung beeinträchtigt. Diese Kinder haben beispielsweise Mühe, ein b von einem d oder ein p von einem g zu unterscheiden. Diese Schwierigkeiten verschwinden nach einigen Monaten, spätestens aber nach 2 Jahren.

Hat Legasthenie etwas mit Intelligenz zu tun?

Selbst unter Lehrern ist gelegentlich noch zu hören, Legasthenie gehe mit einer eingeschränkten Intelligenz einher – was nicht stimmt. Man darf bei einem Kind mit einer Leseschwäche nicht auf eine verminderte Intelligenz schließen. Mir sind Schüler mit Hochbegabung bekannt, die sich mit einer Legasthenie abmühen müssen. Auch an den Universitäten gibt es nicht wenige Akademiker, die Legastheniker sind. Eine Legasthenie sollte die Schulkarriere eines Kindes nicht mehr beeinträchtigen. Es darf nicht sein, dass ein Schüler mit Legasthenie seinen Weg nicht machen kann, weil in der Schule das wichtigste Kriterium für eine erfolgreiche Karriere der grammatikalisch fehlerfrei geschriebene Text ist.

Der Vater eines Legasthenikers hat mir folgende Zeilen über die Schulerfahrungen seines Sohnes geschrieben: »*Bei Tobias kommt es ganz auf den Lehrer an. Der erste Lehrer von Tobias in der 4. Klasse war eine Katastrophe: Er war persönlich beleidigt, wenn Tobias nicht einmal seinen eigenen Namen richtig schreiben konnte (er schrieb Tobias mit einem kleinen T). Dann gab er ihm Aufgaben, an denen*

Tobias nur scheitern konnte: Er sollte einen kurzen Text abschreiben, nur einen ganz kurzen, aber den ohne Fehler. Doch Tobias war sehr kreativ beim Fehlererfinden. Und Fehler merken konnte er sich schon gar nicht: Er schrieb sicher 50-mal › Schuhle ‹, was sein Lehrer gar nicht lustig fand. Die Noten aber waren nie das Problem, sondern die Motivation. Tobias hat sich, kaum kam er zu diesem Lehrer, verweigert. Er schaute während der Stunde zum Fenster hinaus, und beim Aufsatz kritzelte er maximal drei Zeilen aufs Papier, dann hörte er auf, › sonst mache ich zu viele Fehler ‹. Wir Eltern waren schließlich derart verzweifelt, dass wir Tobias von der öffentlichen Schule nahmen und ihn auf eine Privatschule schickten. Dort ging es sofort besser, vom ersten Tag an war er voll motiviert. Jetzt ist er wieder auf der öffentlichen Schule, in der Oberstufe, und nun geht es super, er hat so gute Noten wie noch nie, und vor allem hat er Lehrer, die volles Verständnis für ihn aufbringen. In seinem ersten Aufsatz schrieb Tobias: › Meine Rechtschreibung ist eine Katastrophe ‹, übrigens meiner Ansicht nach fehlerfrei, und der Lehrer notierte daneben: › Katastrophen sehen anders aus. ‹ Klar, er hätte noch bessere Noten, wenn er kein Legastheniker wäre, und zwar in allen Fächern. In Englisch schreibt er mistake mit zwei s, und beim Rechnen kommt er zum falschen Ergebnis, weil er zuvor irgendwo 87 mit 78 vertauscht. Aber seine Noten sind so gut, dass das alles kein Problem ist. Und ich denke, seine jetzigen Lehrer drücken auch mal ein Auge zu, obwohl sie ihm dann und wann erklären: › Wir müssen das jetzt als Fehler zählen, sonst wäre es nicht gerecht den andern Schülern gegenüber. ‹ Das findet Tobias okay, das begreift er voll und ganz. «

Im Allgemeinen geht die Schule heute verständnisvoller und weniger formalistisch mit Legasthenikern um als früher. In Bayern hat man bereits 1999 den sogenannten Legastheniker-Erlass eingeführt, der in der Benotung besondere Rücksicht auf diese Teilleistungsschwäche nimmt. Eine solche Anordnung hat 2008 auch ein Gymnasium in Zürich erlassen, übrigens auf Betreiben eines Schülers, der selber Legastheniker ist und den frühere Lehrer seiner katastrophalen Noten wegen in eine Sonderschule abschieben wollten. Wo solche Regelungen noch nicht eingeführt sind, sollte man sich ernsthaft fragen, worin denn eigentlich der Sinn liegen soll, dass Kinder wegen solcher Formalien wie der korrekten Schreibweise schikaniert werden. Je länger ich darüber nachdenke, umso weniger kann ich das nachvollziehen. Natürlich ist es wünschenswert, wenn ein Kind orthographisch und grammatikalisch möglichst richtig schreiben kann, doch wie wichtig ist es denn wirklich, ob es das Wort »Rhythmus« mit einem oder zwei h schreibt? Entscheidend ist doch, dass es sich verständlich und inhaltlich originell ausdrücken kann. Was den Legasthenikern heutzutage zugutekommt: Sie können mithilfe eines Computers schreiben, der über ein Korrekturprogramm für die geschriebene Sprache verfügt – sofern es die Schule zulässt.

Gehören der Duden und die Kalligraphie der Vergangenheit an?
Sagen wir es so: Wir sollten weg vom Formalistischen hin zum Pragmatischen kommen. Heute steht die Anwendung der gesprochenen und geschriebenen Sprache im Vordergrund. Wie führe ich ein Interview, wie ein Streitgespräch? Worauf achte ich bei einem Referat? Was zeichnet einen guten Leserbrief aus? Erlebnisse und Befindlichkeiten lassen sich in vielen Formen ausdrücken – auch per SMS. Der erste Roman in SMS-Form liegt bereits vor. Sprachkompetenz ist weit mehr als Rechtschreibung. Ein Schriftsteller ist nicht deshalb ein guter Schriftsteller, weil er ein Hirsch in Grammatik und Orthografie ist.

Das Wichtigste für die Schule

1. Kinder lernen Sprachen in den ersten 10 Lebensjahren ganzheitlich (synthetisch). Dazu bedarf es ausgedehnter sprachlicher Erfahrungen, eingebunden in Alltagserfahrungen mit Erwachsenen und Kindern (Immersionslernen oder immersives Lernen).

2. Ein wirksames analytisches Lernen einer Sprache stellt sich erst nach dem 10. Lebensjahr ein.

3. Für einen erfolgreichen Start in der Schule müssen die sprachlichen Grundfähigkeiten im Vorschulalter gut ausgebildet werden. Dazu braucht das Kind – spätestens ab dem 2. Lebensjahr – umfassende und intensive kommunikative Erfahrungen mit Erwachsenen und vor allem anderen Kindern.

4. Sprachverzögerungen im Vorschulalter, nicht nur im Sprechen, sondern auch im Sprachverständnis, sollten frühzeitig erfasst werden.

5. Damit sich die gesprochene Sprache zwischen 5 und 16 Jahren möglichst gut entwickeln kann, muss das Kind vielfältige Erfahrungen und Anwendungsmöglichkeiten mit unterschiedlichsten Umgebungen und Themen (Gespräche, Interviews, Vorträge, Streitgespräche, Theater etc.) machen können.

6. Das Lesen entsteht aus den Grundkompetenzen der gesprochenen Sprache.

7. Die Lesekompetenz entwickelt sich unter Kindern sehr unterschiedlich. Nur mit einem individualisierten Unterricht kann die Schule der Vielfalt unter den Kindern gerecht werden und lassen sich negative Lernerfahrungen vermeiden.

8. Kinder mit Legasthenie dürfen in der Schule nicht benachteiligt werden. Ihre intellektuellen Fähigkeiten stehen zumeist in keinem Zusammenhang mit der Lernbehinderung.

Logisch-mathematisches Denken

Wie Logik entsteht

Mathematik ist für viele Menschen eine Art Königsdisziplin des Denkens. Zu Recht?

Was die Mathematik auszeichnet, ist ein im hohen Maße widerspruchsfreies Denken, das andere geistige Disziplinen nur beschränkt für sich in Anspruch nehmen können. Die Mathematik ist aber nicht nur ein sehr bedeutungsvolles Denkmodell. Sie hat enorme praktische Auswirkungen, weil sie die Voraussetzungen für den technischen und naturwissenschaftlichen Fortschritt geschaffen hat. Mathematisch-logisches Denken hat von allen Denkformen unser Leben wohl am nachhaltigsten verändert und wird es auch weiterhin tun. Die Macht der Zahlen ist darauf zurückzuführen, dass ihre Einführung vor einigen Tausend Jahren das Quantifizieren ermöglicht hat. Die Anzahl Stück Vieh, eine Wegstrecke oder der Umfang eines Anwesens konnten mit Zahlen präzise erfasst werden. Heute sind wir fähig, den Makrokosmos in Lichtjahren und den Mikrokosmos im Nanosekundenbereich auszumessen. Einen nicht unwesentlichen Anteil an dieser Entwicklung hatten die arabischen Zahlen. Man vermutet, dass die Römer in den Naturwissenschaften deshalb nicht vorankamen, weil das Rechnen mit dem kategorialen römischen Zahlensystem viel umständlicher war als mit dem Kontinuum der arabischen Zahlen; ein Beispiel: CCCLXVI : LXI = ? Ein weiterer wesentlicher Nachteil des römischen Zahlensystems war das Fehlen eines mathematischen Begriffs für den Zahlenwert »null«.

Was steht am Anfang dieser Disziplin? Wo liegt der Ursprung der logisch-mathematischen Kompetenz?

Bereits im Alter von wenigen Wochen erkennt der Säugling einfache kausale Zusammenhänge. Wenn ein Mobile über eine Schnur mit seinem Arm verbunden wird, dann begreift der Säugling sehr schnell, dass sich das Mobile dreht, sobald er den Arm bewegt. Mit 18 bis 24 Monaten beginnt das Kind zu kategorisieren, indem es beispielsweise Farben und Formen sortiert. Das Kategorisieren ist eine Grundfunktion unseres Denkens. Was gehört zusammen, was ist verschieden? Ist etwas größer oder kleiner, schwerer oder leichter, höher oder tiefer? Bis in die Pubertät bildet das Kind weitere Formen des logischen Denkens wie deduktives Denken aus (Neubauer und Stern 2007).

Ab wann entwickeln Kinder einen Zahlenbegriff?

Es gab vor einigen Jahren eine gewisse Aufregung, als in einer Studie nachgewiesen wurde, dass bereits Säuglinge die Größen 1, 2 und 3 voneinander unterscheiden können (Starkey et al. 1990). Die meisten Kinder haben jedoch selbst im Alter von 5 Jahren nur eine sehr begrenzte Vorstellung von Zahlen. Es gibt zwar 3- und 4-Jährige, die bis 20 oder noch weiter zählen können, doch dabei erbringen sie lediglich eine Sprach- und Gedächtnisleistung. Die Kinder zählen genauso, wie sie einen Kinderreim aufsagen, ohne jedes Verständnis für den Zahlenraum. Sie können nicht sagen, ob die Zahl 1 größer oder kleiner ist als die Zahl 5. Die Testresultate in Abbildung 28 zeigen, dass sich die meisten Kinder vor dem 7. Lebensjahr mehr an räumlichen als an quantitativen Dimensionen orientieren (Piaget 1975).

Lernt das Kind ohne die Hilfe von Erwachsenen logisch zu denken? Und kann der Lehrer dem Kind überhaupt mathematisches Denken beibringen?

Was das Kind braucht, sind die notwendigen Erfahrungen, damit es sein logisches Denken daran entwickeln kann. Ein Kleinkind sortiert spontan und mit großer Freude Löffel, Gabeln und Messer – wenn die Eltern es mit Besteck spielen lassen. Die eigentliche Fähigkeit zu kategorisieren können wir dem Kind aber nicht beibringen. Einmal vorhanden, befähigt das kategoriale Denken die Kinder, bei der Begriffsbildung komplexe Hierarchien zu erstellen.

Grundsätzlich gehe ich davon aus, dass das logisch-mathematische Denken auch im Schulalter im Wesentlichen durch die Ent-

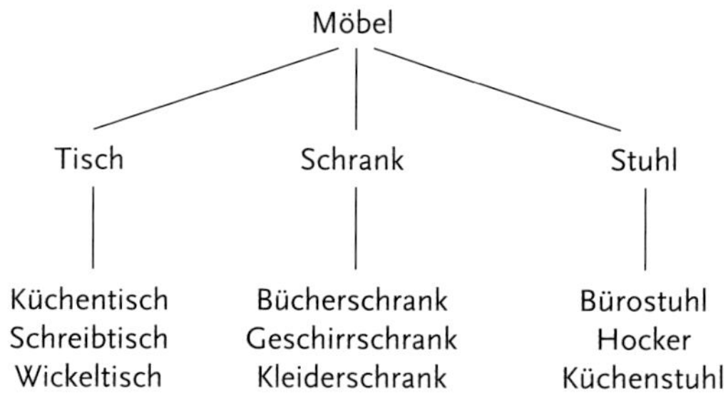

Hierarchie von Begriffen.

wicklung des Kindes bestimmt wird. Aber es gilt einmal mehr: Welche Anreize das Kind bekommt, um sein Denken zu entwickeln, hängt von den Eltern und den Lehrern ab. Das Wägen von unterschiedlichen Materialien wie Sand, Holz und Wasser hilft dem Kind zu verstehen, dass das Gewicht eines bestimmten Materials von seinem Volumen und von seiner Dichte abhängig ist. Falsch ist hingegen die Erwartung, dass sich ein mathematisches Verständnis zwangsläufig durch Erfahrungen und vor allem durch Üben einstellen wird oder herstellen lässt. Verstehen kann das Kind immer nur, wozu es auch bereit ist.

Wie ist es zu erklären, dass viele berühmte Mathematiker Autodidakten waren?

Dass sie keine Lehrer brauchten, zeigt einerseits, wie sehr die Ausprägung der logisch-mathematischen Fähigkeiten durch die Anlage bestimmt wird, und andererseits, dass sich das Kind die notwendigen Erfahrungen sehr wohl selber verschaffen kann. Es fällt auch auf, dass die großen Denker ihre mathematischen Entdeckungen fast ausnahmslos bereits im Alter von 15 bis 20 Jahren, weniger häufig zwischen 20 und 30 Jahren und kaum später gemacht haben. Maximale logisch-mathematische Leistungen werden offensichtlich dann erbracht, wenn die Hirnentwicklung ihren Höhepunkt, aber auch ihren Abschluss gefunden hat (fluide Intelligenz). Sie sind also nicht die Frucht jahrzehntelanger Erfah-

Pascaline: mechanische Rechenmaschine, entwickelt von Blaise Pascal im Alter von 19 Jahren.

rungen. Blaise Pascal (1623–1662) hat im Alter von 19 Jahren die erste mechanische Rechenmaschine entwickelt. Er wollte damit seinen Vater bei dessen Arbeit als königlicher Kommissar und oberster Steuereintreiber unterstützen.

Von Carl Friedrich Gauß (1777–1855) wird berichtet, dass er im Alter von 3 Jahren seinem Vater beim Erstellen von Lohnabrechnungen half. Der Vater war Gärtner, Schlachter und Schatzmeister einer kleinen Versicherungsgesellschaft. Mit 14 Jahren stellte Gauß erste Überlegungen über eine nicht-euklidische Geometrie an. Im Alter von 19 Jahren gelang es ihm, die Konstruierbarkeit des regelmäßigen Siebzehnecks zu beweisen, was seit der Antike niemandem gelungen war. Bereits mit 18 Jahren entwickelte er die Methode der kleinsten Quadrate, aus der die Gauß'sche Glockenkurve der Normalverteilung hervorging. Albert Einstein publizierte die spezielle Relativitätstheorie und seine berühmte Formel $E = mc^2$ im Alter von 26 Jahren. In den folgenden Jahrzehnten hat er sich weiterhin intensiv mit Mathematik und theoretischer Physik auseinandergesetzt. Eine größere Einsicht war ihm aber nicht mehr vergönnt. Heute werden in der Informatik die großen Neuerungen nicht von erfahrenen, ergrauten Fachleuten gemacht, sondern von hippen Programmierern im Teenageralter.

Andererseits gibt es Erwachsene, die 9 Jahre in die Schule gegangen sind und immer noch nicht rechnen können. Sie sind nicht einmal fähig, beim Einkauf das Geld richtig abzuzählen. Wie ist das zu erklären?

Man kann davon ausgehen, dass in Deutschland mindestens 500 000 und in Österreich sowie in der Schweiz je mindestens 30 000 normal intelligente Erwachsene praktisch keine Vorstellung von Zahlen haben. Für sie muss die Schule eine Qual gewesen sein. Es ist sehr verständlich, dass viele von ihnen für den Rest ihres Lebens traumatisiert worden sind, weil sie Tag für Tag aufs Neue mit ihrer Rechenschwäche (Dyskalkulie) konfrontiert wurden. Andererseits gibt es die Zahlenkünstler, die im Fernsehen auftreten und schwierigste Rechenleistungen in Sekundenschnelle erbringen. Oder jenen Jungen, den ich kennengelernt habe, der im Alter von 4 Jahren Wurzeln ziehen konnte – und wusste, was er tat! Dazu wären wahrscheinlich nur noch die wenigsten Erwachsenen in der Lage. Es kann daher nicht erstaunen, dass die Unterschiede in der mathematischen Kompetenz bei Kindern bereits beim Eintritt in die Grundschule groß sind. Der Entwicklungsstand zwischen dem besten und dem schwächsten Kind liegt 3 Jahre auseinander (Abbildung 29). Wie unterschiedlich sich das logisch-mathematische Denken bei Schulkindern entwickelt, zeigt sich auch in der SCHOLASTIK-Studie (Stern 1997). Die Kinder hatten unter anderem die folgende Aufgabe zu lösen: »Claudia hat 7 Kugeln. Sie hat 2 Kugeln mehr als Thomas. Oliver hat 3 Kugeln mehr als Thomas. Wie viele Kugeln hat Oliver?« Richtig geantwortet haben 30 Prozent der Zweitklässler, 49 Prozent der Drittklässler und 63 Prozent der Viertklässler. In welcher Klasse und in welchem Alter konnten wohl alle Kinder die Aufgabe lösen?

In den PISA-Studien fällt immer wieder auf, dass Jungen bessere mathematische Leistungen erbringen als Mädchen. Warum ist das so?

So eindeutig ist die Datenlage nicht. Die meisten Untersuchungen zeigen Resultate wie die PISA-Studien (2003). Eine neue Studie jedoch belegt, dass kein Geschlechtsunterschied mehr nachweisbar ist, wenn kulturelle Faktoren ausreichend berücksichtigt werden (Guiso et al. 2008). Ein Unterschied, der unbestritten ist: Jungen neigen stärker zu den Extremen. Ausgesprochene Rechenschwäche und ausgesprochene mathematische Begabung finden sich häufiger bei Jungen. Die Diskussion über mögliche Geschlechtsunterschiede führt immer wieder auch dazu, dass die Koeduktion hinterfragt wird, weil man annimmt, dass Mädchen motivierter und leistungsfähiger in Mathematik und naturwissenschaftlichen Fächern sind, wenn sie nicht in Konkurrenz zu den Jungen stehen. Viel wichtiger als der kleine Geschlechtsunterschied ist für mich allerdings, dass bei beiden Geschlechtern die interindividuellen Unterschiede sehr groß sind.

Wie man nachhaltig lernt

Es gibt die weit verbreitete Auffassung, dass Kinder umso mehr behalten, je länger und intensiver sie sich im Unterricht mit den entsprechenden Inhalten beschäftigt haben. Nun wissen viele Erwachsene aus eigener Erfahrung, dass sie gerade in Bezug auf Mathematik das meiste von dem Gelernten wieder vergessen haben. Wie ist das zu erklären?

Sobald man den Bereich der mathematischen Grundoperationen und einfachen Prozentrechnungen verlässt und in die Algebra vorstößt, sind fast nur noch weiße Flecken vorhanden. Offensichtlich ist man in keinem anderen Fach von nachhaltigem Lernen so weit entfernt wie in Mathematik. Dass Gymnasialschüler in höherer Mathematik unterrichtet werden müssen, wenn sie später an einer technischen Universität studieren wollen, ist selbstverständlich. Doch was ist zum Beispiel mit den Hauptschülern? Sie werden Hunderte von Stunden in Mathematik unterrichtet, und trotzdem bleiben manche Schüler auf dem Niveau von Dritt- und Viertklässlern stehen. Eine deutsche Studie hat aufgezeigt, dass 40 Prozent der Schüler – quer durch alle Schultypen – zwischen dem 9. und 10. Schuljahr keinen Fortschritt mehr im Fach Mathematik gemacht haben (Prenzel 2003).

Muss man daraus schließen, dass es gar keinen Zusammenhang gibt zwischen der Anzahl an Unterrichtsstunden und dem mathematischen Kompetenzniveau eines Schülers?

Hier stimme ich Manfred Prenzel, dem Koordinator der deutschen PISA-Studien, zu, der sagt: »Wenn viel Stoff gelehrt wird, heißt das nicht, dass auch viel gelernt wird. Zurzeit beginnen wir in Deutschland erst damit, unseren Unterricht stärker auf ein nachhaltiges Lernen auszurichten.« (Prenzel 2008) Ich weiß, dass die Lehrerverbände sofort Sturm gegen solche Aussagen laufen, trotzdem hat Prenzel recht, wenn er auf Finnland verweist, dessen Schüler zwar weniger Unterrichtsstunden in Mathematik und Naturwissenschaften haben, aber trotzdem besser abschneiden als die Schüler aus Deutschland oder aus der Schweiz. Entscheidend ist also nicht die Anzahl der abgesessenen Stunden, sondern die Art und Weise, wie in diesen Stunden gelehrt und gelernt wird. So ist Lernen, das mit konkreten Erfahrungen verbunden ist, weitaus nachhaltiger als die isolierte Beschäftigung mit Zahlen. Und individualisiertes Lernen ist wirkungsvoller als kollektives.

Bildungsforscher weisen allerdings darauf hin, dass sich der mathematische Lernerfolg verbessert, sobald die Schüler realisieren, dass Mathematik wichtig ist bei der Lehrstellensuche.

Das leuchtet ein. Die Lernmotivation dieser Jugendlichen steigt offensichtlich, sobald sie ein konkretes Berufsziel vor Augen haben. Wahrscheinlich nimmt aber nicht ihre mathematische Kompetenz zu, sondern lediglich die Bereitschaft, sich mit bestimmten Rechenaufgaben vermehrt zu befassen, die bei den Prüfungen von Belang sind. Der kurzzeitige Lernerfolg ist kein Beleg für Nachhaltigkeit oder Zunahme der Kompetenz (siehe Teil III Qualitätsmessung).

Geht also der Mathematikunterricht, wie er heute in den Schulen praktiziert wird, grundsätzlich an den Schülern vorbei?

Die Frage, was überhaupt vermittelt werden soll, ist sehr berechtigt. Was wissen wir noch aus dem Mathematikunterricht:

- Rechnen mit Zahlen (Addition etc.)
- Bruchrechnen
- Planimetrie (Flächenberechnung)
- Stereometrie (Körperberechnungen)
- Prozent-, Zins- und Rentenrechnung
- Algebra
- Mengenlehre
- Gleichungen (lineare, höheren Grades, mehrere Unbekannte)

- Potenzen und Wurzeln
- Goniometrie
- Logarithmen (dekadische, natürliche)
- Fehler- und Genauigkeitsrechnung
- Folgen, Reihen und Grenzwerte
- Statistik
- Wahrscheinlichkeitslehre
- Differenzialrechnung
- Integralrechnung
- Vektorrechnung

Welche dieser mathematischen Funktionen brauchen wir noch im Alltag und Berufsleben? Ausschlaggebend muss aber die Frage sein: Was dient wirklich der individuellen Entwicklung der Kinder? Antworten darauf lassen sich nur finden, wenn wir uns an der kindlichen Entwicklung orientieren und mit standardisierten Methoden überprüfen, was als logisch-mathematische Kompetenz langfristig erhalten bleibt (siehe Teil III Qualitätsmessung). Weil diese Kompetenz unter den Kindern so verschieden ausgeprägt ist, kommt man hier erst recht nicht um einen individualisierten Unterricht herum. Heute wird viel zu viel auswendig gelernt und innerhalb kürzester Zeit wieder entsorgt, weil der Unterrichtsstoff nie wirklich als Kompetenz bleibend verinnerlicht wird. Als ich Anfang der 60-er Jahre das Gymnasium besuchte, wurde gerade die Mengenlehre eingeführt. Kürzlich habe ich ein Arbeitsblatt mit Aufgaben der Mengenlehre gesehen, das im Kindergarten verwendet wird. Es gab tatsächlich einen Jungen von 6 Jahren, der die Aufgabe begriffen hatte, alle anderen Kinder verstanden sie nicht. Ob das kindgerecht ist?

Das Wichtigste für die Schule

1. Die logisch-mathematische Kompetenz umfasst die verschiedenen Funktionen des logischen Denkens sowie Vorstellungen über Zahlen und deren operationale Beziehungen.

2. Die Unterformen des logischen Denkens wie Kategorisieren, analytisches und deduktives Denken entwickeln sich im Verlauf der ganzen Kindheit. Ein Zahlenverständnis tritt bei den meisten Kindern erst im frühen Schulalter auf.

3. Das Verständnis für Zahlen und mathematische Operationen ist unter Kindern und Erwachsenen sehr unterschiedlich ausgeprägt. Die interindividuelle Variabilität reicht von Jugendlichen, die mit 16 Jahren nur über ein sehr beschränktes Zahlenverständnis verfügen, bis zu begabten Kindern, die bereits im frühen Schulalter Leistungen erbringen, die weit über den durchschnittlichen Leistungen von Erwachsenen liegen.

4. Das Kind braucht Denkanreize, um seine logisch-mathematischen Fähigkeiten zu entwickeln. Lernen, das mit konkreten Erfahrungen verbunden ist, ist weitaus nachhaltiger als die isolierte Beschäftigung mit Zahlen.

5. Jungen erbringen tendenziell etwas bessere Leistungen in Mathematik als Mädchen. Der mittlere Geschlechtsunterschied ist aber weit kleiner als die Unterschiede von Kind zu Kind. Jungen neigen vermehrt zu einer mathematischen Begabung, aber auch zu extremer Rechenschwäche.

Figural-räumliche Vorstellung

Wie Kinder ihre visuellen Fähigkeiten entwickeln

Wenn es je ein visuelles Zeitalter gegeben hat, dann ist es wohl das unsrige. Die Bilderflut, der wir täglich ausgesetzt sind, ist in den vergangenen Jahren immens angewachsen. Mit den Erzeugern dieser Bilderschwemme – Fernsehen, PC, Internet, digitale Fotografie und Film – können Kinder und Jugendliche oft besser umgehen als wir Erwachsene. Vielfach beklagt werden die negativen Auswirkungen der Medien auf die Entwicklung der Kinder.

Viele Erwachsene fühlen sich von den neuen Medien überfordert, während die Kinder kaum Berührungsängste haben und ganz locker damit umgehen. Mancher 6-Jährige weiß besser als seine Eltern, wie die Remote Control des Fernsehers funktioniert. Die intensiven Erfahrungen, die Kinder heute von klein auf mit stehenden und bewegten Bildern machen, wirken sich beschleunigend auf ihre visuelle Entwicklung aus. In wissenschaftlichen Studien hat man die visuelle Gestaltwahrnehmung und die Raumorientierung untersucht und dabei festgestellt, dass die Kinder heute höhere Leistungen erbringen als vor 30 Jahren. Sie können rascher Figuren und Muster wiedererkennen und räumliche Zusammenhänge erfassen. Die Bilderflut hat also nicht nur negative Folgen, wie Schule und Eltern immer wieder gerne behaupten.

Wie muss man sich überhaupt die visuelle Entwicklung bei einem Kind vorstellen? Lange Zeit hat man ja angenommen, dass Kinder blind auf die Welt kämen.

Es hat auch bis in die 60-er Jahre hinein gedauert, bis Fantz (1965) nachweisen konnte, dass bereits das Neugeborene fähig ist, visuelle Muster zuverlässig zu erkennen. Dabei hat sich auch gezeigt, dass das Neugeborene eine Präferenz für das menschliche Gesicht hat. Am Ende des 1. Lebensjahres ist die visuelle Wahrnehmung bereits so weit fortgeschritten, dass das Kind vertraute von unvertrauten Gesichtern unterscheiden und feinste mimische Regungen erkennen kann. Auch seine gegenständliche Umwelt kennt es bis ins Detail. Im 2. Lebensjahr eignet es sich erste räumliche Vorstellungen an, die es in seinem Spiel zum Ausdruck bringt. Im 3. Lebensjahr macht das Kind dann die ersten Versuche, seine inneren Bilder gestalterisch wiederzugeben, sei es durch Zeichnen oder Bauen mit Bauklötzen und Legosteinen. Da die motorischen Fähigkeiten deutlich weniger weit entwickelt sind als die visuelle Wahrnehmung, was übrigens im Erwachsenenalter immer noch gilt, sind die Darstellungen immer weit einfacher gestaltet als das, was das Kind wahrzunehmen vermag. Zwischen 3 und 6 Jahren verbringen Kinder einen erheblichen Teil ihrer Zeit damit, gestalterisch tätig zu sein, indem sie malen und zeichnen, Puzzles zusammenzusetzen oder Hütten bauen. Doch diese Entwicklung ist mit 6 Jahren keineswegs abgeschlossen und sollte daher bis in die Pubertät gefördert werden.

Insbesondere die Wirtschaft hält das Unterrichten von gestalterischen Fähigkeiten an den Schulen immer mehr für nebensächlich, Kernfächer wie Englisch oder Mathematik hingegen für umso wichtiger. Haben sie nicht recht?

Da bin ich ganz anderer Meinung. Gestalterisches Wirken wie Zeichnen, Malen oder handwerkliches Arbeiten wie Töpfern haben leider in der Schule stark an Bedeutung verloren. Dabei wird nicht berücksichtigt, dass gestalterische Fähigkeiten in unserer Gesellschaft und Wirtschaft, etwa in den Medien und der Werbebranche, eine bedeutende Rolle spielen. Sie zu fördern ist genauso sinnvoll wie das Fördern von Fremdsprachen. In Bezug auf seine Entwicklung ist es wichtig, dass das Kind lernt, seine figural-räumlichen Vorstellungen praktisch umzusetzen. Diese befähigen es später, gestalterisch tätig zu sein. Die Schule sollte meines Erachtens die figural-räumlichen Fähigkeiten der Kinder vermehrt fördern.

Auch in Bezug auf die gestalterische Kompetenz stellen wir riesige Unterschiede bei den Fähigkeiten gleichaltriger Kinder fest. Warum?

Mannzeichnungen. Die differenzierteste Zeichnung und die einfachste Zeichnung von 300 Kindern im Alter von 6 Jahren.

Die Ausdrucksfähigkeit beim Zeichnen ist unter gleichaltrigen Kindern sehr unterschiedlich entwickelt, und so sieht es auch beim Schreiben aus. Es gibt Kinder, die sich das Schreiben mit 4 Jahren weitgehend selber aneignen, während manche 7-Jährige sich mit jedem Buchstaben schwertun. Sie haben Mühe, die Buchstaben räumlich richtig wiederzugeben, und verwechseln zum Beispiel p mit g oder b mit d. Die Folge ist, dass sie viele Schreibfehler machen und ihr Arbeitstempo niedrig ist. Noch unterschiedlicher entwickeln sich die abstrakten räumlichen Vorstellungen in der Pubertät und somit das Verständnis für darstellende Geometrie oder die Sätze von Pythagoras. Einige Kinder verfügen über solche Vorstellungen bereits im frühen Schulalter, bei anderen stellt sich ein solches Denken nie ein. In einer Studie, an der 40 Akademiker beteiligt waren, wurde ein Aspekt der figural-räumlichen Kompetenz untersucht (Abbildung 30). Die Teilnehmer wurden gebeten, die sogenannte Rey-Figur von einer Vorlage abzuzeichnen. 15 Minuten später mussten sie die Figur aus dem Gedächtnis noch einmal zeichnen. Die beste Leistung eines Radiologen gab die Vorlage weitgehend richtig wieder. Die schwächste Leistung erbrachte ein leitender Arzt. Sie entsprach lediglich der durchschnittlichen Leistung eines 10-jährigen Kindes.

Camille zeichnet ihre Schwester auf die Straße.

Wie zeitgemäß sind heute noch darstellende Geometrie und die Sätze der alten Griechen? Stellen sie auch im Computerzeitalter ein unantastbares Kulturgut dar?

Meines Erachtens ist in der Schule ein Umdenken dringend angezeigt. Es gibt Jugendliche, die erstaunliche Fähigkeiten im Umgang mit virtuellen Räumen zeigen, sei es in der räumlichen Orientierung bei Computerspielen oder beim computergestützten Konstruieren von komplexen räumlichen Gebilden (CAD; Computer Aided Design). Diese Fähigkeiten stellen neue, innovative Berufschancen dar. In allen Bereichen der Berufswelt, wo gestalterisches Arbeiten eine Rolle spielt, sei es in Architektur, Maschinenbau, Modedesign oder selbst der zahnmedizinischen Technik, wird heute fast ausschließlich mit Computern gearbeitet. Die Schule muss ihre Lehrpläne überarbeiten. Was für den Großvater die euklidische Geometrie war, ist für den Enkel der virtuelle Raum des PCs. Hier sind die Lehrer in der Weiter- und Fortbildung zweifelsohne gefordert.

Lässt sich Ähnliches auch für das gestalterische Tun sagen? Traditionellerweise hat man sich in der Schule figural-räumlich mit Malen und Zeichnen und handwerklichen Tätigkeiten auseinan-

dergesetzt. In mancher Rudolf-Steiner-Schule baut noch immer jedes Kind seine eigene Harfe, die es im Musikunterricht zum Klingen bringt.

In der Grundschule wären diese bewährten gestalterischen Aktivitäten nach wie vor wichtig und auch kindgerecht. Leider werden sie aber in der öffentlichen Schule immer weniger gefördert. Als Folge der ungenügenden PISA-Resultate hat eine hektische Debatte darüber eingesetzt, wie die figural-räumliche Kompetenz der Schüler verbessert werden könnte. So wurde zum Beispiel Schachspielen empfohlen. Eine Grundsatzdiskussion darüber, wie die neuen Techniken und ihre Ausdrucksmöglichkeiten in den Schulunterricht aufgenommen werden können, hat aber leider bis heute nicht stattgefunden. Es ist eine allgemeine Erfahrung, dass Kinder das Fotografieren mit Digitalkameras lieben. Sie sind auch sehr kreativ dabei und lernen rasch, die Bilder am Computer zu bearbeiten. Digitale Filmtechnik bietet ungeahnte pädagogische Möglichkeiten. Einen Film zu produzieren eignet sich bestens für Teamarbeit auf der Sekundarstufe. Die Schüler können dabei unterschiedlichste Fähigkeiten einsetzen: mögliche Themen diskutieren und auswählen, ein Drehbuch schreiben, die Dramaturgie umsetzen, Drehorte und Requisiten auswählen, schauspielern, Regiearbeit leisten, einen Film schneiden, den Vor- und Nachspann gestalten, den Film mit Musik unterlegen und so weiter. Die Schüler haben sich mit technischen, formalen, inhaltlichen und ästhetischen Aspekten auseinanderzusetzen – ein komplexes Unterfangen, wie es auch später im Berufsleben von ihnen verlangt werden kann. In einem solchen Projekt sind wohl weniger die Schüler als vielmehr die Lehrer gefordert. Sie können oft nicht, müssen aber auch nicht immer die »Oberhoheit« beanspruchen. Wenn sie die Schüler bei ihrer Arbeit begleiten, Hindernisse aus dem Weg räumen und sie unterstützen, wo sie Hilfe brauchen, werden sie von den Schülern dafür geliebt werden – und auf diese Art und Weise wiederum selber viel lernen. Mit dem Kohlestift die Altstadt mit Kirchturm abzuzeichnen ist schön und gut; einen originellen Film zu gestalten, kann jedoch eine weit größere und vor allem zeitgemäßere Herausforderung sein.

Die figural-räumlichen Vorstellungen sind unterschiedlich stark ausgebildet. Also muss es auch Menschen mit einer Teilleistungsschwäche in figural-räumlicher Kompetenz geben. Wie wirkt sich eine solche Teilleistungsschwäche aus?

Diese Teilleistungsschwäche äußert sich auf vielfache Weise. Die betroffenen Menschen können kaum zeichnen und mit Materialien gestalterisch umgehen. Ihre Fotos sind langweilig, unter anderem weil die Ausschnitte falsch gewählt sind. Sie mögen Filme nicht und sehen wenig fern. Ihre figural-räumliche Vorstellungsschwäche wirkt sich auch darauf aus, wie sie sich anziehen oder ihre Wohnung einrichten. Ist das räumliche Vorstellungsvermögen wesentlich beeinträchtigt, ist das Lesen eines Stadtplans oder einer Landkarte erschwert oder wird sogar unmöglich. Für die betroffenen Menschen ist das GPS ein echter Segen. Kinder und Erwachsene mit einer figural-räumlichen Teilleistungsschwäche sind weit weniger beeinträchtigt als diejenigen, die an einer Legasthenie oder Dyskalkulie leiden.

Wann Fernsehen schadet – oder nützt

Viele Kinder im Alter von 2 bis 4 Jahren sitzen jeden Tag 1 bis 2 Stunden vor dem Fernseher. Gibt es überhaupt ein kindgerechtes Fernsehen?

Mütter und Väter setzen ihre Kinder ja nicht deshalb vor den Fernseher, weil sie sich davon eine entwicklungsfördernde Wirkung erhoffen. Der Fernseher ist für sie vielmehr ein Babysitter. Sie sind heilfroh, wenn ihr Kind mal eine Stunde vor dem Fernseher festsitzt und nicht beaufsichtigt werden muss. In dieser Zeit können sie Tätigkeiten nachgehen, bei denen sie das Kind nicht dabeihaben möchten. Leider ist Fernsehen reine Einwegkommunikation. Es läuft unerbittlich weiter und zwingt das Kind zur Passivität. Tempo und Dynamik des Geschehens überfordern das Kind häufig hoffnungslos. Komplexität und Menge der Bilder kann das Kind nicht aufnehmen. Es gibt nur wenige alters- und entwicklungsgerechte TV-Sendungen, etwa die höchst erfolgreichen englischen »Teletubbies«. Für uns Erwachsene sind Lala, Tinky und Winky eine Pein, aber die 2- bis 5-jährigen Kinder bringt man kaum noch vom Apparat weg. Und warum? Weil die Sendung dem Entwicklungsstand von Kleinkindern angepasst ist. Sie spricht Themen an, die ihrem Erfahrungsbereich entnommen sind, und gebraucht eine Sprache, welche Kleinkinder verstehen. Bild und Sprache sind einfach gestaltet, die Handlungsabfolgen stark verlangsamt und sie werden mehrfach wiederholt (Largo 2007).

Viele Eltern und auch Lehrer befürchten, dass die Konzentrationsfähigkeit der Schüler durch die Bilderflut massiv beeinträchtigt wird. Hirnforscher wie Manfred Spitzer (2007) raten dringend vor jedem Fernseh- und Computerkonsum im Kindesalter ab und warnen: Fernsehen macht dumm! Das hieße, dass derzeit die dümmste Generation Kinder aller Zeiten heranwächst.

Ich will gleich im Voraus klarstellen, dass ich weder ein Freund des Fernsehens noch von Gewaltspielen am Computer bin. Es geht oft, wie bereits erwähnt, weniger um den Fernseher, als vielmehr um die Betreuung der Kinder – jeden Alters. Was tun Kinder und Jugendliche, wenn sie nicht vor dem Fernseher sitzen? Und was täten sie, wenn es überhaupt keinen Fernsehapparat in der Wohnung gäbe? Das Problem ist weniger der Fernseher, als vielmehr fehlende Möglichkeiten für kindgerechte Aktivitäten wie Spielplätze und Freiräume für Jugendliche. Die Kinder sind nicht nur mangelhaft betreut. Sie erleiden auch ein Erfahrungsdefizit von vielen Tausend Stunden: Was hätten sie alles erleben und lernen können, wenn sie nicht vor dem Fernseher gesessen wären! Dieses Defizit wird von den Erwachsenen oft als Konzentrationsschwäche wahrgenommen oder umgedeutet. Ich habe zudem den Verdacht, dass viele Eltern und Schulen auch deshalb so kritisch gegenüber den neuen Medien sind, weil sie im Umgang damit keine ausreichenden Erfahrungen haben. Das ist bedauernswert, weil gerade Eltern und Schule den Kindern einen altersgerechten Umgang mit den Medien beibringen sollten, anstatt diese in Bausch und Bogen zu verdammen. Unsere Kinder müssen medienkompetent werden, die ganze Wirtschaft ist auf dieser Form von Kommunikation aufgebaut.

Der Kriminologe Christian Pfeiffer erklärt in einer Studie (Pfeiffer et al. 2007) über den Zusammenhang von PISA-Resultaten und Medienkonsum: »Je mehr Zeit Schülerinnen und Schüler mit Medienkonsum verbringen und je brutaler dessen Inhalte sind, desto schlechter fallen die Schulnoten aus, insbesondere in der Sprache.« Zweifeln Sie an dieser Aussage?

In dieser Studie wird behauptet, die »PISA-Verlierer« seien Opfer ihres Medienkonsums. Man braucht nicht lange zu suchen, wer diese Verlierer in erster Linie sind: die Jungen aus bildungsfernen Familien und solche mit Migrationshintergrund. Hier stellt sich die Frage von Huhn und Ei. Meines Erachtens liegen die Ursachen nicht beim Computer, sondern in der ungenügenden Sozialisierung und den verbauten Entwicklungschancen dieser Kinder und Jugendlichen (siehe Teil III Chancengerechtigkeit). Jugendgewalt auf Medienkonsum zurückzuführen ist eine falsche Fährte. Selbstverständlich tragen Killergames weder zur Sprach- noch zur Sozialkompetenz bei. Ich habe aber noch nie von einem Jugendlichen gehört, der sozial integriert und schulisch erfolgreich ist und allein durch die Beschäftigung mit Computerspielen gewalttätig wurde.

Nur, wenn die Mutter dabeisitzt, weiß sie, was ihre Tochter am Computer macht.

Das Wichtigste für die Schule

1. In den ersten 5 Lebensjahren entwickeln sich die Grundfähigkeiten der visuellen Wahrnehmung und gestalterischen Fertigkeiten.

2. Kinder erbringen heutzutage bezüglich visueller Gestaltwahrnehmung und Raumorientierung höhere Leistungen als vor 30 Jahren. Die beschleunigte visuelle Entwicklung ist den Erfahrungen mit den bildgebenden Medien zuzuschreiben.

3. Die gestalterischen Fähigkeiten sind unter gleichaltrigen Kindern in jedem Alter unterschiedlich entwickelt. Diese Verschiedenheiten sind auf eine unterschiedliche Ausprägung der visuellen Wahrnehmung und vor allem der feinmotorischen Geschicklichkeit zurückzuführen.

4. Das Kind sollte die Möglichkeit bekommen, seine figural-räumlichen Vorstellungen praktisch in möglichst vielfältiger Art umzusetzen. Nur so kann es motorische Fertigkeiten ausbilden, die es später braucht, um gestalterisch tätig zu sein.

5. Kinder und Jugendliche verfügen über große, bisher weitgehend ungenutzte Fähigkeiten, mit virtuellen Räumen umzugehen. Diese Fähigkeiten sollten in der Schule vermehrt gefördert werden.

6. Der Einsatz von bildgebenden Techniken wie digitale Fotografie und Film eröffnet ungeahnte neue pädagogische Möglichkeiten, wie Schüler sich gestalterisch ausdrücken und mit technischen, formalen, inhaltlichen und ästhetischen Aspekten auseinandersetzen können.

7. Fernseher und Computer werden vorschnell verteufelt und zu Sündenböcken gemacht. Der ausufernde Medienkonsum ist hauptsächlich eine Folge von ungenügenden Betreuungsstrukturen und fehlenden Möglichkeiten für kindgerechte Aktivitäten. Die Defizite an entwicklungsgerechten Erfahrungen, die durch den Medienkonsum entstehen, beeinträchtigen die Kinder in ihrer Entwicklung weit mehr als die Inhalte der Fernseh- und Computerprogramme. Anstelle von Verboten sollten daher die Betreuung und Erfahrungsmöglichkeiten für Kinder und Jugendliche verbessert werden.

Sozialverhalten

Wie sich Kinder an Erwachsene binden

Warum gehen Kinder freiwillig zu fremden Personen in die Schule und bleiben dort Hunderte, ja Tausende von Stunden sitzen? Liegt das nur an der gesetzlichen Schulpflicht?

Für mich ist das zunächst ein höchst erstaunlicher Vertrauensbeweis der Eltern, dass sie ihr Kind fremden Personen in vielfacher Hinsicht und in einem solchen Ausmaß anvertrauen. Natürlich gibt es die offensichtlichen Gründe dafür, warum Kinder zur Schule gehen: Die Eltern erwarten es, und das Kind will mit den anderen Kindern zusammen sein, die ebenfalls zur Schule gehen. Der wichtigste Grund scheint mir aber der folgende zu sein: Mit etwa 5 bis 7 Jahren ist das Kind innerlich bereit, nicht nur von den Eltern, sondern auch von anderen erwachsenen Personen zu lernen. Die Eltern genügen dem Kind gewissermaßen als Lehrmeister nicht mehr. Dies ist wohl ein einmaliger Vorgang in der Evolution. Aber nur auf diese Weise können die kulturellen Errungenschaften von Generation zu Generation weitergegeben werden. Dazu muss die innere Bereitschaft des Kindes vorhanden sein, sich nicht nur an die Eltern, sondern auch an einen Lehrer zu binden.

Heißt das, dass sich das Kind genauso an einen Lehrer bindet wie an die Eltern?

Grundsätzlich ja, wenn auch nicht in der gleichen Stärke. Das Kind bindet sich an jede Person, die ihm vertraut ist, es umsorgt und beschützt (Bowlby 1969, 1976). Das Bindungsverhalten, das wir mit allen Säugetieren gemeinsam haben, stellt auf diese Weise sicher, dass das Kind in der Nähe der Personen bleibt, die sein Überleben und seine Entwicklung gewährleisten. In den ersten Lebensjahren bindet sich das Kind an die Eltern und andere Hauptbezugspersonen (Abbildung 31). Danach bindet es sich auch an andere Erwachsene wie Großeltern, Krippenerzieherin und eben auch Lehrer. Ab dem Kleinkindalter kann sich das Kind auch an Geschwister und andere Kinder binden, was wir als eine – tief gehende – Freundschaft wahrnehmen. Das wichtigste Merkmal des kindlichen Bindungsverhaltens ist, dass das Kind nicht allein sein kann und deshalb die Nähe von Bezugspersonen sucht. Diese Bedürftigkeit nach Nähe ist besonders in den ersten Lebensjahren ausgeprägt. Die Bindung des Kindes an die Eltern ist bedingungslos, das heißt, das Kind wird die Beziehung oder die Eltern nie infrage stellen.

Selbst wenn das Kind von den Eltern schlecht behandelt wird? Die Stärke der Bindung ist nicht von der Qualität der Betreuung und der Erziehungskompetenz der Eltern abhängig. Ein Kind ist nicht umso stärker an die Eltern gebunden, je kompetenter sie sind. Selbst ein Kind, das misshandelt wird, läuft den Eltern nicht davon. Die Qualität der elterlichen Betreuung ist jedoch von ausschlaggebender Bedeutung für das Wohlbefinden des Kindes. Wenn die Eltern mit dem Kind fürsorglich und feinfühlig umge-

Erwartungsfrohe Kinder am ersten Schultag.

hen, fühlt sich das Kind angenommen und geborgen. Dies gilt in einem geringeren Maß auch für die Bindung, die das Kind mit einem Lehrer eingeht. Diese Bereitschaft des Kindes, sich am ersten Schultag auf die Lehrerin, die für das Kind oft noch eine fremde Person ist, emotional auszurichten, ist für mich immer wieder berührend und beeindruckend. Es muss viel passieren, bis ein Kind dem Lehrer die Beziehung aufkündigt.

Jedes Kind erwartet, dass es von der Lehrerin vorbehaltlos angenommen wird, von ihr lernen kann und Hilfe bekommt. Werden seine Erwartungen erfüllt, fühlt es sich wohl und aufgehoben. Erst dann kann es seine ganze Lernmotivation entfalten.

Schulkinder werden immer häufiger bereits in der Unterstufe von mehreren, in der Schweiz bisweilen von 6 oder noch mehr verschiedenen Lehrkräften unterrichtet, während die gemeinsame Zeit mit der Klassenlehrerin entsprechend geringer wird. Was bedeutet das für die Kinder?

Vom Bindungsverhalten her gesehen ist das sehr problematisch, denn es überfordert sowohl das Kind wie auch den Lehrer, der als Fachkraft nicht 20, sondern womöglich mehr als 100 Kinder über wenige Stunden pro Woche zu unterrichten hat. So lässt sich von beiden Seiten her keine tragfähige Beziehung mehr aufbauen. Das Kind will aus verhaltensbiologischer Sicht nicht viele Bezugspersonen, sondern wenige, doch diese wenigen auf Dauer. Das muss nicht ein einziger Klassenlehrer für 10 Schuljahre sein, wie das Rudolf Steiner vor 90 Jahren noch für ideal befand (Steiner 1978). Am besten sind wohl 2 bis 3 Lehrerinnen über mindestens 3 Jahre. Sind es aber nicht nur mehrere Lehrer, sondern werden diese nach 6 bis 12 Monaten auch noch ausgewechselt, kann es geschehen, dass eine Klasse nicht mehr zu führen ist. Die Schüler wollen sich nicht mehr auf einen Lehrer einlassen und sich emotional an ihn binden, nur um kurz darauf wieder von ihm verlassen zu werden. Sie wollen nicht mehr enttäuscht werden und verweigern die Beziehung. Manche Aufstände von Grundschulklassen, wie wir sie in den letzten Jahren erlebt haben, stehen auch mit solchen Enttäuschungen in Zusammenhang.

Sie sehen in den vielen Lehrerwechseln eine Missachtung der emotionalen Bedürfnisse der Kinder?

Zweifelsohne. Es wird aber noch schlimmer: Wenn bereits von jungen Schülern verlangt wird, dass sie ständig den Raum wechseln, bedeutet dies für sie geradezu eine Entwurzelung. Denn Geborgenheit vermittelt auch die Umgebung. Nicht nur in der Sekundarstufe, immer häufiger auch in der Grundstufe kommt der Lehrer nicht mehr ins Klassenzimmer der Schüler, sondern die Schüler in den Raum des Lehrers. Für den Lehrer mag das angenehm sein – übrigens aus den gleichen Gründen wie für die Schüler –, die Schüler aber fühlen sich nirgendwo wirklich geborgen. Wie ihr Zimmer zu Hause möchten sie ihr Klassenzimmer prägen, ihm einen unverwechselbaren Charakter geben und vor allem zu einem vertrauten Hort machen.

Was die Pubertät bewirkt

Wie verändert sich das Bindungsverhalten eines 16-jährigen Oberstufenschülers im Vergleich zu jenem eines Grundschülers?

In der Pubertät geschieht etwas Tiefgreifendes: Die Bindung des Kindes an seine bisherigen Bezugspersonen löst sich weitgehend auf (Abbildung 31). Die Eltern haben ihre Aufgabe erfüllt, das Kind ist erwachsen geworden. Die Bindung muss sich abschwächen, damit der junge Erwachsene die Familie und das vertraute Umfeld verlassen kann. Den Verlust der emotionalen Sicherheit erleben die Jugendlichen als eine umfassende Verunsicherung. Weil sie nun weniger emotional gebunden sind, nehmen sie ihre Eltern auch anders wahr (Dolto 2005):

- Man liebt sie nicht mehr so intensiv, wie man sie als Kind geliebt hat.
- Man will ihnen nicht mehr alles anvertrauen.
- Man sieht sie mit neuen Augen.
- Man kann sie nicht mehr idealisieren: Die Eltern sind nicht mehr die Größten.
- Man verliert seine Illusionen: Eltern sind Menschen wie andere auch.

Sich wie damals als Kind geborgen fühlen.

- Man braucht das Gespräch mit ihnen, aber nicht mehr ihre Ratschläge.

Diese Aussagen von Jugendlichen belegen eindrücklich: Die Eltern haben den Ausnahmestatus, den sie bei ihrem Kind bisher innegehabt haben, für immer verloren.

Der Jugendliche wird also mit der Ablösungsphase emotional autonom?

Ganz und gar nicht. Die Geborgenheit, die er in der Kindheit bei den Eltern und anderen Bezugspersonen gesucht und hoffentlich auch erhalten hat, erwartet er nun von den Peers. Seine Freunde und Freundinnen sollen ihm nun den emotionalen Rückhalt geben, wozu sie aus begreiflichen Gründen nur in sehr begrenzter Weise fähig sind, weil sie selber in den gleichen Schwierigkeiten stecken. Der Jugendliche möchte die Geborgenheit der Kindheit bei ihnen wiederfinden und muss schmerzlich erfahren, dass es Geborgenheit in dieser Form nicht mehr gibt. Beziehungsnöte und emotionale Verunsicherung sind daher die Kernprobleme vieler Jugendlicher, die sie oft viel stärker umtreiben als das Streben nach Schulleistung oder beruflichem Erfolg. Den – aus Sicht der Erwachsenen – oft unverständlichen Nöten der Jugendlichen liegen sehr oft Beziehungskonflikte mit ihren Peers zugrunde. Um zu den Peers zu gehören, nimmt der Jugendliche auch Konflikte mit den Eltern in Kauf. Nicht mehr die Familie, sondern die Clique ist für die meisten Jugendlichen das emotionale Zuhause (Abbildung 32). In der Clique werden die Jugendlichen aufs Engste miteinander vertraut. Beziehungskonstellationen mit zunehmender Nähe zum anderen Geschlecht führen schließlich zur Partnerschaft, die wieder emotionale Sicherheit wie in der Herkunftsfamilie vermitteln soll. Die Eltern bedeuten für den Jugendlichen Familie der Kindheit und Vergangenheit, die Gleichaltrigen Eintritt in die eigene Familie und Zukunft.

Wer leidet eigentlich mehr unter der Pubertät: die Erwachsenen oder die Jugendlichen?

Schwer zu sagen, aber ich würde meinen, die Jugendlichen. Sie leiden vor allem an sich selbst, was Eltern und Lehrer ja auch oft so wahrnehmen. Françoise Dolto (2005) hat bei den Jugendlichen auch nachgefragt, wie sie die Pubertät erleben:

- Es ist wie eine zweite Geburt.
- Nichts stimmt mehr, aber man weiß nicht genau, warum und wieso.
- Nichts ist mehr wie früher, aber was sich verändert hat, lässt sich nicht erklären.
- Man fühlt sich wie auf einer abschüssigen Bahn, auf der einem die Kontrolle entgleitet.
- Es ist eine Zeit der endlosen Zweifel und Unsicherheiten.
- Die inneren Schutzräume der Kindheit sind einem abhandengekommen.

In diesem Zustand einer tiefen emotionalen Verunsicherung sind die Jugendlichen zusätzlich mit den folgenden Entwicklungsaufgaben konfrontiert: den Umgang mit der Sexualität, die eigene Identität finden, sich in Schule und Beruf behaupten und eine Stellung in der Gesellschaft erringen. Es ist mehr als verständlich, dass diese Anforderungen von manchen Jugendlichen kaum zu bewältigen sind.

Der Macht- und Kontrollverlust der Lehrer wird in dieser Entwicklungsphase offensichtlich. Wie können sie sich den Jugendlichen gegenüber noch behaupten?

Den Lehrern ergeht es wie den Eltern: Die emotionale Abhängigkeit der Schüler ist weitgehend verschwunden. Lehrer, die sich einigermaßen gut in dieser schwierigen Lage zurechtfinden, warnen vor einer Anbiederung bei den Jugendlichen. Denn als Pseudojugendlicher macht man sich nur unglaubwürdig. Authentische Lehrer stehen dazu, dass sie mehr Lebenserfahrung haben. Sie sagen immer deutlich ihre Meinung – aber nicht mit dem Anspruch, dass sich die Jugendlichen auch danach richten. Sie machen sie vielmehr darauf aufmerksam, dass sie die Verantwortung für ihr Handeln nun selber tragen. Was Jugendliche oftmals nicht daran hindern wird, falsch zu entscheiden und damit in Schwierigkeiten zu geraten. Doch darauf haben sie ein Anrecht, womit dem Lehrer eine wichtige erzieherische Aufgabe zukommt (mehr zu Erziehung siehe Teil III).

Aber letztlich können die Lehrer nicht viel mehr tun als abwarten, bis die heftigsten pubertären Stürme ausgestanden sind?

Wenn die Verbindung zwischen Lehrer und Schüler auf eine neue Basis von gegenseitigem Respekt gestellt wird, kann ein Lehrer für einen Jugendlichen durchaus zu einer wichtigen Vertrauensperson werden. So kommt es immer wieder vor, dass beispielsweise eine Schülerin, die sexuell missbraucht wurde, sich nicht ihren Eltern, sondern einem Lehrer oder einer Lehrerin anvertraut. Für Lehrer wie für Eltern gilt: Wenn es dem Jugendlichen gut geht, hört man nichts von ihm; geht es ihm schlecht, bittet er um Hilfe. Es ist für Eltern und Lehrer eine zugegebenermaßen etwas einseitige, aber sehr wichtige Aufgabe, für die Jugendlichen verfügbar zu bleiben und ihnen aus ihren Schwierigkeiten herauszuhelfen – wenn sie dies verlangen. Irgendwann sind die pubertären Nöte ausgestanden, und die Beziehung, die sich dann zwischen dem jungen Erwachsenen, den Eltern und den Lehrern einstellt, wird ein sehr genauer Spiegel davon sein, wie tragfähig ihre Beziehungen während der Kindheit waren und wie gut man die schwierigen Jahre der Pubertät gemeinsam bewältigt hat.

Warum Kinder gehorchen

Die traditionelle Autorität schwindet. Was sind die Konsequenzen, und wie kann man ihnen begegnen?

Die Folge ist ein Erziehungsvakuum. Jene Autorität, die hauptsächlich auf Macht und soziale Stellung begründet war, ist nicht mehr glaubwürdig, und eine neue Autorität hat sich noch nicht fest etabliert. So wird der alten nachgetrauert und das Heil in neuen Erziehungsmethoden gesucht, beispielsweise in solchen, die sich am Behaviorismus und an der Verhaltenstherapie orientieren: Das Kind soll mit Belohnen und Bestrafen erzogen werden. Gehorcht es, wird es belohnt. Wenn nicht, erklärt man ihm die negativen Konsequenzen und setzt diese gegebenenfalls um, beispielsweise mit einer Auszeit (das Kind muss einige Zeit allein in einem Raum verbringen) oder schließlich einer Strafe. Obwohl Zuwendung und Verständnis für das Kind in den letzten Jahren vermehrt betont werden, stehen letztlich Konsequenz und Disziplin im Zentrum der Erziehungsbemühungen. Nach diesem Ansatz gehen auch die Supernannys im Fernsehen und Erziehungsmethoden wie »Triple P« vor. Diesen Methoden liegt eine Erziehungshaltung zugrunde, die gar nicht so weit von den alten Vorstellungen entfernt ist und keinen wirklichen Fortschritt darstellt. Das vorrangige Ziel dieser Erziehungshaltung ist es, eine möglichst weitgehende Kontrolle über das Kind zu behalten. Bei diesen Ansätzen geht es nicht um eine Erziehung, die sich am Wohl und an der Entwicklung des Kindes orientiert. Man hat auch nicht vor, das Kind zu einem selbstständigen und selbstverantwortlichen Wesen zu erziehen.

Von welcher Erziehungsvorstellung gehen Sie aus?

Ich orientiere mich am Bindungsverhalten. Kinder gehorchen, weil sie an die Bezugspersonen gebunden sind. Sie sind von diesen emotional abhängig, wollen sie nicht enttäuschen, ihre Zuwendung nicht verlieren – und deshalb gehorchen sie. Das Kind gehorcht, weil es nicht riskieren will, dass sich die Person, die es liebt, von ihm abwendet. Diesem Gehorsam liegt eine natürliche, auf Beziehung beruhende Autorität zugrunde. Diese Form einer kindgerechten Erziehung verlangt den Eltern und Lehrerinnen zweifelsohne einiges ab: Das Kind muss sich geborgen und angenommen fühlen, damit es gehorcht.

Es gilt also: Baue eine vertrauensvolle Beziehung auf, dann kann das Kind gar nicht anders als gehorchen. Ist das nicht zu einfach?

Ohne eine vertrauensvolle Beziehung muss Gehorsam mit repressiven Maßnahmen erzwungen werden. Eine vertrauensvolle Beziehung ist die Voraussetzung dafür, dass das Kind überhaupt bereit ist, auf eine erzieherische Anordnung einzugehen. Dazu ist ein deutliches Signal Richtung Kind notwendig: Ich mag dich! Ich interessiere mich für dich! Die Wertschätzung seiner Person muss für das Kind glaubwürdig über der Beurteilung von Leistung und Verhalten stehen. Diese Wertschätzung während des Unterrichts zu vermitteln kann schwierig sein, wenn Leistung und Verhalten im Vordergrund stehen. Deshalb sind Begegnungen außerhalb des Unterrichts so wichtig wie auch Gesprächsthemen, die mit der Schule nichts zu tun haben. Es gibt schwierige Kinder, die haben ihre Stärken außerhalb der Schule, beispielsweise im Fußballspiel. Werden sie auf ihre Stärken angesprochen, blühen sie auf und fühlen sich wahrgenommen. Die emotionale Wertschätzung, die das Kind in der Schule erhält, ist umso wichtiger, wenn sich das Kind zu Hause zu wenig geborgen fühlt und seine Eltern es aus persönlichen oder sozialen Gründen nicht schaffen, ihrem Kind die notwendige emotionale Sicherheit zu geben. Bei diesen Kindern fühlen sich manche Lehrer immer mehr in die Rolle von Ersatzeltern und Sozialarbeitern gedrängt und sind begreiflicherweise überfordert. Gute Ganztagsschulen können diese Bedürfnisse vernachlässigter Kinder weit besser und nachhaltig befriedigen als die normalen Schulen.

Warum gehorcht ein Schüler nicht? Und wie soll die Lehrerin darauf reagieren?

Dafür gibt es eine Reihe von Gründen. Der Schüler kann sich überfordert fühlen. Er soll zum Beispiel zu Hause einen Text lesen, der für ihn zu lang ist, weil seine Lesekompetenz dazu nicht ausreicht.

Ein anderer denkbarer Grund ist: Lehrerin und Eltern sind sich nicht einig und damit nicht fähig, gemeinsam eine berechtigte Forderung beim Kind durchzusetzen. Ein weiterer Grund könnte sein, dass das Kind sich abgelehnt und einsam fühlt und deshalb den Gehorsam verweigert. Da hilft nur, auf das Kind zuzugehen, das Gespräch mit ihm zu suchen und ihm damit zu verstehen zu geben: » Ich mag dich, und ich möchte dir helfen. « Wenn sich das Kind emotional vernachlässigt fühlt, kenne ich keine andere Möglichkeit, als das verloren gegangene Vertrauen wiederherzustellen.

Viele Eltern und Lehrer haben den Eindruck, dass Jugendliche in der Pubertät immer weniger gehorchen. Teilen Sie diese Einschätzung?

Ich möchte mit einem Zitat antworten: » Die Jugend liebt heutzutage den Luxus. Sie hat schlechte Manieren, verachtet Autorität, hat keinen Respekt vor älteren Menschen und schwatzt, wo sie arbeiten soll. Kinder widersprechen ihren Eltern, schwadronieren in der Gesellschaft, verschlingen bei Tisch die Süßspeisen und tyrannisieren ihre Lehrer! « Das ist kein Leserbrief aus dem Jahr 2008, sondern wurde von Sokrates vor 2400 Jahren geschrieben. Die Klagen über die Pubertät sind offensichtlich alt, und ich bin ziemlich sicher, dass sich die Eltern bereits im Steinzeitalter über das Verhalten ihrer heranwachsenden Kinder geärgert haben. Die Pubertät ist für alle Beteiligten eine schwierige und konfliktreiche Entwicklungsphase, und als Eltern wie als Lehrer tun wir gut daran, dies zu akzeptieren. Ich kenne jedenfalls kein Rezept, mit dem sich die Entstehung pubertärer Konflikte verhindern ließe.

Störungen des Unterrichts, Mobbing, Vandalismus und handfeste Gewalt haben markant zugenommen. Wie sollen Lehrerinnen eine Beziehung aufbauen, wenn die pubertierenden Jugendlichen in erster Linie auf Abgrenzung gegenüber den Erwachsenen bedacht sind?

Die Gewalt nimmt an Häufigkeit und Intensität lediglich in Randgruppen zu, nicht aber bei der Mehrheit der Jugendlichen (GEW 2008). Was nicht bedeutet, dass der Umgang mit der Mehrheit der Jugendlichen konfliktfrei wäre. Die zunehmende emotionale Unabhängigkeit des Jugendlichen führt auch bei den Lehrerinnen zu einem Beziehungs- und vor allem Kontrollverlust. Dem Jugendlichen fällt es leicht, nein zu sagen und sich zu verweigern, weil er den Liebesentzug nicht mehr fürchtet. Er gehorcht nicht mehr aus einer emotionalen Abhängigkeit heraus, sondern will mit Argumenten überzeugt und wie ein Erwachsener behandelt werden. Für Eltern und Lehrer ist damit ein ständiges mühsames Aushandeln von Pflichten und Rechten angesagt; ein anstrengender Erziehungsauftrag, dem sie sich stellen müssen, wenn sie dem Jugendlichen wirklich helfen wollen, sich in der Gesellschaft zurechtzufinden.

Hat der Lehrer von 14-jährigen Hauptschülern eine Chance gegen die Zwänge der Pubertät und den Verlust an Autorität?

Das Schwinden der emotionalen Abhängigkeit nimmt dem Lehrer gewissermaßen die vom Kind garantierte Autorität. Hinzu kommt, dass sich der Status des Lehrers grundlegend gewandelt hat. Bis in die 70-er Jahre hat die Autorität von Amtes wegen zumeist zur Aufrechterhaltung von Ruhe und Ordnung ausgereicht. Heute ist dieser Anspruch nicht mehr durchsetzbar, und damit sind die Anforderungen an den Lehrer eindeutig gestiegen. Er muss den Jugendlichen als Person mit fachlichen und sozialen Kompetenzen überzeugen. Der Jugendliche will als angehender Erwachsener auf gleicher Augenhöhe mit dem Lehrer verhandeln – mit der schiefen Vorstellung, das gelte nur in Bezug auf seine Rechte. Eltern und Lehrer müssen den Jugendlichen ernst nehmen und ihm beibringen, dass es für ihn nicht nur Rechte, sondern auch Pflichten gibt. Diese Aufgabe ist durch das Schwinden eines Autoritätsbegriffs, der sich nicht legitimieren musste, zweifelsohne schwieriger und aufwendiger geworden. Andererseits möchten wir, dass die Jugendlichen zu mündigen und selbst bestimmten Bürgern heranwachsen, die sich nur einer glaubwürdigen Autorität unterordnen. Das lässt sich wiederum nur erreichen, wenn diese Form von Autorität bereits in der Schule vorgelebt wird und die unvermeidlichen Konflikte auf eine überzeugende Art und im gegenseitigen Respekt ausgetragen werden.

Wie der Sinn für Gemeinschaft entsteht

Die Grundsteine für die Sozialisierung des Kindes werden von den Eltern gelegt. Wie muss man sich das vorstellen?

Jede Form von Erziehung strebt das gleiche Ziel an: Das Kind lernt, wie die Menschen in der Gemeinschaft miteinander umgehen, hält sich an die Regeln ihres zwischenmenschlichen Umgangs, teilt ihre Wertvorstellungen und übernimmt ihre Kulturtechniken. Dieser Sozialisierungsprozess erfolgt weitgehend durch das sogenannte soziale Lernen oder Modell-Lernen (Bandura 1976). Das Kind kommt mit einer großen inneren Bereitschaft auf die Welt, so zu werden wie die Menschen, mit denen es aufwächst. Bereits der Säugling hat einen Drang zur Nachahmung, er ist frühzeitig interessiert am mimischen Ausdruck, an der Gestik, Haltung und Bewegung. Im Alter von 12 Monaten kann er bereits Handlungen wie Essen mit dem Löffel oder Telefonieren nachahmen.

Demnach wird das Kind durch seine Vorbilder sozialisiert?

Es kann gar nicht anders werden als seine soziale Umwelt. So sagt Carl Valentin: »Wir können Kinder nicht erziehen; die machen uns eh alles nach.« Anfänglich verinnerlicht das Kind das Verhalten von Eltern und Geschwistern, dann das von anderen Bezugspersonen wie Verwandten, Nachbarn oder Lehrern. Im Kindergarten- und Schulalter eignet es sich zunehmend auch die Wertvorstellungen seiner Vorbilder an. Spätestens ab dem 2. Lebensjahr wächst seine Bereitschaft, sich am Verhalten anderer Kinder zu orientieren und dieses zu verinnerlichen.

Wie lernt ein Kind, die Gefühle anderer Kinder und Menschen zu erkennen?

Die soziale Kognition macht einen ersten bedeutenden Entwicklungsschritt mit dem Auftreten der Selbstwahrnehmung im Alter von 18 bis 24 Monaten. Das Kind beginnt sich als eigenständige Person zu begreifen und von anderen Personen abzugrenzen. Ein Hinweis darauf, dass das Kind sich selbst wahrnehmen kann, liefert der sogenannte Rouge-Test: Das Kind bemerkt einen roten

Fleck auf seiner Nase im Spiegelbild und weiß, dass er sich in seinem Gesicht befindet (Bischof-Köhler 1989). Dass es sich nun als Person wahrnimmt, äußert sich auch in der Sprache. Das Kind ist fähig, die Ich-, Du- und Wir-Form zu verstehen und anzuwenden. Im 3. Lebensjahr beginnt es, Anteil an den Gefühlen anderer Menschen zu nehmen. Nur Kinder, die sich selber im Spiegel erkennen, zeigen auch ein empathisches Verhalten (Brooks-Gunn und Lewis 1984). Sie setzen sich mit Wünschen und Bedürfnissen auseinander, die sie selbst und andere Menschen haben können. Zwei Worte, die Kinder in diesem Alter besonders gerne verwenden und die Eltern immer wieder zu hören bekommen, lauten: »Ich will.« Im 4. Lebensjahr differenziert sich das Verständnis für die eigene emotionale Befindlichkeit und jene anderer Menschen weiter aus. Bis ins Alter von etwa dreieinhalb Jahren geht das Kind davon aus, dass andere Menschen so über die Welt denken wie es selbst (sogenannter Egozentrismus nach Piaget 1975). Mit dreieinhalb bis 4 Jahren beginnt das Kind, sich in andere Menschen hineinzuversetzen, sich in ihre Emotionen einzufühlen sowie ihre Gedanken und Denkweise nachzuvollziehen. Diese Fähigkeit wird in der Psychologie »Theorie des Denkens« oder »Theory of Mind« genannt (Premack und Woodruff, 1978; Bischoff-Köhler 2000). Das Kind kann sich in einer begrenzten Weise in andere Menschen hineinversetzen und so ihre Wünsche, Gedanken und Absichten erfassen. Es kann damit ihre Befindlichkeit, ihr Verhalten und ihre Handlungen besser verstehen und auch versuchen, sie vorherzusagen. Die Einsicht in die eigene Befindlichkeit und die eigenen Gedanken (Introspektion) sowie in diejenigen anderer Menschen (Extrospektion) ermöglicht erst ein differenziertes Beziehungsverhalten.

Wie können die Forscher so sicher sein, dass ein Kind tatsächlich fähig ist, sich in andere Personen hineinzufühlen?

Das Auftreten einer »Theory of Mind« bei Kindern nachzuweisen, war lange Zeit methodisch eine kaum lösbare Aufgabe. Anfang der 80-er Jahre haben Psychologen wie Wimmer und Perner (1983) das Problem elegant gelöst: Sie entwickelten Geschichten, die im Alter von etwa 4 Jahren eine »qualitative Wende« im Denken der Kinder offenbaren. Eine dieser Geschichten ist jene von Annas Puppe (Abbildung 33). Dem Kind wird die Geschichte mit Bildern erzählt oder mit Puppen vorgespielt. Im Alter von 3 Jahren beantworten Kinder die Frage, wo Anna ihre Puppe suchen wird, entsprechend ihrer eigenen Erfahrung und ihrer realitätsbezogenen Vorstellung und damit falsch: Anna sucht dort, wo die Puppe tatsächlich ist. Da ihnen die ganze Geschichte erzählt wurde, gehen sie davon aus, dass auch Anna die ganze Geschichte kennt. Sie können sich nicht vorstellen, dass Anna nur die erste Hälfte der Geschichte mitbekommen hat. Zwischen dreieinhalb und 4 Jahren lösen die Kinder die Aufgabe zunehmend richtig: Anna sucht die Puppe zuerst im Bett und findet sie daher nicht. Die Kinder verstehen, dass jeder Mensch seine eigenen Vorstellungen hat, die unter anderem durch unterschiedliche individuelle Erfahrungen bestimmt sind. Mit etwa 4 Jahren beginnt das Kind also zu begreifen, dass verschiedene Personen unterschiedliche Überzeugungen und Vorstellungen haben können. Es erkennt, dass Handlungen durch Wünsche und Absichten motiviert sind. Es durchschaut zunehmend, dass seine eigenen Vorstellungen und Überzeugungen wie auch diejenigen anderer Menschen von der Realität verschieden und daher Fehlannahmen sein können.

Ab wann kann ein Kind lügen? In welchem Alter begreift es Witz und Ironie?

Erst die Fähigkeit, eine falsche Annahme bei sich und anderen zu erkennen, aber auch zu bewirken, ermöglicht es ihm, andere vorsätzlich zu täuschen oder zu belügen. Diese Fähigkeit stellt sich im Alter von etwa 5 Jahren ein (Sodian 1991). Zuvor glaubt das Kind alles, was man ihm sagt, und es kann nicht lügen. Mit etwa 5 Jahren beginnt das Kind zu begreifen, was es bedeutet, ehrlich zu sein. Es erkennt, dass lügen heißt, etwas zu sagen, von dem es weiß, dass es falsch ist. Sagt es etwas, was es als richtig erachtet, das aber objektiv falsch ist, ist es hingegen ein Fehler. Manche Kinder stellen ihre Eltern eine Zeit lang auf die Probe und versuchen herauszufinden, ob die Eltern den Unterschied bemerken. Die Eltern sollten mit dem Kind geduldig sein, damit es über seine Annahmen und Überzeugungen nachdenken kann, und es in seiner

Ehrlichkeit bestärken. Im Schulalter differenzieren sich die Intro- und die Extrospektion weiter aus, und ganze Hierarchien von Vorstellungen entstehen. Eine Annahme wie »Maxi glaubt, dass Susi glaubt, die Schokolade sei in der Schublade« entwickelt sich weiter zu »Eva glaubt, dass Maxi glaubt, dass Susi glaubt...« und so weiter. Erst durch ein sogenanntes »Metaverständnis« kann ein Kind Witz und Ironie verstehen (Perner & Wimmer 1985), und das stellt sich frühestens im Alter von 6 bis 8 Jahren ein. Vor dem 6. Lebensjahr nehmen die meisten Kinder Witze für bare Münze. Es ist eine erstaunliche geistige Leistung, den feinen Unterschied zwischen Ironie und Witz auf der einen und Lüge auf der anderen Seite zu begreifen, der nur darin besteht, dass der Zuhörer bei Ersteren gerade nicht getäuscht werden soll.

Was kann und sollte die Schule zur Entwicklung dieser kognitiven Fähigkeiten wie etwa dem Einfühlungsvermögen beitragen?

Ein Verständnis für die Gefühle, die Gedanken und das Verhalten anderer Menschen kann sich nur aufgrund von ausreichenden zwischenmenschlichen Erfahrungen entwickeln. Wie das Kind seine Einsichten über andere Menschen einsetzt, hängt von seinen Vorbildern ab. Wenn Eltern und Lehrerinnen einfühlsam mit dem Kind umgehen, seine Gefühle und Gedanken respektieren, wird es mit anderen Menschen genauso umgehen und sich empathisch verhalten. Muss das Kind aber erleben, dass seine Gefühle missachtet und seine Gedanken entwertet werden und dass seine Anliegen und Wünsche schlechtgemacht werden, wird es sich im Umgang mit anderen Kindern und Erwachsenen auch so verhalten. Die zwischenmenschlichen Erfahrungen, die das Kind in der Familie, im Kindergarten und in der Schule macht, bestimmen daher sein späteres Beziehungsverhalten wesentlich mit. Kinder, deren Einfühlungsvermögen gut ausgebildet ist, zeigen im Alltag eine höhere soziale Kompetenz und sind bei Gleichaltrigen in der Regel beliebter. Sie können ihre Gefühle und Vorstellungen besser ausdrücken und sich im Spiel vermehrt nach den Bedürfnissen anderer Kinder richten. Sie haben stabilere Freundschaften als sozial weniger kompetente Kinder und nehmen in Kindergruppen oft eine Schlüsselstellung ein (Slomkowski und Dunn 1996). Im mittleren Schulalter beginnen Kinder immer mehr über ihre eigenen Gedanken nachzudenken. Sie fangen an, ihre eigenen Überzeugungen zu hinterfragen, mit anderen darüber zu sprechen und sich neue Sichtweisen anzueignen. Sie entwickeln eine »innere Sprache«. Bisher erlebten die Kinder ihr Denken eher als punktuelle Ereignisse, nun leben sie zunehmend in einem ständigen Strom des bewussten Erlebens, in dem sie die eigenen Gedanken, Gefühle und Handlungen wahrnehmen und überprüfen können (Flavell 1997). Eltern und Lehrer sollten die Kinder ermuntern, über ihre Gedanken zu sprechen, und gemeinsam mit ihnen über unterschiedliche Sichtweisen nachdenken.

Menschliche Beziehungen werden hergestellt und unterhalten nicht nur mit Sprache, sondern vor allem auch mithilfe der nonverbalen Kommunikation. Wie wichtig ist sie für die Sozialisierung?

Sehr wichtig. Wir alle, Kinder und Erwachsene, teilen einander Gefühle und Absichten mit sozialen Signalen mit. Wie gut ein Kind die Körpersprache anderer Menschen lesen und auf ihr Verhalten reagieren kann, bestimmt daher seine soziale Kompetenz wesentlich mit. Die wichtigsten Elemente der nonverbalen Kommunikation oder der Körpersprache sind Mimik, Blickverhalten, Berührung, Gestik, Körperhaltung, Stimme und Distanzverhalten. Die Abbildung 34 zeigt, wie sich die Fähigkeit zum Erkennen von Mimik im Laufe der Kindheit entwickelt. Es gibt 7-jährige Kinder, die bereits die Fähigkeit von begabten Erwachsenen erreicht haben, andererseits gibt es Kinder, die mit 14 Jahren nicht kompetenter sind als ein durchschnittliches 7-jähriges Kind. Wie bei anderen Kompetenzen finden sich auch im Bereich der nonverbalen Kommunikation Kinder mit Teilleistungsschwächen, die soziale Signale nur ungenügend lesen und nicht angemessen darauf reagieren können. An einer besonderen Form von visueller Wahrnehmungsschwäche leiden Kinder, die unfähig sind, Menschen an ihren Gesichtern zu erkennen. Selbst die Gesichter von Mutter und Vater bleiben ihnen fremd (sogenannte Gesichtsblindheit oder Prosopagnosie). Man schätzt, dass etwa 1 Prozent aller Kinder und Erwachsenen von Gesichtsblindheit betroffen sind; dazu gehört

Gleiche Körperhaltung:
Wir mögen uns.

auch die bekannte Primatenforscherin Jane Goodall. Die anderen Elemente der Körpersprache wie etwa das Erkennen des stimmlichen Ausdrucks, zeigen eine vergleichbare Entwicklung wie das Erkennen der Mimik und sind ebenfalls von Kind zu Kind sehr unterschiedlich ausgeprägt.

Warum Erfahrungen mit Geschwistern wichtig sind

Ungefähr jedes dritte Kind im deutschsprachigen Raum wächst mittlerweile als Einzelkind auf. Über die Folgen für die Entwicklung der sozialen Kompetenz wird seit Jahren gestritten. Sind Einzelkinder sozusagen dazu verdammt, rücksichtslose Egozentriker zu werden? Oder wachsen Einzelkinder in Kleinfamilien ebenso sozial kompetent auf, wie andere Forscher meinen (Kasten 2007)?

Wenn es Probleme mit Einzelkindern gibt, werden sie gern einer Überbehütung und Verwöhnung durch die Eltern zugeschrieben – meines Erachtens oft zu Unrecht. Was den Einzelkindern aber

Kinder sind die besten Lehrmeister.

häufig fehlt, sind ausreichende und vielfältige soziale Erfahrungen, vor allem mit anderen Kindern. Niemand wird bestreiten, dass das Beziehungsverhalten unter Erwachsenen nicht das gleiche ist wie das unter Kindern. Wenn ein Kind vorwiegend von Erwachsenen umgeben ist, orientiert es sich an deren Verhalten und neigt dazu, sich selber wie ein kleiner Erwachsener zu gebärden. Die Erwachsenen ihrerseits passen sich dem Kind mehr an als gleichaltrige Kinder. Solche Kinder haben oft eher ein an Erwachsenen orientiertes Beziehungsverhalten als Kinder, welche die ersten Lebensjahre mit Geschwistern und anderen Kindern verbracht haben. Sie erwarten mehr als Letztere, dass Lehrer und Kinder in einem hohen Maß bereit sind, auf ihre Bedürfnisse und Wünsche einzugehen; ihre Eltern haben es schließlich auch getan. Manche sind demzufolge auch weniger gewohnt, Kompromisse zu machen, und weniger fähig, mit Frustrationen umzugehen, die durch soziale Konflikte hervorgerufen werden.

Manche Eltern sind bemüht, diese Isolation zu durchbrechen, indem sie mit anderen Familien gemeinsam etwas unternehmen.

So können Einzelkinder zumindest geschwisterähnliche Beziehungen aufbauen. Reicht das nicht aus?

Es ist sicher nützlich, wenn eine Mutter – und es sind ja nun mal meistens die Mütter – entsprechende Kontakte mit Familien in der Nachbarschaft herstellt. Doch ich befürchte, dass dies den wenigsten ausreichend gelingt. Ich bin der festen Meinung, dass ein Kleinkind jeden Tag 1 bis 2 Stunden direkten Kontakt mit erwachsenen Bezugspersonen und mehrere Stunden mit anderen Kindern haben sollte. Spätestens im Alter von 2 bis 3 Jahren will ein Kind mit anderen Kindern zusammen sein und von ihnen auch akzeptiert werden. Es sucht sich eine Stellung in der Gruppe, in der es bestehen kann. Dazu muss es sich anpassen und auf die anderen Kinder Rücksicht nehmen. Sobald Kinder zusammenkommen, entwickeln sich hierarchische Strukturen, in denen das Kind seinen Platz finden muss oder zugewiesen bekommt. Es lernt zum Beispiel sich einem anderen Kind unterzuordnen, weil dieses über eine höhere Sozialkompetenz verfügt oder körperlich überlegen ist. Bereits das Kleinkind entwickelt ein feines Gespür dafür, wo die Stärken und Schwächen der anderen Kinder sowie die eigenen sind, und damit auch, wo es mit seinen Kompetenzen innerhalb der Gruppe hingehört. All diese Erfahrungen können die Kinder in Kleinfamilien kaum mehr machen. Kindertagesstätten sind daher für viele Kinder der einzige Ort, der ihnen diese Erfahrungen ermöglicht, die sie für ihre Sozialisation und Sprachentwicklung dringend benötigen. Für mich sind Kindertagesstätten nicht nur eine Notwendigkeit, damit die jungen Mütter berufstätig sein können, wenn sie dies wollen oder müssen. Sie sind mindestens ebenso sehr eine Notwendigkeit für das Kind, damit es mit anderen Kindern die Entwicklungserfahrungen machen kann, die ihm in der Kleinfamilie verwehrt sind.

Kann ein Kind, das ausschließlich zu Hause betreut wurde, die notwendigen sozialen Kontakte nicht im Kindergarten und später in der Schule aufholen?

Die Grundkompetenzen in Kommunikation und Beziehungsverhalten werden in den ersten Lebensjahren ausgebildet. Ein Aufholen im Kindergarten- und frühen Schulalter ist mit vermehrtem

Aufwand und zusätzlichen Belastungen für Kind und Lehrerin verbunden. Ein Einzelkind hat begreiflicherweise die gleichen Erwartungen an die anderen Kinder und die Kindergärtnerin wie an seine Eltern. Doch es wird bald feststellen müssen, dass es seinen Kopf nicht mehr so einfach durchsetzen, die ungeteilte Aufmerksamkeit und das gleiche Verständnis erwarten kann, wie das zu Hause der Fall war. Nun muss das Kind lernen, sich anderen Kindern unterzuordnen, einzustecken und bei der Kindergärtnerin mit weniger Aufmerksamkeit auszukommen als bei den Eltern. In diesem Lernprozess steckt die Gefahr einer Fehlentwicklung. Anstatt sich anzupassen, kann das Kind mit Verhaltensstörungen auf diese sozialen Herausforderungen reagieren, was wiederum eine negative Reaktion bei den Erwachsenen und anderen Kindern auslösen kann. Die Grundlagen des Sozialverhaltens werden in den ersten Lebensjahren gelegt. Je älter das Kind wird, desto aufwendiger und schwieriger ist jede Veränderung des Sozialverhaltens.

Wie sieht es mit der Bedeutung der Gruppe für die Entwicklung des Kindes in der Schule aus? Viele Lehrer und Eltern klagen, dass der Gruppendruck in den letzten Jahren enorm zugenommen hat. Man muss die richtigen Jeans tragen, die richtige Musik hören und mit der richtigen Handymarke telefonieren, um cool zu sein und dazuzugehören.

All dies belegt, wie wichtig die Gruppenzugehörigkeit für ein Kind ist. Je älter es wird, desto wichtiger wird die Akzeptanz durch die anderen Kinder. Ausgeschlossen sein kann das Wohlbefinden eines Kindes massiv beeinträchtigen. Wo sich ein Kind einreiht und wie weit es sich anpasst, hängt von seinen bisherigen Erfahrungen mit Gruppen ab. Hat das Kind eine Führungsstellung oder ist es ein Mitläufer? Je nach seinen Stärken und Schwächen wird es sich ausrichten. Ein Kind mit Stärken kann es sich leisten, sich dem Gruppendruck bewusst zu widersetzen. Sein Markenzeichen ist gerade das Anderssein. Schwächere Kinder neigen hingegen zur Anpassung an die Gruppe, indem sie zum Beispiel die »richtigen« Kleider tragen. Es gibt Kinder, die ihre Freunde mit Geschenken bestechen, um dazuzugehören, was wiederum dazu führen kann, dass sie ihre

Sich Achtung bei den Gleichaltrigen verschaffen.

Eltern bestehlen. Jugendliche gehen erhebliche Risiken ein, um sich bei den Peers Achtung zu verschaffen.

Gute Ganztagsschulen können auf die Gruppenstrukturen von Kindern und Jugendlichen einen erheblichen positiven Einfluss haben. Sie können mit Freiräumen und strukturierten Aktivitäten wesentlich dazu beitragen, dass Sozialisierung und soziale Integration innerhalb der Klasse und Schule gewährleistet sind und Schüler nicht in randständige Gruppen abgedrängt werden.

Die Sozialisierung ist in der Pubertät ein besonders großes Problem. Die amerikanische Psychologin Judith Rich Harris (1998) hat die These vertreten, dass in dieser Altersperiode die Erziehung durch die Eltern mehr oder weniger wirkungslos sei, weil der Einfluss der Peergroups auf die Jugendlichen dominiert. Wenn das stimmen würde, könnten Eltern und Oberstufenlehrer gleich abdanken.

Diese Aussage ist in dieser Absolutheit sicherlich übertrieben. Doch Judith Harris weist zu Recht auf die bisher unterschätzte, enorme Bedeutung der Peers im Sozialisierungsprozess hin. Je älter ein Kind wird, umso mehr sucht es seine Vorbilder außerhalb der Familie und insbesondere bei den Gleichaltrigen. Erleichtert wird diese Umorientierung dem Jugendlichen durch die Abnahme der emotionalen Abhängigkeit von den bisherigen Bezugspersonen, deren Erziehungsauftrag tatsächlich weitgehend abgeschlossen ist. Die Jugendlichen orientieren sich in ihrem Verhalten und ihrer Werteinstellung an den Peers und kaum mehr an den Eltern und anderen Bezugspersonen. In der Pubertät sind die Peers die Vorbilder für den Jugendlichen. Deshalb ist es ja auch so wichtig, dass sich Gesellschaft und Schule vermehrt Gedanken darüber machen, welche Erfahrungsmöglichkeiten die Jugendlichen in unserer Kultur haben und welche sie benötigen.

Wir haben in diesem Kapitel verschiedene Facetten des Sozialverhaltens besprochen. Das Sozialverhalten eines Kindes ist offensichtlich nichts Einheitliches.

Das Sozialverhalten ist komplex, aber weniger, weil es viele verschiedene Bereiche beinhaltet, sondern vielmehr, weil jeder dieser Bereiche von Kind zu Kind sehr unterschiedlich ausgebildet sein kann. Ein Kind, das sich stark bindet, ist nicht unbedingt auch das Kind, das über eine hohe Bereitschaft zum sozialen Lernen verfügt. Ein Kind, das sich gut in andere Menschen einzufühlen vermag, kann über hohe oder niedrige Fähigkeiten der nonverbalen Kommunikation verfügen. Was das Sozialverhalten besonders vielfältig macht, ist, dass auch jeder seiner 4 Hauptbereiche von Kind zu Kind unterschiedlich ausgebildet sein kann (Abbildung 35):

- Bindungsverhalten: Es gibt Kinder, die sich emotional sehr stark binden. Sie werden als scheu bezeichnet. Ihnen bereiten Begegnungen mit fremden Menschen und Trennungen große Mühe. Sie brauchen viel Zeit, um sich im Kindergarten und in der Schule einzugewöhnen. Sie übernachten ungern außer Haus und haben selbst im Alter von 10 bis 12 Jahren noch Trennungsängste, wenn sie in ein Schullager gehen müssen. Andererseits gibt es Kinder, die sich bereits im Alter von 2 bis 3 Jahren problemlos von den Eltern ablösen und sich rasch mit Erwachsenen und Kindern vertraut machen. Das unterschiedlich große Bindungsverhalten wirkt sich auch in der Erziehung aus. Nicht alle

Kinder sind über die emotionale Abhängigkeit von der Bezugsperson gleich gut führbar.

- Nonverbale Kommunikation: Wie wir bereits vernommen haben, gibt es Kinder, welche die feinsten Regungen im Gesicht, in der Körperhaltung oder in der Stimme des Gegenübers wahrnehmen und adäquat darauf reagieren. Andere Kinder haben mehr Mühe, soziale Signale zu lesen und darauf zu antworten. Je nach Kind sind daher unterschiedliche kommunikative Strategien notwendig.
- Soziale Kognition: Über ein feines Sensorium für die Befindlichkeit anderer Menschen verfügen bereits gewisse Kleinkinder. Andererseits gibt es Schulkinder und selbst Jugendliche, die sich damit noch sehr schwertun. Eltern und Lehrer sollten davon ausgehen, dass das Verständnis für die emotionale Befindlichkeit von anderen Menschen, aber auch von sich selbst, von Kind zu Kind unterschiedlich entwickelt ist.
- Soziales Lernen: Ein Teil der Kinder orientiert sich bereits im Kleinkindalter ausgesprochen, gelegentlich sogar beängstigend stark, an Vorbildern. Andere Kinder tun dies weit weniger. Auch hier ist es so, dass unterschiedliche erzieherische Strategien notwendig sind, um die Kinder zu sozialisieren.

Weil die Kinder in ihrem Sozialverhalten so unterschiedlich sind, können wir sie nicht alle gleich behandeln. Im Umgang mit Kindern müssen Eltern und Lehrer auf ihre individuellen sozialen Eigenheiten eingehen.

Was trägt die Schule zur Entwicklung der sozialen Kompetenzen bei?

Nicht nur die Familie, auch die Schule muss den Kindern ein ausreichendes Maß an Geborgenheit und sozialer Akzeptanz vermitteln. Damit ein Kind seine sozialen Kompetenzen möglichst gut ausbilden kann, braucht es während der gesamten Kindheit Vorbilder und vielfältige soziale Erfahrungen, die ihm in der Familie und in einem hohen Maß auch in der Schule vermittelt werden. Wie das Kind seine sozialen Kompetenzen später einsetzen wird, ob es beispielsweise sein Einfühlungsvermögen dazu benützt, sich empathisch zu verhalten oder aber dazu, andere Menschen zu manipulieren, hängt wesentlich auch von den zwischenmenschlichen Erfahrungen ab, die es in der Schule machen konnte.

Das Wichtigste für die Schule

1. Der Mensch hat wie alle Säugetiere ein ausgeprägtes Bindungsverhalten. Das Kind bindet sich an diejenigen Personen, die es ernähren, pflegen, schützen und von denen es lernen kann.

2. Das Kind bindet sich nicht nur an die Eltern, sondern auch an andere Bezugspersonen. Eine Lehrerin ist für das Kind eine Bezugsperson.

3. Das Kind muss sich bei der Lehrerin geborgen und angenommen fühlen, damit es lernen kann.

4. Eine kindgerechte Erziehung basiert auf einer vertrauensvollen Kind-Lehrer-Beziehung.

5. Die Beziehung zwischen Kind und Lehrer wird vertrauensvoller und belastungsfähiger, wenn der Lehrer das Kind nicht nur unterrichtet, sondern auch auf seine emotionalen Bedürfnisse und Interessen eingeht. Eine vertiefte Beziehung kann oft nur außerhalb des Unterrichts entstehen.

6. Fühlt sich das Kind durch die Lehrer nicht akzeptiert oder gar abgelehnt, kann es den Gehorsam und auch das Lernen verweigern.

7. In der Pubertät vermindert sich die emotionale Abhängigkeit des Kindes von Eltern und anderen Bezugspersonen. Eltern und Lehrer erleben dies als einen Kontroll- und Liebesverlust. Die Beziehung zwischen Erwachsenem und Jugendlichem muss auf der Basis von gegenseitigem Respekt neu gestaltet werden.

8. Es ist das Wesen des Jugendlichen, auf seine Rechte als angehender Erwachsener zu pochen. Es ist die erzieherische Aufgabe der Eltern und Lehrer, bei dem Jugendlichen auch die Pflichten einzufordern.

9. Der Jugendliche erwartet von einem Lehrer, dass er seine Autorität durch seine Persönlichkeit sowie seine soziale und fachliche Kompetenz legitimiert.

10. Lehrer können für Jugendliche wichtige Vertrauenspersonen werden. Manche Jugendliche vertrauen sich ihnen eher an als den eigenen Eltern.

11. Kern der Sozialisierung des Kindes ist das soziale Lernen oder Modell-Lernen. Kinder haben eine innere Bereitschaft nachzuahmen. Sie orientieren sich an Vorbildern.

12. Die soziale Kognition verhilft dem Kind zu einem Verständnis zwischenmenschlichen Verhaltens. Selbstwahrnehmung und Introspektion ermöglichen Einsichten in die eigene Befindlichkeit. Mithilfe der sogenannten »Theory of Mind« und Extrospektion vermag sich das Kind in andere Menschen hineinzuversetzen, sich in ihre Emotionen einzufühlen sowie ihre Gedanken und Denkweise nachzuvollziehen.

13. Die nonverbale Kommunikation ermöglicht es dem Kind, die Signale der Körpersprache wie Mimik oder Gestik zu verstehen und sinnvoll darauf zu reagieren.

14. Die 4 Hauptbereiche des Sozialverhaltens, Bindungsverhalten, soziales Lernen, soziale Kognition und nonverbale Kommunikation, entwickeln sich von Kind zu Kind unterschiedlich. Eltern und Lehrer sollten daher auf die sozialen Eigenheiten jedes Kindes eingehen.

15. Damit das Kind sein Beziehungsverhalten entwickeln kann, braucht es vielfältige und intensive zwischenmenschliche Erfahrungen mit Erwachsenen und vor allem mit anderen Kindern.

Motorik

Warum Kinder unruhig sind

Die Verschreibung von Methylphenidat, dem Wirkstoff von Ritalin, hat in Deutschland in der Zeit von 1993 und 2007 dem Bundesinstitut für Arzneimittel und Medizinprodukte zufolge von 34 auf 1221 Kilogramm zugenommen (um 3590 Prozent). Auch in den umliegenden Ländern ist die Verschreibung von Medikamenten, mit denen sogenannte hyperaktive Kinder behandelt werden, geradezu explodiert. Gibt es heute tatsächlich so viel mehr unruhige Kinder?

Ich gehe davon aus, dass die Kinder in den letzten Jahrzehnten motorisch nicht grundsätzlich anders geworden sind. Aber früher konnten Kinder ihren Bewegungsdrang besser ausleben. Sie haben im Garten, auf der Straße oder im Wald gespielt. Mittlerweile sieht man dort immer mehr Verbotsschilder. Die Freiräume, in denen sich Kinder ohne Einschränkungen bewegen dürfen, sind sehr viel kleiner geworden, was wiederum den Druck auf die Familie und die Schule erhöht. Drastisch, aber durchaus realistisch ausgedrückt: Wenn Kleinkinder und Schulkinder den ganzen Tag in einer Dreizimmerwohnung verbringen müssen, drehen manche durch – und oft auch ihre Mütter. Was sich auch verändert hat, sind die Wahrnehmung und die Erwartungen der Eltern und Lehrer. Sie möchten die Kinder motorisch ruhiger haben. Wir Erwachsene sind in dieser Hinsicht sehr ambivalent: Einerseits ist die motorische Lebhaftigkeit bei einem Kind Ausdruck von Vitalität und Gesundheit. Andererseits soll das Kind aber auch motorisch nicht allzu aktiv sein. Ein lebhaftes Kind wird schnell als störend empfunden. Kinder sind jedoch von Natur aus auf Bewegung angelegt.

Auch die motorische Aktivität entwickelt sich je nach Kind unterschiedlich. Warum?

Die motorische Aktivität nimmt in den ersten Lebensjahren stark

Wildes Kind?
Normaler Bewegungsdrang.

zu, erreicht im frühen Schulalter ein Maximum, um mit der Pubertät wieder abzunehmen (Abbildung 36). Mit 7 bis 9 Jahren sind Kinder am bewegungsfreudigsten, genau in dem Alter, wo sie gefälligst ruhig auf der Schulbank sitzen sollen. Jungen sind in jedem Alter motorisch aktiver als Mädchen. Ganz erheblich ist die interindividuelle Variabilität. Kinder mit einem großen Bewegungsdrang sind etwa dreimal aktiver als jene, die sich wenig bewegen. Im Erwachsenenalter nimmt die motorische Aktivität immer mehr ab, die große Variabilität bleibt aber bestehen. So gibt es 60-Jährige, die sich nur noch zwischen Küche, Wohn- und Schlafzimmer hin und her bewegen, während sogar 80-Jährige sich noch der Herausforderung eines Marathons stellen.

Wie sollte die Schule mit dem Bewegungsdrang der Kinder umgehen?

Den einen Kindern fällt es leicht, eine Schulstunde lang ruhig auf einem Stuhl zu sitzen, andere Kinder sind dazu nicht fähig, weil eine hohe motorische Grundaktivität ihnen das Stillsitzen unmöglich macht. Man muss sich ernsthaft fragen, ob der Zwang, eine

Schulstunde lang ruhig und aufrecht auf einem Stuhl zu sitzen, nicht eine Form von Folter darstellt – zumindest für einen Teil der Kinder. Ich kenne Lehrer, die ihren Schülern diese Überforderung ersparen, indem sie sie nach spätestens 20 Minuten Sitzen ein paar Minuten lang herumspringen lassen. Es gibt Schulen, in denen die Kinder überhaupt nicht sitzen, sondern an Pulten stehen. Die Lehrer versicherten mir, dass die Kinder auf diese Weise konzentrierter arbeiten und die Unruhe in der Klasse geringer ist. Eine kindgerechte Schule respektiert das Bewegungsbedürfnis der Kinder und integriert es in den Unterricht.

Unruhe ist also ein notwendiges Übel, das Eltern und Lehrer akzeptieren müssen?

Viele Erwachsene fühlen sich bereits durch die normale motorische Aktivität eines Kindes gestört und beklagen sich über seinen Bewegungsdrang, selbst wenn es noch im Vorschulalter ist. Immer häufiger werden Kleinkinder mit Ritalin behandelt. Eltern, Lehrer und Ärzte sind offensichtlich bereit, dem Kind eine potente Droge zu verabreichen, die dem Betäubungsmittelgesetz untersteht – nur um es ruhigzustellen. Sie nehmen in Kauf, dass Ritalin unter Umständen die motorische und vielleicht sogar die gesamte Entwicklung des Kindes beeinträchtigen wird. Anstatt in Hilflosigkeit und Überforderung zu versinken, sollten wir uns zu der kindgerechten Einsicht durchringen: Motorische Aktivität gehört zu einer normalen Entwicklung. Sie ist geradezu eine Notwendigkeit, damit das Kind seine Motorik zu beherrschen und an die physikalischen Gegebenheiten der Umwelt anzupassen lernt. In den ersten 15 Lebensjahren reift das Zentralnervensystem, die Muskeln und das Skelettsystem wachsen, Körpergröße und Gewicht nehmen zu, und die Proportionen zwischen Extremitäten und Rumpf verändern sich ständig. Die Kinder müssen ihre Motorik laufend neu kalibrieren, indem sie die Sinneseindrücke, die sie von den Augen und dem Gleichgewichtssinn, aber auch vom Tastsinn, den Muskeln und Gelenken erhalten, mit der Motorik immer wieder neu in Übereinstimmung bringen. Läuft ein Kind zum Beispiel über eine von Steinen und Sträuchern durchsetzte Wiese, muss es bei jedem Schritt seinen Körper im Gleichgewicht halten, damit es nicht hinfällt. Wenn es einen Stein aufheben und werfen, eine Blume pflücken oder eine Haselnussrute abreißen will, muss es seine Feinmotorik an die physikalischen Gegebenheiten des Objekts anpassen.

Welchen Einfluss hat die Entwicklung der Motorik auf die anderen Kompetenzen?

Die motorische Aktivität ist für die geistige Entwicklung von großer Bedeutung. Nach Piaget (1975) rechnet man das Denken bis ins mittlere Schulalter der sogenannten konkret operationalen Periode zu. In dieser Entwicklungsphase wird das Denken des Kindes von den konkreten Erfahrungen mit der gegenständlichen Umwelt bestimmt. Das Kind muss handeln, das heißt seine Motorik einsetzen und erleben, was sie bewirkt, damit es begreifen kann. Dadurch entsteht beispielsweise ein Verständnis für kausale Zusammenhänge im Spiel oder für die Dreidimensionalität des Raumes. Die Motorik ist schließlich auch für das Sozialverhalten von großer Bedeutung. Kinder drücken ihre Emotionalität und Befindlichkeit über die Motorik aus. Die Motorik hat wesentlichen Anteil an dem, was wir als Temperament eines Kindes bezeichnen. Fein- und grobmotorische Kompetenzen spielen beim gemeinsamen Spiel mit anderen Kindern eine wichtige Rolle. Das Spiel im Freien besteht mehrheitlich aus motorischer Aktivität. Im Wald kann das Kind besonders viele visuelle, taktile und auditive Sinneserfahrungen machen und seine Motorik auf vielfältigste Weise einsetzen. Der Wald ist das Eldorado für bewegungsfreudige Kinder.

Das klingt nach einem Plädoyer für Waldkindergärten.

Es ist doch sehr bemerkenswert: Ich habe noch nie ein Kind erlebt, das sich im Wald langweilt. Regen und Kälte machen den Kindern erstaunlich wenig aus. Mir konnte noch nie jemand überzeugend erklären, was den Wald für die Kinder so faszinierend macht. Vielleicht liegt die Erklärung in der Evolution? Immerhin hat sich unsere Motorik in den vergangenen 100 000 Jahren in der freien Natur entwickelt. Bis vor 200 Jahren sind Kinder in der freien Natur aufgewachsen, und nur wenige Menschen verbrachten den ganzen Tag in einem geschlossenen Raum, Kinder schon gar nicht. Un-

Die Natur: Urheimat der Kinder.

sere Wohngewohnheiten verlangen von den Kindern eine Anpassung, die manche von ihnen einfach nicht schaffen. Sie werden sensorisch und motorisch depriviert. Manche Erwachsene übrigens auch.

Wenn eine hohe motorische Aktivität also grundsätzlich etwas Normales ist, gibt es folglich gar keine Kinder, die Ritalin brauchen?

Doch, Kinder mit ADHD (Attention-Deficit-Hyperactivity-Disorder) gibt es sehr wohl. Darunter verstehe ich Kinder, die ungerichtet motorisch unruhig sind, sich nicht konzentrieren können, vermindert aufmerksam beziehungsweise vermehrt ablenkbar und impulsiv sind. Die Forschung geht von einer multifaktoriellen Verursachung von ADHD aus, also dem Zusammenwirken biologischer, psychischer und sozialer Faktoren. Bei etwa 50 Prozent der ADHD-Betroffenen wird eine genetisch bedingte Anomalität der neuronalen Signalverarbeitung im Gehirn vermutet. In der Literatur wird die Häufigkeit von ADHD unter Schulkindern mit 1 bis zu 20 Prozent angegeben (Polanczyk 2007). Doch längst nicht alle Kinder, denen ein ADHD zugeschrieben wird, erfüllen die entsprechenden medizinischen Kriterien. Ich gehe davon aus, dass nicht mehr als 1 Prozent aller Schulkinder wirklich an einem ADHD leiden. Bei diesen Kindern kann Ritalin eine beeindruckende Wirkung haben. Ich erinnere mich an einen extrem unruhigen 8-jährigen Jungen, der alle ADHD-Kriterien erfüllt hat. Er reagierte schon fast beängstigend gut auf Ritalin. Innerhalb einer halben Stunde nach der Einnahme des Medikaments beruhigte er sich, als sei in seinem Kopf ein Schalter gekippt worden. Ein Jahr später hat der Junge das Medikament selber wieder abgesetzt, mit der Begründung, dank Ritalin könne er sich wohl besser konzentrieren und sei ruhiger geworden, aber er habe weniger Lebensfreude und vor allem weniger originelle Gedanken. Wirksame Medikamente haben immer auch ihre Nebenwirkungen. Eine medikamentöse Behandlung mit Ritalin sollte immer von zusätzlichen Maßnahmen wie einer Verhaltenstherapie begleitet werden, was leider viel zu selten geschieht.

Wenn Sie nur 1 Prozent als tatsächliche ADHD-Kinder einstufen, was ist mit all den anderen »hyperaktiven« Kindern los?

Bei den meisten »hyperaktiven« Kindern handelt es sich um Kinder mit einem hohen, aber normalen Bewegungsdrang. Diesen Kindern sollte man ausreichend Gelegenheit für motorische Aktivitäten geben, bevor man sie als krank abstempelt und sogar medikamentös behandelt. Ich vermute, dass die Lernbereitschaft ansteigt und die motorische Unruhe abnimmt, wenn sie ihren Bewegungsdrang ausleben können. Es gibt aber noch andere Gründe, die dazu führen können, dass ein Kind unruhig wird, beispielsweise eine Teilleistungsschwäche. Ein Kind, das motorisch ungeschickt ist, kann nach einer Viertelstunde zappelig werden, oder ein Kind, dem das Rechnen Mühe bereitet. Belastende soziale und psychische Faktoren können Unruhe auslösen. So kann ein Kind, das von Gleichaltrigen nicht akzeptiert wird, motorisch auffällig werden, genauso ein emotional vernachlässigtes Kind, das versucht, auf diese Weise die Aufmerksamkeit der Erwachsenen auf sich zu ziehen. Ungünstige familiäre Umstände wie eine Trennung der Eltern können bei einem Kind Unruhe auslösen, es aber auch lethargisch machen. Für all diese Kinder gilt, dass sie unruhig werden, weil sie überfordert und emotional gestresst sind. Solche Kinder mit Ritalin zu behandeln halte ich für falsch. Vielmehr sollten Eltern und Lehrer – mithilfe von Fachleuten – herausfinden, woher die motorische Unruhe kommt. Diese Kinder brauchen nicht Ritalin, sondern Hilfe beim Umgang mit ihren Teilleistungsschwächen beziehungsweise Unterstützung bei der Bewältigung ihrer sozialen und emotionalen Schwierigkeiten.

Neben einem Zuviel an motorischer Aktivität wird auch ein Zuwenig an Bewegung beklagt. Viele Kinder sitzen stundenlang vor dem Fernseher und werden übergewichtig.

Bewegung ist wie die Ernährung eine der Grundlagen für die Entwicklung von Körper und Geist. Sie hält den Bewegungsapparat fit und den Kreislauf in Schwung, fördert die Verdauung und reguliert den Schlaf-Wach-Rhythmus mit. Bewegung steigert in einer umfassenden Weise das körperliche und psychische Wohlbefinden. Regelmäßige, nicht nur sporadische motorische Aktivität trägt zur Regulation des Körpergewichts bei und beugt Übergewichtigkeit vor (Saris 1996). Dies gilt für Kinder genauso wie für Erwachsene. Eltern und Lehrern fällt es offenbar immer schwerer, die Kinder zur Bewegung anzuregen, indem sie beispielsweise mit ihnen regelmäßig in den Wald gehen. Schulkinder lassen sich auch nur ungern von Erwachsenen herumbefehlen. Doch sind sie mit anderen Kindern zusammen, bewegen sie sich fast zwangsläufig. Hinzu kommen die fehlenden oder falschen Vorbilder. Wenn die Eltern selber jeden Tag stundenlang vor dem Fernseher sitzen, keinen Sport treiben und mit den Kindern nicht ins Freie gehen, dürfen wir nicht erwarten, dass ihre Kinder Freude an Bewegung haben. Eine Vorbildfunktion haben meines Erachtens auch die Lehrer. Wie vermitteln sie den Schülern durch ihr Vorbild, dass Bewegung etwas Lustvolles und Wichtiges ist?

Wie sich motorische Geschicklichkeit entwickelt

Wie entwickeln sich die motorischen Fähigkeiten? Welche Erfahrungen muss das Kind machen, um sie ausbilden zu können?

Nehmen wir das einfache Beispiel des Ballfangens. Abbildung 37 zeigt Kinder unterschiedlichen Alters beim Ballfangen. Das Kleinkind wartet mehr oder wenig unbeweglich, bis ihm der Ball in die Arme fällt. Es kann sich auf den entgegenfliegenden Ball noch nicht einstellen. Im Kindergartenalter beginnt das Kind, die Flugbahn, die Geschwindigkeit und die Größe des Balls zu antizipieren. Es neigt den Körper leicht nach vorne. Um den Ball im Flug aufzufangen, beugt es die Arme. Die Stellung der Hände passt es der Größe des Balles an. Das Schulkind schließlich streckt dem Ball die Arme entgegen. Den Flug des Balls bremst es mit einer antizipierenden Bewegung von Körper und Armen ab. Ein Bein hat

Die eigene Motorik beherrschen, macht Spaß.

es vorgestellt. Eine vergleichbare Entwicklung ist beim Werfen des Balles zu beobachten. Das Kleinkind wirft den Ball mit einer kurzen Bewegung des Unterarmes, die auf das Ellbogengelenk beschränkt bleibt. Der Körper wird kaum mitbewegt. Im Kindergartenalter macht das Kind einen Schritt nach vorn und holt mit dem Wurfarm nach hinten aus. Die Wurfbewegung kommt nun aus dem Schultergelenk und wird durch eine leichte Rotation und Vorwärtsbewegung des Körpers unterstützt. Das Schulkind setzt beim Werfen den ganzen Körper ein. Ein Bein ist vorgestellt. Der Wurfarm holt weit nach hinten aus, und der gegenseitige Arm wird zum Ausgleich nach vorne gestreckt. Die Kraft der Wurfbewegung wird durch eine Rotationsbewegung des Rumpfes zusätzlich verstärkt. Solche Entwicklungen mit einer Zunahme der Differenzierung und Effizienz sind auch bei allen anderen motorischen Fertigkeiten wie Springen oder Purzelbaumschlagen zu beobachten. Sie stellen sich nur ein, wenn das Kind durch Erfahrung die Koordination und das Gleichgewicht ständig weiterentwickeln kann. Eine weitere Entwicklungsaufgabe besteht darin, die motorischen Funktionen und die Sinneswahrnehmung, insbesondere die visuelle, miteinander in Verbindung zu bringen und aufeinander abzustimmen. Wenn das Kind einen Ball fangen will, muss es Flugbahn, Geschwindigkeit und Größe des Balls in Sekundenbruchteilen richtig einschätzen und seine Motorik entsprechend koordinieren. Diese Entwicklung setzt sich bis in die Pubertät fort. Damit sie möglichst optimal verläuft, braucht das Kind vielfältige, ausgedehnte grob- und feinmotorische Erfahrungen.

Immer mehr Kinder werden nicht nur als hyperaktiv, sondern auch als ungeschickt bezeichnet. Sie erhalten Rhythmikunterricht, Ergotherapie oder Psychomotoriktherapie. Leiden also immer mehr Kinder an neurologischen Störungen?

Nein. Bei weniger als 0,2 Prozent der Kinder lässt sich eine motorische Ungeschicklichkeit auf eine neurologische Beeinträchtigung, beispielsweise eine sogenannte spastische Zerebralparese, zurückführen. Die große Mehrheit der Kinder, die von Eltern und Lehrern als ungeschickt bezeichnet wird, ist neurologisch unauffällig. Die motorische Kompetenz weist wie die motorische Aktivität eine große interindividuelle Variabilität auf. Die Kinder entwickeln sich bereits in den ersten Lebensjahren sehr verschieden. Einige machen die ersten Schritte mit 10 Monaten, die meisten mit 12 bis 14 Monaten und vereinzelte Kinder nicht vor 18 bis 20 Monaten (Abbildung 38) (Largo 1985). Wie unterschiedlich die motorische Leistungsfähigkeit im Schulalter sein kann, zeigt die Grafik zu den sequentiellen Fingerbewegungen (Abbildung 39) (Largo 2001a). Im Alter von 7 Jahren schaffen die flinksten Kinder die 5 Bewegungsabläufe in 7 bis 9 Sekunden, während die langsamsten 22 und mehr Sekunden benötigen. Manche Kinder erbringen bereits mit 7 Jahren eine Leistung, die durchschnittlich entwickelte Kinder erst mit 10 bis 11 Jahren, und einige nicht vor 16 Jahren erreichen. Ob Kinder als ungeschickt bezeichnet werden oder nicht, ist hauptsächlich eine Frage der gesellschaftlichen Toleranz: Sind Eltern und Lehrer der Meinung, das Kind genüge motorisch ihren Erwartungen und Anforderungen nicht, ist es ein ungeschicktes Kind. Je mehr diese Intoleranz zunimmt, desto mehr Kinder werden einer Therapie zugewiesen. Was diese Kinder brauchen, ist aber weniger eine Therapie mit der erklärten Absicht, ihre motorische Kompetenz zu verbessern, als vielmehr eine verständnisvolle Unterstützung durch die Familie und die Schule bei fein- und grobmotorischen Tätigkeiten.

Vielleicht sind die Kinder auch ungeschickter geworden, weil sie sich immer weniger bewegen. Ein Drittel der Kindergartenkinder kann nicht einmal mehr einen Purzelbaum schlagen.

Zu den großen Unterschieden in der Motorik bei Kindern trägt zweifellos auch der häufige Mangel an Bewegungserfahrungen in den ersten Lebensjahren bei. Immer mehr Kinder weisen, wenn sie in den Kindergarten eintreten, motorische Erfahrungsdefizite auf. Wie bereits erwähnt, spielen dabei die fehlenden Freiräume, in denen sich Kinder motorisch betätigen können, eine wichtige Rolle, aber mindestens ebenso stark die – schon vielfach angesprochenen – mangelnden Erfahrungen mit anderen Kindern. Wie lernt ein Kind, einen Purzelbaum zu schlagen? Von anderen Kindern, wohl kaum von Erwachsenen. Dies trifft für viele andere motorische Fähigkeiten wie etwa auf Bäume klettern genauso zu.

Es werden deutlich mehr Jungen in eine motorische Therapie geschickt. Warum? Gibt es Geschlechtsunterschiede in der motorischen Kompetenz?

Die gibt es tatsächlich, im Gegensatz zur motorischen Aktivität aber in beide Richtungen (Eaton 1986, 2001, Largo 2001 a, b). Mädchen sind beispielsweise in feinmotorischen Leistungen wie etwa Perleneinfädeln etwas geschickter, Jungen führen dagegen repetitive Bewegungen rascher aus und erbringen in grobmotorischen Tätigkeiten wie Springen oder Werfen, bei denen die Muskelkraft eine wesentliche Rolle spielt, etwas bessere Leistungen. Diese Geschlechtsunterschiede spiegeln sich auch in den motorischen Aktivitäten im Alltag wider. Mädchen bevorzugen feinmotorische Tätigkeiten und soziales Spiel, beispielsweise mit Puppen. Jungen rennen mehr herum und kämpfen gern (Di Pietro 1981, Geary 1998). Ein großer Geschlechtsunterschied besteht in der Bewegungsqualität: Mädchen bewegen sich harmonischer und zeigen weniger Mitbewegungen. Wenn sie beispielsweise über ein Seil springen, ist ihr Bewegungsablauf flüssiger, und sie schlagen mit den Armen weniger heftig aus. Die Motorik der Mädchen ist in jedem Alter ausgereifter als diejenige der Jungen. Wiederum aber gilt, dass die durchschnittlichen Unterschiede zwischen Jungen und Mädchen weit geringer sind als die Unterschiede innerhalb eines Geschlechts, was in Abbildung 39 deutlich zum Ausdruck kommt.

Und warum werden Jungen häufiger in die Therapie geschickt?

Weil erstens ihre Ungeschicklichkeit eher als sozial störend empfunden wird, weil zweitens der Motorik bei Jungen eine größere Bedeutung zugeschrieben wird und drittens sich Eltern und Lehrer in schulischer Hinsicht bei Jungen immer noch mehr Sorgen machen als bei Mädchen. Jungen geraten zudem rascher unter Druck, weil jede Form von körperlicher Aggression in unserer Gesellschaft auf Ablehnung stößt. Doch Jungen haben nun einmal das Bedürfnis, miteinander zu kämpfen und sich bezüglich Kraft und motorischer Geschicklichkeit zu messen. Wir berücksichtigen zu wenig, welche Bedeutung körperliche Auseinandersetzungen für den Sozialisierungsprozess beim männlichen Geschlecht haben.

Jungen verinnerlichen dabei soziale Regeln, wie etwa Fairness. Viele Sportarten, insbesondere der Mannschaftssport, tragen so wesentlich zur Sozialisierung von Jungen bei.

Spielt es eine Rolle, welchen Sport ein Kind ausübt?
Ich denke nicht. Wichtig scheint mir, dass die unterschiedlichen Fähigkeiten und Neigungen des Kindes ausreichend berücksichtigt werden und das Kind vielfältige Erfahrungen machen kann. Dabei geht es um weit mehr als nur um motorische Geschicklichkeit. Andere Fähigkeiten spielen oft eine ebenso große Rolle. Beim Tennis geht es beispielsweise darum, die Flugbahn des Balles richtig einzuschätzen, um sich mit Körperstellung und Bewegungsablauf darauf einzustellen. Das Kind lernt auch die Körpersprache des Gegenübers zu lesen. Je besser es Körperhaltung, Bewegungen, Blickverhalten und Mimik des Gegenübers deuten kann, desto rascher kann es den nächsten Ballwechsel antizipieren. Beim Fußball geht es um Spielstrategie, Raumaufteilung und Teamfähigkeit, beim Orientierungslauf um räumliches Orientierungsvermögen und beim Ballett um Musikalität.

Das Wichtigste für die Schule

1. Die motorische Aktivität erreicht im Alter von 7 bis 9 Jahren ihren Höhepunkt. Die interindividuelle Variabilität ist in jedem Alter ausgeprägt. Jungen sind grobmotorisch und Mädchen feinmotorisch etwas aktiver.

2. Regelmäßige Bewegung fördert das körperliche und psychische Wohlbefinden. Es vermindert die motorische Unruhe und erhöht wahrscheinlich auch die Lernbereitschaft. Eine kindgerechte Schule respektiert das Bewegungsbedürfnis der Kinder und integriert es in den Unterricht.

3. Die sogenannte Hyperaktivität ist bei der Mehrheit der Kinder Ausdruck der normalen motorischen Variabilität. Diese Kinder brauchen mehr Freiraum und Aktivitäten mit anderen Kindern, um ihren Bewegungsdrang ausleben zu können. Nur etwa 1 Prozent aller Kinder leiden an ADHD (Attention-Deficit-Hyperactivity-Disorder).

4. Die motorische Kompetenz benötigt etwa 15 Jahre, um sich vollständig zu entwickeln. Vielfältige und regelmäßige Bewegungserfahrungen sind daher während der ganzen Kindheit für die Ausbildung der motorischen Kompetenz und die Vernetzung mit anderen Kompetenzen notwendig.

5. Motorische Ungeschicklichkeit ist ebenfalls bei der Mehrheit der Kinder Ausdruck der normalen Variabilität. Diese Kinder brauchen Unterstützung in Familie und Schule, damit sie lernen, mit ihren eingeschränkten motorischen Fähigkeiten möglichst gut umzugehen. Weniger als 0,2 Prozent der Kinder leiden an einer neurologischen Beeinträchtigung.

Musikalische Fähigkeiten

Macht Mozart wirklich schlau?

Die Neuropsychologie beschäftigt sich seit Jahren mit der Frage, ob Musik tatsächlich schlau macht, wie in den Medien immer wieder behauptet wurde (Abbott 2007). In einer Auswertung der einschlägigen wissenschaftlichen Befunde kommt Jäncke (2008) zu folgenden Einsichten: Dass das Hören und Spielen von Mozart tatsächlich das räumliche Vorstellungsvermögen verbessere (» Mozart-Effekt «), ist wissenschaftlich nicht haltbar. Insgesamt würden sich bei musizierenden Kindern jedoch der Intelligenzquotient, die Aufmerksamkeit sowie die Motivation verbessern. Was ist davon zu halten?

Ich bin skeptisch, was die Verbesserung des Intelligenzquotienten durch Musizieren betrifft. Dieser Befund beruht auf wenigen und kleinen Studienpopulationen (Moreno et al. 2006, Schellenberg 2004). Weitere Studien müssen diesen Effekt erst noch bestätigen. Wenig überraschend ist, dass Musik sich positiv auf das Lernverhalten und das Sozialverhalten auswirkt. Musik trägt generell zu einem größeren Wohlbefinden und zum Gemeinschaftsgefühl bei. Die spezifische Wirkung der Musik besteht ja darin, dass sie Gefühle, Stimmungen und Erinnerungen hervorzurufen vermag und dass diese Emotionen wiederum wie ein Katalysator auf unser Innenleben wirken. Allein schon deshalb sollte Musik ihren Platz im Unterricht haben, indem die Klasse zum Beispiel den Schultag mit einem Lied beginnt. Auch eine Verbesserung des verbalen Gedächtnisses halte ich für möglich, denn Rhythmus und Melodie hängen eng mit der Sprache zusammen. Beim Sprechen und Singen werden verwandte Hirnfunktionen benutzt, und es ist vorstellbar, dass ein Kind, das musiziert, Sprachlaute besser erfassen und sich deren Abfolge leichter merken kann. Musikalität hat viel mit Sprachfluss zu tun, und deshalb sind begabte Schriftsteller wohl auch oft musikalische Menschen.

Wie ist es möglich, dass es einerseits Genies gibt wie Mozart und andererseits Menschen, die selbst das einfachste Kinderlied nicht singen, geschweige denn ein Instrument spielen können?

Mozart verfügte nicht nur über eine ausgeprägte Musikalität, sondern auch über eine große motorische Kompetenz. Er war fähig, sich eine zweistündige Oper anzuhören und danach das gesamte Werk mit allen Instrumenten und Stimmen niederzuschreiben. Er beherrschte aber auch verschiedenste Musikinstrumente. Zu diesen beiden extremen Begabungen kam eine Umgebung, die ihn von klein auf in höchstem Maß gefördert hat. Das Gegenstück sind Menschen, die es selbst nach mehrmaligem Hinhören nicht schaffen, einfachste Kinderlieder nachzusingen oder den Ententanz aufzuführen. Es gibt auch Menschen, die ein Instrument sehr gut spielen, aber nicht tanzen können; bei anderen ist es genau umgekehrt. Schließlich gibt es Menschen, die überaus gerne Musik hören und ein großes Verständnis dafür haben, doch ein Instrument spielen sie nicht. Die Variabilität unter den Menschen ist also auch in Bezug auf die musikalische Kompetenz überaus ausgeprägt. Bei den musikalischen Fähigkeiten wird deutlich, wie bestimmend einerseits die Anlage ist, indem sie das Entwicklungspotenzial festlegt, aber andererseits auch eine Umgebung, welche dem Kind die notwendigen musikalischen Erfahrungen ermöglicht. Bemerkenswert finde ich, wie selbstverständlich wir die Vielfalt musikalischer Begabungen tolerieren und wie nachsichtig wir mit musikalisch offensichtlich unbegabten Mitmenschen sind. Zu einer solchen Nachsicht sind wir leider nicht bereit, wenn es um eine Lese- oder Rechenschwäche geht.

Viele Kinder hören zwar sehr gerne und oft Musik, doch in den Musikunterricht gehen sie selten freiwillig und mit anhaltender Begeisterung. Ist es nicht vor allem der Wunsch der Eltern, die einem humanistischen Bildungsideal folgen und hoffen, bei ihrem Kind so die Freude am Musizieren zu wecken?

Manche Kinder äußern spontan das Bedürfnis, ein Instrument zu spielen. Um herauszufinden, ob ihr Interesse wirklich nachhaltig ist und welches Instrument sich am besten eignet, empfehlen Musikpädagogen, dass Kinder unter Anleitung einer erfahrenen Person verschiedene Instrumente ausprobieren können. Keinesfalls kindgerecht und auch ohne dauerhafte Erfolgsaussicht ist es hingegen, das Kind ein Instrument üben zu lassen, was es selbst als langweilig oder gar schikanierend empfindet. Die Eltern können ihrem Kind die notwendigen Erfahrungen ermöglichen, was das Kind daraus machen kann, liegt nur bei ihm selbst.

Verleidet unser Leistungsdenken den Kindern das Musizieren?
Ich fürchte, bei vielen Kindern ist dies der Fall. Dabei haben bereits Kleinkinder Freude an Musik und zeigen schon in diesem frühen Alter unterschiedliche Vorlieben. Das eine Kind hört gerne Pop, ein anderes tanzt zu Volksmusik und ein drittes dirigiert zu klassischer Musik. Ab dem 3. Lebensjahr lieben Kinder Reime und einfache Lieder, vor allem wenn das Singen mit Bewegung verbunden ist. Längst nicht alle Kinder wollen ein Instrument spielen. Aber

Gemeinsames Musizieren macht Spaß und fördert den sozialen Zusammenhalt.

die meisten singen und tanzen gern, am liebsten in Gruppen mit anderen Kindern und Erwachsenen. Damit das musikalische Interesse erhalten bleibt, sollten Musikhören, Singen und Tanzen in der Familie, aber auch in der Schule wieder vermehrt gepflegt werden. Ich würde es begrüßen, wenn in der Schule etwas weniger Mathematik und dafür mehr Musik unterrichtet würde. Nicht die Leistung und das Spielen eines Instrumentes sollten bestimmend sein, sondern die Freude und das Wohlbefinden, welches Musik erzeugen kann. Musik kann viel zur emotionalen Befindlichkeit des einzelnen Kindes und zum Zusammenhalt in der Gemeinschaft beitragen. Innere Zufriedenheit und das Gefühl, sich in der Gemeinschaft wohlzufühlen, können bei Schülern die Leistungsbereitschaft anheben (Gardiner et al. 1996).

Das Wichtigste für die Schule

1. Singen, Tanzen und Musizieren tragen zur emotionalen Zufriedenheit, zum inneren Gleichgewicht und zum gemeinschaftlichen Zusammenhalt bei.
2. Verbessertes emotionales Wohlbefinden kann sich wiederum positiv auf die Lernmotivation auswirken.
3. Musik sollte in der Schule wieder einen größeren Stellenwert erhalten.

Kompetenzenübergreifendes Verständnis

Was Kinder wissen wollen

Die folgenden 4 elementaren Fragen des Menschseins hat sich der Philosoph Immanuel Kant gestellt: 1. Was kann ich wissen? 2. Was soll ich tun? 3. Was ist der Mensch? 4. Was darf ich hoffen? Muss die Schule mehr als nur Lesen, Schreiben, Rechnen und Faktenwissen vermitteln? Hat Kant in der Schule etwas zu suchen, oder gehören Philosophen nicht ins Klassenzimmer?

Kant als Person gehört vielleicht nicht unbedingt ins Klassenzimmer, seine grundlegenden Fragen aber schon. Und zwar deshalb, weil diese Fragen Kinder durchaus beschäftigen, und dies bereits in den ersten Lebensjahren. In kindgerecht abgewandelter Form lauten sie etwa so:

1. Wie funktioniert die Welt? Wie ist sie entstanden?
2. Wer bin ich?
3. Wie muss ich mit anderen Menschen umgehen?
4. Wer beschützt mich jetzt und dann, wenn ich gestorben bin?

Kinder stellen diese Fragen im Verlauf ihrer Entwicklung immer wieder. Im Kleinkindalter sind es einfache Warum-Fragen, im Schulalter werden die Fragen immer differenzierter, und in der Jugend können sie schließlich einen gut beschlagenen Philosophen herausfordern. Damit das Kind überhaupt solche Fragen stellen kann, muss es ein ganzheitliches Verständnis entwickeln, das über die einzelnen Kompetenzen hinausgeht. Ein Verständnis also, das das logische Denken, die Vorstellung von Raum und Zeit wie auch soziale und ethische Werte umfasst. Wenn Schule mehr als nur Arbeitstechniken, Faktenwissen und Fertigkeiten vermitteln will, muss sie sich dieser Fragen annehmen.

Warum macht sich der Mensch überhaupt diese grundlegenden philosophischen Gedanken?

Ich kann da nur Vermutungen anstellen. Eine erste Merkwürdigkeit ist, dass wir uns diese Gedanken machen müssen. Und auch in diesem Bereich bestehen sehr große interindividuelle Unterschiede. Es gibt Menschen, die treiben Erkenntnis- und Sinnfragen ein Leben lang um. Andere geben sich schnell mit einfachen Erklärungen zufrieden. Genauso ist es bei Kindern. Es gibt bereits unter Kindergartenkindern kleine Philosophen, und dann sind da Jugendliche, die sich für solche Fragen kaum erwärmen können.

Wir können also gar nicht anders. Wir sind in einer gewissen Weise dazu verdammt, uns Gedanken zu machen. Warum?

Eine wesentliche Rolle spielen dabei das Bewusstsein und die Kognition. Das Bewusstsein macht Denken in der Form eines bewussten Umgangs mit gedanklichen Konstrukten erst möglich. Wir können logische Überlegungen anstellen, kategorisieren und zuordnen sowie uns Gedanken über Raum und Zeit machen. Eine weitere Merkwürdigkeit ist, dass unser Denken nicht ausschließlich an Bedürfnisse gebunden ist. Wir können über etwas nachdenken, ohne dass ein bestimmtes Bedürfnis uns dazu antreibt. Wir können den Einkaufszettel schreiben, auch wenn wir noch keinen Hunger haben. Wir können im April an Weihnachten denken. Wir können über die 68-er-Bewegung debattieren oder darüber, welches Land wohl die nächste Fußball-Weltmeisterschaft gewinnen wird.

Unterscheidet sich der Mensch diesbezüglich grundsätzlich vom Tier?

Ich denke schon, dass da ein grundlegender Unterschied besteht. Diese Art von Denken scheint wirklich eine Besonderheit des Menschen zu sein. Anhaltspunkte für ein Bewusstsein und kognitive Fähigkeiten, wie sie uns eigen sind, fehlen bei Tieren. Selbstverständlich verfügen auch Tiere über eine sehr leistungsfähige Wahrnehmung und ein differenziertes Denkvermögen. Sie setzen diese aber nur ein, wenn die Befriedigung eines Bedürfnisses sie dazu antreibt. Die Katze überlegt sich, wie sie zu Futter kommt, wenn sie Hunger hat. Sie sitzt aber nicht da, schaut in den Nachthimmel und macht sich Gedanken, weshalb der Mond vor 7 Tagen noch ganz und jetzt nur noch halb gefüllt ist. Die Menschen aber machen es, wenn auch in sehr unterschiedlichem Ausmaß.

Wie Kinder die Welt verstehen lernen

Was denkt der Säugling – wenn er dazu überhaupt schon in der Lage ist?

Der Säugling beginnt schon sehr früh zu denken! Wie schon erwähnt, kann bereits der junge Säugling einfache kausale Zusammenhänge erkennen. Mit 2 Jahren nimmt sich das Kind als Person wahr, beginnt zu kategorisieren und entwickelt eine Raumvorstellung. Mit 3 bis 4 Jahren stellt es den lieben langen Tag Warum-Fragen. Dabei geht es nicht nur darum, den Raum beispielsweise so wahrzunehmen, dass das Kind sich darin bewegen kann – das tun Tiere auch. Das Kind will die Gesetzmäßigkeiten des Raumes so weit verstehen, dass es sie im Spiel mit Bauklötzen oder Legosteinen auch umsetzen kann. Ein Haus nachzubauen ist eine räumliche Herausforderung, die sich das Kind selber stellt. So versucht es immer wieder, seine Vorstellungen dem aktuellen Entwicklungsstand entsprechend auszudrücken.

Was bedeutet dies für den Unterricht?

Die Herausforderung besteht darin, den Stoff den Kindern so zu vermitteln, dass sie ihn mit dem Stand ihres jeweiligen Vorstellungsvermögens erfassen können. Ein Beispiel: In den ersten Lebensjahren gehören die Wolken für das Kind zum Himmel wie die Sonne und die Sterne. Mit etwa 4 Jahren betrachtet es die Wolken als Lebewesen, weil sie die Gestalt von Tieren annehmen können und sich bewegen. Im Schulalter stellt das Kind eine Beziehung zwischen Wolken, Regen und Schnee her. Es wundert sich darüber, wie Regentropfen und Schneeflocken entstehen. Der Jugendliche schließlich begreift, dass es einen Kreislauf des Wassers gibt. Wasser verdunstet aus den Ozeanen, steigt auf, wird als Wolken über die Länder verfrachtet und kommt als Regen wieder zur Erde zurück. Der Regenbogen ist für das Kleinkind und das Schulkind ein überirdisches Phänomen. Der Jugendliche hingegen kann begreifen, dass ein Regenbogen dadurch entsteht, dass die Spektralfarben des Sonnenlichts in den Regentropfen unterschiedlich stark gebrochen werden. Damit die Kinder kognitiv und emotional wirklich angesprochen werden, muss sich der Lehrer an ihrem jeweiligen Entwicklungsstand orientieren. Wie wir gesehen haben, verändern sich die Vorstellungen ständig, die Kinder von der Welt, dem Leben und sich selbst haben. Diese Entwicklung zu erfassen und ihr im Unterricht gerecht zu werden, ist eine wunderbare pädagogische Aufgabe.

Naturwissenschaftliche Wissensvermittlung wie Biologie, Physik, Chemie oder Geografie wurde gewissermaßen von den Universitäten in die Schulen vorverlegt. Verhilft das den Kindern tatsächlich zu einem besseren Verständnis von der Welt?

Da bin ich mir nicht so sicher. Im Vorschulalter halten Kinder an symbolischen Vorstellungen fest wie bei den Wolken, die sie als Lebewesen betrachten. Schulkinder können bis in die Pubertät hinein nur konkret denken und sind deshalb auf praktische Erfahrungen angewiesen, um zu begreifen. Sie müssen die Umwelt erleben, sei es zu sehen, wie sich Kaulquappen zu Fröschen verwandeln, wie sich das Mühlrad in Bewegung setzt, sobald Wasser darüberfließt, oder wie sich Salz in Wasser auflöst, aber auch wieder zum Vorschein kommt, wenn das Wasser verdunstet. Kinder

Genau hinschauen.

finden solche Vorgänge überaus spannend. Ihr Verständnis bleibt aber im Konkreten verhaftet, es entsteht aus wiederholten Erfahrungen und beim Experimentieren. Es ist ja kein Zufall, dass Kinder fasziniert sind von technischen und naturwissenschaftlichen Museen, die es schaffen, naturwissenschaftliche Zusammenhänge anschaulich und für sie erfahrbar zu machen.

Viele Schulen haben in den letzten Jahren das Fach »Mensch und Umwelt« eingeführt. Ist Ihr Anliegen in der Praxis nicht bereits erhört worden?

Tatsächlich bemühen sich viele Lehrer und Lehrerinnen sehr um einen kindgerechten Geografie-, Biologie- und Physikunterricht, und sie wissen auch, wie wichtig dabei vielfältige, praktische Erfahrungen sind. Sie suchen beispielsweise mit ihren Schülern die Quelle eines Baches auf und begleiten den Bach in seinem Lauf, durchwandern dabei Wiesen und Wälder und kommen durch Dörfer. Die Umgebung des Baches verändert sich ständig. Die Schüler halten die Pflanzen, die sie sehen, mit einer Digitalkamera fest und bestimmen später, welche Pflanzen sie entdeckt haben. Sie beobachten Frösche und Fische, Reiher und Enten und erkennen unter dem Mikroskop, dass ein einziger Wassertropfen voller Lebewesen ist. Die Kinder versuchen zu bestimmen, wie die Menge und Geschwindigkeit des Wassers zunimmt, wenn der Bach immer mehr anschwillt. Sie übernachten im Freien, entdecken am Nachthimmel Sternbilder und betrachten den Mond durch ein Fernrohr.

Wie sinnvoll ist es überhaupt, dass die Schule den Kindern naturwissenschaftliche Erklärungen liefert, solange sie einzig an konkreten Vorstellungen interessiert sind?

Grundsätzlich gehen wir Erwachsenen oft – viel zu oft – von Vorstellungen aus, die Kinder lange Zeit überhaupt nicht nachvollziehen können. Was Kinder zum Verstehen brauchen, sind nicht Erklärungen, sondern konkrete Erfahrungen. Ich kann mich erinnern, wie ich im Alter von 7 Jahren mit meinem Großvater auf einen Berg gestiegen bin, der etwa 800 Meter über die Talsohle aufragte. Beim Aufstieg war ich fasziniert, wie die Häuser im Tal immer kleiner wurden. Es war für mich eine neue Raumerfahrung, genauso als ich das erste Mal am Ufer der Adria stand und sah, wie ein Schiff am Horizont aus dem Nichts auftauchte. Das Meer hatte eine Weite, die für mich zuvor unvorstellbar war. Nun hatte ich mehr als eine Ahnung, dass die Erde tatsächlich eine große Kugel ist. Was das Verständnis zusätzlich erschwert, ist der begrenzte Zahlenbegriff des Kindes, der eine Quantifizierung der räumlichen Dimensionen nicht zulässt. Basel ist 80 Kilometer von Zürich entfernt und 6400 Kilometer von New York. Weder das eine noch das andere kann sich ein 7-jähriges Kind vorstellen. Ich habe in diesem Alter angenommen, dass Basel und New York hinter dem nächsten Hügel liegen. Erst wenn das Kind einen Zahlenbegriff von mehr als 1000 hat und einen Kilometer abschreiten kann, gewinnt es eine Vorstellung vom Ausmaß eines Kilometers. Die Menschen haben sehr lange gebraucht, bis sie erkannten, dass die Erde keine Scheibe, sondern eine Kugel ist. Damit ein Kind begreifen kann, weshalb der Mond im Laufe eines Monates seine Erscheinung ständig verändert, braucht es eine noch viel differenziertere Vorstellung von Raum und Zeit, die sich kaum vor der Pubertät einstellt – wenn überhaupt.

Es gibt Eltern, die fast verzweifeln, weil ihr Kind auch in der 2. Klasse die Uhrzeit noch nicht richtig lesen kann. Wie entwickeln Kinder überhaupt einen Zeitbegriff?

In den ersten Jahren lebt ein Kind ohne jeden Zeitbegriff im Hier und Jetzt. Sein Zeitgefühl sagt ihm: Da gibt es mich, meinen Bruder, meine Mutter, meinen Vater und unseren Hund. Das war immer so und wird immer so bleiben. Deshalb kann das Kind auch kaum auf später vertröstet werden und warten, was für die Eltern ganz schön mühsam sein kann. Dass es erst in einer halben Stunde Mittagessen gibt, umschreibt eine erfahrene Mutter ihrem ungeduldigen Kind so: Du spielst jetzt noch ein wenig, dann gehen wir zusammen die Post aus dem Briefkasten holen, dann kommt Papa nach Hause, und dann essen wir. Erst mit 3 bis 4 Jahren beginnt das Kind zwischen Gestern, Heute und Morgen zu unterscheiden. Mit 6 Jahren kann es ungefähr eine Woche zeitlich überblicken, kennt die Jahreszeiten, aber deren zeitliche Abfolge bereitet ihm noch Mühe. Was ihm ferner fehlt, ist ein ausreichendes Zahlenverständnis, um unsere komplizierte Zeiteinteilung zu verstehen. Manche Kinder behelfen sich so, dass sie sich weniger an den Zahlen als vielmehr an der räumlichen Aufteilung des Zifferblattes orientieren – was ja auch wir Erwachsenen in einem unterschiedlichen Ausmaß immer noch tun.

Bereits Schulkinder interessieren sich für die Schöpfungsgeschichte, wie sie im ersten Buch Moses dargestellt wird. Begreifen sie dabei die zeitliche Dimension?

Hier ist das Kind von der anschaulichen Beschreibung fasziniert, wie Gott die Erde schuf. Aber es kann erst in der Pubertät verstehen, wie die Erdgeschichte oder die Evolution der Lebewesen verlaufen sind. Auch bei den Dinosauriern habe ich die Vermutung, dass sie für die meisten Kinder nicht vor 60 Millionen Jahren ausgestorben sind, sondern vor einigen Jahren, Monaten, vielleicht aber auch erst gestern. Die Kinder bauen sich ihre eigene Welt mit sehr beschränkten Zeitvorstellungen, und wir Erwachsenen nehmen fälschlicherweise an, dass sie den unsrigen entsprechen.

Ein Beispiel: Ein 5-jähriges Mädchen erzählt vom Tod seiner Großmutter. Bei der Beerdigung hat es gesehen, wie der Sarg ins Grab gesenkt und mit Erde bedeckt wurde. 3 Wochen später sagt das Mädchen zu seiner Mutter: »Es wird langsam Zeit, dass Großmutter wiederkommt.« Ist das eine alterstypische Reaktion?

Eine Vorstellung des Lebensbogens von der Geburt bis zum Tod entwickelt sich oft erst im mittleren Schulalter. In der Pubertät kommt dann die existenzielle Frage auf, die uns nie mehr loslässt: Wohin gehen wir, wenn wir sterben? Ein aufgewecktes Kind fragte mich einmal: Wo war ich, bevor ich geboren wurde? Wenn der Lehrer es versteht, die Schüler für diese Fragen zu interessieren, und es ihm gelingt, beispielsweise anhand der Frage »Warum gibt es überhaupt diese Welt?« aufzuzeigen, dass es Fragen gibt, auf die noch niemand eine überzeugende Antwort gefunden hat, dann ist das Philosophie-Unterricht der besten Art.

Wie das Kind zu Werten kommt

Wer philosophiert, spricht auch über Werte. Wie kommt ein Kind zu ethischen Vorstellungen? Wie wichtig sind Menschen und wie wichtig Medien bei der Entwicklung einer eigenen Moral?

Wie wir im Kapitel Sozialverhalten besprochen haben, wird das Kind im Wesentlichen über Vorbilder sozialisiert. Es übernimmt unbewusst Verhalten und Wertvorstellungen, die ihm Eltern und Lehrer, Geschwister und andere Kinder vorleben. Mit etwa 4 Jahren beginnt das Kind ein erstes fundamentales Gesetz zu begreifen: Wie du mir, so ich dir. Diese Einsicht kann es nur haben, weil es sich mittlerweile in andere Menschen hineinversetzen kann. Mit den Erfahrungen von Gehorsam und Strafe entstehen zwischen 4 und 6 Jahren die ersten Vorstellungen von Gut und Böse. Damit erwacht auch das Interesse an Märchen, in denen das Gute und das Böse im menschlichen Verhalten in unzähligen Varianten abgehandelt werden, beispielsweise das Märchen »Der alte Großvater und der Enkel« der Gebrüder Grimm (Rölleke 1999):

»Es war einmal ein steinalter Mann, dem waren die Augen trüb geworden, die Ohren taub, und die Knie zitterten ihm. Wenn er nun bei Tische saß und den Löffel kaum halten konnte, schüttete er Suppe auf das Tischtuch, und es floss ihm auch wieder etwas aus dem Mund. Sein Sohn und dessen Frau ekelten sich davor, und deswegen musste sich der Großvater schließlich hinter den Ofen in die Ecke setzen, und sie gaben ihm sein Essen in ein irdenes Schüsselchen, da sah er betrübt nach dem Tisch, und die Augen wurden ihm nass. Einmal auch konnten seine zittrigen Hände das Schüsselchen nicht festhalten, es fiel zur Erde und zerbrach. Die junge Frau schalt, er aber sagte nichts und seufzte nur. Da kauften sie ihm ein hölzernes Schüsselchen für ein paar Heller, daraus musste er nun essen.

Wie die Eltern so am Tisch sitzen, trägt der Enkel auf der Erde kleine Brettlein zusammen. ›Was machst du da‹, fragte der Vater? ›Ich mache ein Tröglein‹, antwortete das Kind, ›daraus sollen Vater und Mutter essen, wenn ich groß bin.‹ Da sahen sich Mann und Frau eine Weile an, fingen schließlich an zu weinen, holten als sofort den alten Groß-

vater an den Tisch und ließen ihn von nun an immer mitessen, sagten auch nichts, wenn er ein wenig verschüttete.«

Das Märchen vermittelt moralische Werte, die sich bemerkenswerterweise weniger an das Kind, als vielmehr an die Eltern richten. Für das Kind selbst sind die ersten moralischen Vorstellungen nie abstrakt, sondern immer im konkreten Erleben verhaftet. Es bringt sie in Verbindung mit den Erfahrungen, die es mit Personen, Handlungen und Situationen im Alltag macht. Die Schwarz-Weiß-Vorstellung von Gut und Böse differenziert sich in den griechischen Sagen in Tugenden, menschliche Charakterzüge, Verhaltensweisen und Lebenssituationen aus. Götter und Göttinnen, Helden und Heldinnen personifizieren archetypische Werte wie Klugheit, Macht, Schönheit oder Mutterliebe. Im mittleren Schulalter können sich Kinder durchaus für die griechische Mythologie begeistern.

Aber lesen Jugendliche nicht lieber »Harry Potter«, schauen sich »Herr der Ringe« an oder spielen »The World of Warcraft« am Computer?

Bei »Harry Potter« und »Herr der Ringe« finden die Jugendlichen die identischen Gestalten, Handlungen und Wertkategorien wie in den Sagen. Es geht auch hier um Gerechtigkeit und Treue, Verrat und Rache, Sieg und Niederlage oder Leben und Tod. Die Figuren heißen lediglich anders, aber die Werte und Inhalte, die sie symbolisieren, sind immer noch die gleichen wie in den Mythen. Sie haben ihre Aktualität und Deutungsmacht bis heute bewahrt, weil sie den moralischen Vorstellungen der Kinder unabhängig vom Zeitgeist zutiefst entsprechen. Wie attraktiv diese archetypischen Vorstellungen auch für Erwachsene noch sind, belegen die zahllosen Filme und TV-Produktionen, die in immer neuen Variationen die immer gleichen Konflikte, Lebensschicksale und menschlichen Werte zur Darstellung bringen. In den ersten etwa 12 Lebensjahren verinnerlicht das Kind moralische Vorstellungen über Gestalten, Handlungen und Schicksale, die nicht vor der Pubertät als Begriffe wie Freiheit oder Gerechtigkeit ihren abstrakten Ausdruck finden.

Wie genau verinnerlichen Kinder einen gesellschaftlichen Wert wie Recht und Ordnung – oder eben auch nicht?

Seine ersten Lernerfahrungen macht das Kind, wenn es mit Regeln und Ritualen, zum Beispiel bei Gruppenspielen, vertraut gemacht wird. Die Regeln werden ihm oft weniger von den Erwachsenen als von den gleichaltrigen Kindern beigebracht. Das Kind lernt, dass es nur mitspielen kann, wenn es sich an die Regeln hält. Das Schulkind entwickelt feste Vorstellungen davon, was beispielsweise Ordnung bedeutet und wie wichtig Ordnung ist. Diese Vorstellungen bleiben immer mit konkreten Lebenssituationen verbunden: Müll gehört nicht auf den Boden, sondern wird entsorgt. Ein Lehrer kann Regeln anordnen oder sie mit den Kindern zusammen erarbeiten. Letzteres ist kindgerechter und nachhaltiger, weil es nicht nur zu Gehorsam, sondern auch zu Einsicht und solidarischem Verhalten führt. Ein solch basisdemokratisches Vorgehen zeigt den Kindern auf, weshalb Regeln für das Zusammenleben in der Gemeinschaft notwendig sind, und ist eine Vorbereitung auf ihr späteres Leben als mündiger Bürger (Dewey 1993, Korczak 1970).

Interessieren sich Jugendlichen für Moralbegriffe wie Gerechtigkeit, Brüderlichkeit, Freiheit oder Demokratie? Wollen sie wirklich darüber diskutieren?

Eine Diskussion über die goldene Regel kann Jugendliche durchaus begeistern.

Buddhismus, 6. Jahrhundert v. Chr.: »Verletze nicht andere auf Wegen, die dir selbst als verletzend erschienen.« (Udana-Varga 5, 18)

Konfuzianismus, 500 v. Chr.: »Tue anderen nicht, was du nicht möchtest, dass sie dir tun.« (Analekten des Konfuzius 15, 23)

Hinduismus, 4. Jahrhundert v. Chr.: »Man soll sich nicht auf eine Weise gegen andere betragen, die einem selbst zuwider ist. Dies ist der Kern aller Moral. Alles andere entspringt selbstsüchtiger Begierde.« (Mahabharata, Anusasana Parva 113, 8; Mencius Vii, A, 4)

Zoroastrismus, 4. Jahrhundert v. Chr.: »Was alles dir zuwider ist, das tue auch nicht anderen an.« (Shayast-na-Shayast 13, 29 – Mittelpersische Schrift)

Judentum, 2. Jahrhundert: »Was dir selbst verhasst ist, das tue nicht deinem Nächsten an. Dies ist das Gesetz, alles andere ist Kommentar.« (Talmud, Shabbat 31a)

Christentum, M. Luther, 16. Jahrhundert: »Was du nicht willst, dass man dir tu, das füg auch keinem andern zu.« (Tobias 4,16 in den Apokryphen; revidierte Ausgabe von 1984)

Fragen, die Jugendliche faszinieren können, sind: Warum kommt diese Regel in allen großen Religionen und Kulturen vor? Warum stellt sie gewissermaßen den Kern der Moral dar? Wieso appelliert die goldene Regel so an unsere menschliche Vorstellungskraft, unser Einfühlungsvermögen, unser Bewusstsein für die Auswirkungen unseres Tuns? Ein Charakteristikum der Jugend ist, dass sie ethische Werte nicht nur für ihre eigene Lebensgemeinschaft, sondern für die ganze Gesellschaft fordert. Manche Jugendliche streben nach einer universellen Ethik, die für alle Menschen und Lebewesen dieser Erde gelten soll. Es sind diese jungen Erwachsenen, die sich für die Bekämpfung der Armut in den Entwicklungsländern, für Frieden und gegen Krieg, für den Klimaschutz oder den Artenschutz von Pflanzen und Tieren einsetzen. Sie sind sehr sensibel und überaus ansprechbar auf sol-

Junge Menschen fordern universelle Werte ein – in jeder Generation aufs Neue.

che Themen. Untersuchungen der Moralentwicklung zeigen aber auch, dass das ethische Bewusstsein bei Jugendlichen und selbst bei Erwachsenen nicht gleich ausgeprägt ist (Kohlberg 1976) (Abbildung 40). Nur eine Minderheit hält sich an eine universelle Ethik. Die Mehrheit orientiert sich an einer Moral nach Ordnung und Recht, die in der eigenen Gesellschaft Gültigkeit hat, oder gar nur an Regeln, die ihre zwischenmenschlichen Beziehungen in der eigenen Lebensgemeinschaft bestimmen.

Die einschlägigen Untersuchungen wie etwa die Shell-Jugend-Studie 2006 stellen aber insgesamt immer noch ein geringes Interesse der Jugend an politischen und gesellschaftlichen Fragen fest. Sind Ihre Aussagen nicht eher Hoffnung als Realität?

Moralvorstellungen sind nicht nur schöngeistige Konstrukte, sie haben längerfristig konkrete Auswirkungen in Gesellschaft und Wirtschaft, beispielsweise bei Diskussionen und politischen Entscheiden über das Sozialwesen, die Jugendkriminalität oder die Managerlöhne. Ob und wie die Schule solche Fragen zum Thema macht, kann seinen Niederschlag auch in politischen Haltungen finden, und genau deshalb wird bei der Schule und den Behörden oftmals eine gewisse Ambivalenz spürbar. Man will zwar grundsätzlich eine werthaltige Schule, aber keine politischen Diskussionen. Doch auch hier kann man den Pelz nicht waschen, ohne ihn nass zu machen. Ein Staatskunde-Unterricht, der sich in der Darstellung von Institutionen wie Regierung und Parlament erschöpft, unterschlägt die sozialethischen Werte, die diesen Institutionen zugrunde liegen, und erzieht die jungen Menschen nicht zu mündigen Bürgern. Warum braucht unsere Gesellschaft Altersvorsorge, Arbeitslosenunterstützung oder Sozialfürsorge? Die Schule hat meines Erachtens die Aufgabe, den Schülern moralische Werte und deren Umsetzung in der Gesellschaft zu vermitteln. Die Schüler dürfen dabei nicht indoktriniert werden. Sie sollen aber auch nicht ohne Vorstellungen in sozialethischen Belangen aus der Schule entlassen werden.

Und wie groß ist die Gefahr, dass das Vermitteln ethischer Grundbegriffe das Gegenteil des Beabsichtigten bewirkt, nämlich eine

trotzige Blockade, weil sich die Jugendlichen ohnehin von den Erwachsenen abgrenzen und erst recht nicht von einem Lehrer quasi zwangsmoralisieren lassen wollen.

Ich meine nicht eine moralische Zwangsbeglückung, sondern ich plädiere für gegenseitige Offenheit und Meinungsbildung. Ein Lehrer kann die Klasse nur für seine Thematik interessieren, wenn er engagiert ist, nicht nur inhaltlich, sondern auch emotional. Und dazu gehört eine sozialethische Haltung. Man kann seine Schüler kaum für eine Diskussion über die Bedeutung der Gewaltentrennung in einer Demokratie begeistern, wenn einem das Thema selber gleichgültig ist. So auch im Geschichtsunterricht: Spult ein Lehrer jahrelang ein ewig gleiches Pflichtprogramm von Königen und Schlachten ab, braucht er sich nicht über gähnendes Desinteresse zu wundern. Ich finde es sehr bedauerlich, wenn sich ein Lehrer seinen Schülern in sozial-ethischen Diskussionen verweigert, weil er jede politische Stellungnahme vermeiden will. Wenn zum Beispiel Schüler aus einem aktuellen Anlass über China und Tibet diskutieren wollen, weil einer ihrer Mitschüler Tibeter ist und an einer Demonstration für Tibets Rechte teilgenommen hat. Da würde sich die Möglichkeit bieten, ein Einzelschicksal mit der Weltgeschichte zu verbinden, doch manch ein Lehrer setzt lieber seinen Monolog über die Phönizier fort – vor frustrierten und schlafenden Schülern.

Wie bedeutsam ist solch ein Verhalten des Lehrers?

Ein Lehrer vermittelt seinen Schülern immer Sichtweisen und Wertvorstellungen. Es fragt sich nur, welche? Er hat eine Vorbildfunktion in der Art und Weise, wie er den Unterrichtsstoff auswählt und weitergibt. Das trifft übrigens auf uns alle zu, nicht nur auf die Lehrer. Mir ist eine Schulstunde im Basler Zoo in unvergesslicher Erinnerung, in der der bekannte Zoologe und Verhaltensforscher Jörg Hess 10- bis 12-jährigen Kindern vor dem Schimpansenkäfig Rede und Antwort stand. Ob denn die Schimpansenmutter ihre Jungen auch erziehen würde wie eine Menschenmutter? Woran man erkennen könne, dass Schimpansen auch denken? Ob Schimpansen miteinander reden? Wenn nicht, wie sie sich dann untereinander verständigen? Was mich berührt hat, war nicht nur die kindgerechte Art der Antworten, sondern mehr noch der große Respekt, den Jörg Hess den Tieren entgegenbrachte. Ein Respekt, der sofort und spürbar auf die Kinder überging.

Was Religion bedeutet

Die Gesellschaft tut sich schwer mit dem Thema Religion. Gehört der Religionsunterricht noch in die säkulare Volksschule?

In den Schulen wird viel Wert darauf gelegt, den Kindern eine tolerante Haltung gegenüber Menschen aus anderen Religionen und Kulturen zu vermitteln, was in einer Zeit der Globalisierung und Migration ohne Zweifel wichtig ist. Toleranz ist ein Bestandteil der Menschenrechte, die wie die Grundrechte in der Schule behandelt werden sollten. Die Kirche hat es leider lange Zeit versäumt, diese Rechte anzuerkennen. Dabei hatte sie in der Vergangenheit ein Monopol auf die Moral. Zwischenmenschliches Verhalten wurde jahrhundertelang von der Kirche geregelt. Seit der Aufklärung hat der Staat diese Aufgabe nach und nach übernommen. Damit hat die Kirche ihre moralische Oberhoheit weitgehend verloren, was sich beispielsweise im Umgang mit Sexualität und Verhütung zeigt. Die Kirche tut sich heute auch schwer damit, die Entstehung der Welt und deren Sinn glaubhaft zu erklären. Auch diese Deutungsmacht hat sie weitgehend an die Naturwissenschaften abgegeben.

Was bleibt also von der Religion noch übrig – nichts?

Ganz und gar nicht. Was bleibt, ist der eigentliche Kern der Religion, der etwas Urmenschliches beinhaltet. Dieser Kern hat wiederum mit dem Bewusstsein und den kognitiven Fähigkeiten zu tun. Wir Menschen sind uns – im Gegensatz zu den Tieren – der ständigen Bedrohung unserer Existenz und der Endlichkeit des Lebens bewusst. Menschen wurden und werden immer noch von Leid, Krankheit, Krieg und Katastrophen heimgesucht. Wir wissen auch, dass wir ausnahmslos alle einmal sterben werden. Die Menschen haben schon vor langer Zeit Vorstellungen entwickelt, die ihnen helfen sollten, mit der Angst vor dem Tod und der ungewissen Zeit danach umzugehen. Wir sehnen uns nach einem übermächtigen Wesen, das uns einen Lebenssinn gibt und vor allem uns vor Leid und Unheil hier und jetzt und für alle Zeiten schützt. Selbst der große Aufklärer Immanuel Kant musste sich am Ende seines Lebens eingestehen, dass all sein Wissen ihm nicht mehr weiterhelfen konnte: »Ich musste das Wissen aufheben, um zum Glauben Platz zu bekommen.«

Ist das wirklich ein Thema für Kinder?

Ja und nein. Kinder können und müssen sich diese Fragen noch nicht stellen. Das Kind lebt in einer Form von unbedingter Geborgenheit – durch die Bindung an seine Eltern. Sein Lebensgefühl ist: Es kann mir nichts geschehen. Die Eltern werden mir jederzeit beistehen, wenn ich in Not gerate. Es fühlt sich beschützt, auch wenn dies in der Realität keineswegs immer der Fall ist. Eine erste Ablösung von dieser unbedingten Geborgenheit findet in der frühen Kindheit statt, wenn die Eltern das Kind zu Bett bringen. Wenn das Kind alleine in seinem Bettchen liegt, braucht es einen Schutzengel. Ein Einschlafritual gibt dem Kind die notwendige Sicherheit. Die menschliche Urangst dringt in der Pubertät ins Bewusst-

Rituale markieren den Übergang von der Familie in die Gesellschaft.

sein des Jugendlichen ein, sobald er sich von den Eltern ablöst. Dann beginnt er zu realisieren, dass er nie mehr über ein solches Maß an Geborgenheit und Schutz verfügen wird wie als Kind. Rituale wie Firmung und Konfirmation, die den Jugendlichen aus der Geborgenheit der Familie in die Geborgenheit der Gemeinschaft überführen, haben ihre Kraft bei uns leider weitgehend verloren. Wie groß die emotionale Not vieler Jugendlicher ist, zeigt der Zulauf, den Freikirchen haben. Sie bemühen sich, den Jugendlichen ein Gefühl von Gemeinschaft zu vermitteln, und stellen sich geschickt auf die vielfältigen Verunsicherungen der jungen Menschen ein.

Worin besteht die Rolle der Schule?

Ihr Beitrag sollte sich nicht nur in der Vermittlung von Toleranz und einem Unterrichten religiöser Texte und Sittenlehre erschöpfen. Die Grundthemen – Geborgenheit und Sinnfrage – haben viel mit gemeinschaftlichem Erleben zu tun. Rituale, Singen und Tanzen, Geschichten und Theater sind solche Erfahrungsräume, die ein Gefühl von Aufgehobensein und Sinnhaftigkeit vermitteln können. Bestimmend für den Schulalltag ist der zwischenmenschliche Umgang unter Kindern, Lehrern und Eltern.

Das Wichtigste für die Schule

1. Der Mensch kann gar nicht anders, als sich Gedanken über die Welt und sich selbst zu machen. Bewusstsein und Kognition befähigen ihn und verdammen ihn in gewisser Weise dazu (zum Beispiel über den Tod nachzudenken).

2. Wenn die Schule mehr als nur Arbeitstechniken, Faktenwissen und Fertigkeiten vermitteln will, muss sie sich den folgenden 4 Fragen stellen:
   - Wie funktioniert diese Welt? Wie ist diese Welt entstanden?
   - Wer bin ich?
   - Wie leben Menschen miteinander?
   - Wer beschützt mich jetzt und dann, wenn ich gestorben bin?

3. Das Kind versucht in jedem Alter, seine Vorstellungen über die Sinnhaftigkeit dieser Welt auszudrücken. Es tut dies immer seinem Entwicklungsstand entsprechend.

4. Kinder können bis in die Pubertät nur konkret denken und sind deshalb auf praktische Erfahrungen angewiesen, um zu begreifen. Sie müssen Einsichten erleben.

5. Damit das Schulkind kognitiv und emotional entwicklungsgerecht angesprochen wird, muss sich der Lehrer an seinem Entwicklungsstand orientieren. Die Vorstellungen, die Kinder über die Welt, das Leben und sich selbst haben, verändern sich ständig. Diese Entwicklung sollte der Lehrer erfassen und im Unterricht berücksichtigen.

6. Erste Moralvorstellungen treten bereits im Kleinkindalter auf und entwickeln sich bis ins Erwachsenenalter fort. So wie sich ein Verständnis sozialer Systeme von der Familie bis zur Weltbevölkerung herausbildet, erweitert sich auch der Moralbegriff, bis er schließlich universell ist.

7. Die Kernthemen der Religion, sich in dieser Welt geborgen zu fühlen und einen Sinn im Leben zu finden, sollten in der Schule auf eine glaubwürdige Weise angesprochen und vor allem auch gelebt werden.

8. Die Vermittlung ethischer Werte ist auch Aufgabe der Schule und darf nicht allein der Familie überlassen werden.

9. Ein Lehrer vermittelt den Schülern immer eine Sichtweise und Wertvorstellungen. Er kann sich dieser Aufgabe nicht entziehen, weil sich Wissen nicht wertneutral vermitteln lässt. Er hat eine Vorbildfunktion in der Art und Weise, wie er den Unterrichtsstoff auswählt und weitergibt.

10. Ein Lehrer kann Schüler für Themen der Ethik nur begeistern, wenn er selbst inhaltlich und emotional daran beteiligt ist. Er ist nur glaubwürdig, wenn er seine eigenen Wertvorstellungen in der Art und Weise, wie er mit den Schülern umgeht, auch zum Ausdruck bringt.

Teil III

Wann die Schule kindgerecht ist

Schule

Wann eine Schule kindgerecht ist

In den Teilen I und II dieses Buches haben wir uns ausführlich mit der Entwicklung und dem Lernverhalten des Kindes auseinandergesetzt. Nun stellt sich die Frage, was sich daraus für Konsequenzen für die Schule ergeben. Welche Ziele sollte eine kindgerechte Schule haben?

An erster Stelle steht für mich das Selbstwertgefühl. Jedes Kind sollte ein gutes Selbstwertgefühl haben, wenn es die Schule verlässt und ins Erwachsenenleben eintritt. Denn nur mit einem guten Selbstwertgefühl wird es seine Zukunft auch mit Zuversicht in Angriff nehmen. Der junge Erwachsene sollte die Überzeugung haben: Ich schaffe es! Ich werde mich in dieser Gesellschaft behaupten! Ein gutes Selbstwertgefühl hat ein Schüler dann, wenn die Schule für ihn eine positive Erfahrung war, das heißt, die schulischen Anforderungen waren für ihn mehrheitlich zu bewältigen und überwiegend mit Erfolg verbunden. Zweitens sollte der junge Erwachsene in der Schule alle wesentlichen Facetten seines Wesens entwickeln können, insbesondere seine Stärken, also diejenigen Fähigkeiten, auf denen er seine zukünftige Existenz aufbauen wird. Er sollte aber auch gelernt haben, mit seinen Schwächen umzugehen und diese als einen Teil seines Wesens zu akzeptieren. Er sollte wissen, dass ihn die Schwächen wohl einschränken, aber sein Selbstwertgefühl nicht beeinträchtigen, denn er kann auf seine Stärken vertrauen. Er sollte sich Wissen und Fertigkeiten, vor allem aber Lernstrategien angeeignet haben. Und schließlich sollte er in der Schule seine sozialen Kompetenzen entwickelt sowie einen Sinn für die Gemeinschaft und ethische Werte vermittelt bekommen haben.

Ihr Ansatz, das Wohlbefinden und die Entwicklung des Kindes in den Mittelpunkt zu stellen, erinnert an die Reformpädagogik der

1960-er Jahre und steht dem Bestreben vieler Bildungswissenschaftler, Leistung und Können der Schüler zu verbessern, deutlich entgegen. Sind Ihre Vorstellungen nicht etwas nostalgisch?
Ich räume durchaus ein, dass eine Pädagogik, die sich konsequent am Kind ausrichtet, bei vielen Bildungsforschern und Bildungspolitikern derzeit wenig Anklang findet. Sie bevorzugen Konzepte wie die »Neue Theorie der Schule« (Fend 2006), welche die folgenden Anforderungen an die Schule stellt:

- *Qualifikationsfunktion.* Die Schule reproduziert kulturelle Systeme, indem sie Wissen und Können vermittelt, die zur Ausführung eines Berufes vorausgesetzt werden und für die Teilnahme am gesellschaftlichen Leben erforderlich sind.
- *Selektionsfunktion.* Die Schule reproduziert die Positionsverteilung in der Gesellschaft, indem sie über Prüfungen und Tests – mit dem Ziel der Einhaltung des Leistungsprinzips – die gerechte Verteilung niedriger und hoher sozialer Positionen sicherstellt.
- *Integrations- und Legitimationsfunktion.* Die Schule reproduziert Normen und Werte und gewährleistet damit die gesellschaftliche Integration sowie Stabilisierung und Legitimation der bestehenden gesellschaftlichen Ordnung.

Die Qualität einer Schule misst sich in dieser Theorie daran, inwieweit die Kriterien Effektivität, Effizienz und Chancengerechtigkeit in diesen 3 Bereichen erfüllt werden. Wenn ich mit Lehrerinnen und Lehrern oder mit Eltern spreche, schätzen auch sie diese Aspekte ebenfalls als wichtig ein, gewährleisten sie doch die berufliche und soziale Integration. Das Wohlbefinden und die Entwicklung des Kindes sowie eine Schule, die sich an seinen Bedürfnissen orientiert, sind ihnen aber ein genauso großes Anliegen. Ich bin durchaus nostalgisch in dem Sinn, dass die Reformpädagogik eine lange Tradition hat. Als einer der Ersten hat sich Johann Heinrich Pestalozzi, Wegbereiter der Volksschule und der Lehrerbildung, von den gesellschaftlichen Ansprüchen an die Schule verabschiedet und konsequent das Kind in den Mittelpunkt seiner Überlegungen gestellt. Auch Friedrich Fröbel, der Begründer des Kindergartens, insistierte auf der Achtung des Kindes und seinen angeborenen Interessen. Anfang des 20. Jahrhunderts haben das Maria Montessori (1952, 2005), Rudolf Steiner (1978) und der polnische Kinderarzt und Pädagoge Janusz Korczak erneut getan. 1928 formulierte Korczak das Recht des Kindes, sich zu jenem Menschen entwickeln zu dürfen, der in ihm steckt, und nicht als Sklave der Erwachsenen heranwachsen zu müssen (Korczak 1972, 1989). Diese kindorientierte Sichtweise, die nach wie vor von vielen Pädagogen und Psychologen vertreten wird, bringen auch die UNO-Kinderrechte mit der Forderung nach individueller Förderung zum Ausdruck. Sie existiert also schon lange und bekommt eine immer breitere Unterstützung, nur konnte sie sich gegen die Interessen der Erwachsenen gesamtgesellschaftlich nie durchsetzen. Ist sie deshalb gescheitert? Im Gegenteil. Ich meine, die Chancen für eine kindorientierte Pädagogik waren noch nie so gut wie heute.

Woher nehmen Sie diesen Optimismus? Die Politik und nicht zuletzt die Wirtschaft mischen sich doch mehr denn je in die Belange der Schule ein.

Das ist tatsächlich so. Man denke nur an die Einführung von Frühenglisch. Auf Druck der Wirtschaft – und auch vieler Eltern – ließen sich die Bildungspolitiker zu einer reinen Symbolpolitik hinreißen. Da für eine erfolgreiche Beteiligung an der Globalisierung Kenntnisse der englischen Sprache eine Notwendigkeit sind, verordneten sie kopflos die Einführung von Frühenglisch in der Unterstufe – mit sehr zweifelhaftem Erfolg. Noch folgenreicher als die Globalisierung ist für die Entwicklung der Schule der Strukturwandel, der in der Wirtschaft im Verlauf des 20. Jahrhunderts stattgefunden hat (Abbildung 41). Der Anteil der Beschäftigten in der Landwirtschaft sank von fast 60 auf unter 5 Prozent. Der industrielle Sektor blieb bis in die 70-er Jahre bei rund 50 Prozent und ist seither unter 30 Prozent gesunken. Im gleichen Zeitraum hat sich der Dienstleistungssektor auf rund 70 Prozent ausgeweitet. Deutschland, Österreich und die Schweiz sind Dienstleistungs- und Wissensgesellschaften geworden.

Wie sehr sich die Arbeitswelt verändert hat, zeigt die nachfolgende Liste einiger verschwundener und neuer Berufe. Verschwundene Berufe sind Berufe, die bei der Gründung der Volksschule im 19. Jahrhundert ausgeübt wurden. Neue Berufe sind solche, die in den letzten Jahrzehnten entstanden sind.

Verschwundene Berufe	**Neue Berufe**
Ameisler	Agrobiologielaborant
Amme	Aktivierungstherapeut
Barometermacher	Arbeitsagoge
Beindrechsler	Audiometrist
Bogner	Callcenteragent
Drahtzieher	Designer Visuelle Kommunikation
Federschmücker	Drucktechnologin
Feilenhauer	Biolandwirt
Fingerhüter	Franchisegeber
Flößer	Gebärdensprachdolmetscherin
Helmschmied	Gerontologe
Horndrechsler	Haustechnikplaner
Köhler	Informatik-Instruktor
Korbflechter	Lebensmitteltechnologin
Laternenträger	Kommunikationsdesignerin
Leimsieder	Logistiker
Märchen- und Geschichtenerzähler	Low-Vision-Trainerin
Pechsieder	Mechatronik-Techniker
Perlmutterdrechsler	Mediamatikerin
Pfeilschnitzer	Orthopist
Scharfrichter	Pharmatechnologe
Schiffsmüller	Polybaupraktiker
Schriftgießer	Religionspädagoge
Schriftschneider	Rehabilitationslehrerin
Siegellackmacher	Spielgruppenleiter
Silhouettenschneider	Tiefkühltechnologin
Spitzenklöpplerin	Webpublisher
Steigbügelmacher	Wein-Technologe

Kollektives Arbeiten am Fließband.

Unsere Gesellschaft und Wirtschaft verlangen nach einem anderen Typus Mensch als die Industriegesellschaft des 19. und 20. Jahrhunderts und damit auch nach einer anderen schulischen Ausbildung. Heute werden kommunikative Fähigkeiten und soziale Kompetenzen wie selbstständiges Handeln und Teamfähigkeit von der Wirtschaft verlangt, und diese Fähigkeiten sollen nun an den Schulen vermehrt gefördert werden.

Sind diese Ansprüche der Wirtschaft an die Schule nicht auch vermehrt im Interesse der Kinder?

Durchaus, aber nicht nur. Das Problem ist, dass diese Ansprüche sehr kurzfristig und veränderlich sind. Erst will die Wirtschaft nur noch Banker, dann nur noch Informatiker, dann heißt es wieder, man benötige viel mehr Naturwissenschaftler. Aus meiner Sicht hat die Schule die Aufgabe, den Kindern die Möglichkeit zu geben, ihre individuellen Fähigkeiten bis zum Alter von etwa 16 Jahren zu entwickeln. Gerade weil die gesellschaftlichen und politischen Ansprüche so großen Veränderungen unterliegen, ist es wichtig, die Stärken beim einzelnen Kind zu entdecken und zu

Individuelles Arbeiten im Büro.

fördern, nicht nur in Sprache, Mathematik und Naturwissenschaften, sondern auch in allen anderen Kompetenzbereichen wie Motorik, Sport und Handwerk oder in der Musik. Das schulische Heranzüchten von Monokulturen ist nachteilig, weil es Menschen ausgrenzt, deren Begabungen gerade nicht gefragt sind. Ich bin überzeugt, dass sich eine kindorientierte Pädagogik auch deshalb durchsetzen wird, weil sie nicht mehr als Ideologie abgetan werden kann. Wir haben in den letzten 40 Jahren viel über die Entwicklung des Kindes hinzugelernt. Gerade diejenigen Bildungspolitiker, Pädagogen und Eltern, denen so viel an der Leistung liegt, sollten sich an den Gesetzmäßigkeiten der Entwicklung und an den kindlichen Bedürfnissen orientieren, weil die Kinder auf diese Weise die besten Leistungen erbringen. Längerfristig ist mit einem ganzheitlichen und kindorientierten Ansatz nicht nur dem Individuum, sondern auch der Gesellschaft am besten gedient, weil sich so am meisten Menschen beruflich und sozial integrieren lassen.

Was ganzheitliche Förderung heißt

Die ganzheitliche Förderung ist Ihnen ein großes Anliegen. Was verstehen Sie darunter?

In den obligatorischen Schuljahren liegt der Schwerpunkt anfänglich auf dem Erwerb von Fertigkeiten wie Lesen, Schreiben und Rechnen. Später kommen die Sprachen und die naturwissenschaftlichen Fächer dazu. Musische Fächer und körperliche Ertüchtigung fristen hingegen ein Schattendasein. Die Schule sieht es als ihre Aufgabe an, den Kindern jene Kenntnisse und Fertigkeiten zu vermitteln, die sie später in Gesellschaft und Wirtschaft benötigen werden. Ich befürworte eine Schule, welche die Kinder in den ersten 6 bis 9 Schuljahren ganzheitlich fördert, weil ich überzeugt bin, dass sie so am besten auf das Erwachsenenleben vorbereitet werden. Was heißt nun ganzheitlich? In Abbildung 42 sind die 6 Kompetenzen dargestellt, welche alle wesentlichen Entwicklungsbereiche repräsentieren. Diese Einteilung der kindlichen Entwicklung geht ursprünglich auf ein Model der multiplen Intelligenzen von Howard Gardner (1985) zurück. Ein wichtiges Merkmal dieser Sichtweise ist, dass jede Kompetenz beim einzelnen Kind unterschiedlich ausgebildet sein kann, wie dies im Kapitel Vielfalt von Teil I bereits aufgezeigt wurde.

Im Alltag benützen wir kaum je isoliert nur eine, sondern zumeist verschiedene Kompetenzen gleichzeitig. Wenn ein Lehrer seine Schüler unterrichtet, setzt er neben seinem Fachwissen auch seine sprachlichen Fähigkeiten, sein didaktisches und organisatorisches Geschick sowie seine sozialen Kompetenzen ein.

Für einen guten Unterricht muss der Lehrer das zwangsläufig tun. Doch bei den Schülern ist dies leider weit weniger der Fall. Die Schule hat sich in der Vergangenheit zu sehr auf die isolierte Förderung einzelner Kompetenzen konzentriert. Ich fürchte, dass der vermehrte Einsatz von Fachlehrern diese Unterrichtsform noch verstärken wird. Seit einigen Jahren bemüht sich die Schule aber auch immer stärker darum, den gleichzeitigen Einsatz verschiedener Kompetenzen zu fördern, beispielsweise mit Projektarbeiten. Die Kinder zu lehren, wie man Kompetenzen miteinander verbinden und die daraus resultierenden Synergien nutzen kann, scheint mir aus verschiedenen Gründen eine sehr wichtige Aufgabe der Schule zu sein. Denn die meisten Tätigkeiten im wirklichen Leben beruhen auf dem Einsatz mehrerer Kompetenzen. Manche Menschen sind gerade deshalb so erfolgreich, weil es ihnen gelingt, verschiedene Kompetenzen gemeinsam richtig einzusetzen. Kreativität und Innovation entstehen unter anderem dadurch, dass Einsichten und Fähigkeiten von einem Kompetenzbereich in einen anderen übertragen werden.

Im Unterschied zu Howard Gardners klassischer Definition der Kompetenzen fügen Sie noch eine Kompetenz hinzu, ein Verständnis, das die anderen Kompetenzen umfasst. Dieses Verständnis ist für Bereiche wie Ethik, Philosophie und Religion besonders bedeutsam. Haben diese Bereiche noch eine Berechtigung in zeitgemäßen Schulen?

Eine Schule, die sich dieser Bereiche nicht ernsthaft annimmt, ist für mich keine gute Schule. Dabei geht es nicht nur darum, sittliche und kulturelle Werte zu vermitteln, die der Gesellschaft ein Anliegen sind. Die Kinder selbst haben ein inneres Bedürfnis, sich mit den »letzten Fragen« auseinanderzusetzen, über Gerechtigkeit und Lebenssinn nachzudenken. Auf dieses Bedürfnis muss die Schule eingehen – auch wenn sie den Schülern keine bleibenden Antworten geben kann.

Sie sprechen damit den Unterschied zwischen Ausbildung und Bildung an. Wo genau liegt der Bildungsauftrag der Schule, der über die reine Vermittlung von Wissen und Fertigkeiten hinausgeht?

Bildung hat für mich sehr viel mit einem Verständnis für diese Welt zu tun, mit Sichtweisen, wie die Welt wahrgenommen und erklärt werden kann, und mit der Art und Weise, wie wir mit dieser Welt und insbesondere mit den Menschen umgehen sollten. Es geht also nicht nur darum, die Mechanismen dieser Welt aus einer naturwissenschaftlichen Sicht zu verstehen, sondern dem Wissen auch eine Bedeutung zuzuschreiben. Das hat wiederum mit den

Wertvorstellungen zu tun, die wir vertreten. Ein Lehrer kann sich im Unterricht darauf beschränken, die Entstehung von Hoch- und Tiefdruckgebieten sowie Tornados zu erklären. Er kann aber auch eine Klimadebatte führen.

Öffnet das nicht Tür und Tor für eine Ideologisierung oder Verpolitisierung der Schule?

Diese Ängste werden vor allem von konservativer Seite geschürt, die früher allerdings ganz und gar nichts gegen eine schulische Vermittlung von Werten und Weltbildern hatte – solange es nur ihre eigenen waren und Lehrer noch nicht unter latentem Linksverdacht standen. Natürlich kommt dem Lehrer eine zentrale Bedeutung zu, denn Bildung vermittelt er nicht nur mit dem Inhalt des Unterrichts, sondern auch mit seiner Persönlichkeit, seiner Sichtweise und seinen Wertvorstellungen.

Und welche Bildungsaufgabe hat die Familie?

Eine sehr wichtige. Man spricht ja nicht ohne Grund so oft von bildungsnahen und bildungsfernen Familien. Wenn sich die Eltern am Familientisch mit ihren Kindern kenntnisreich über Pflanzen oder den Weltraum unterhalten, geben sie nicht nur Wissen weiter, sondern beeinflussen die Kinder auch in ihren Präferenzen und Wertvorstellungen. Sind Zeitungsberichte und Bücher in der Familie ein ständiges Thema, geht es nicht nur um Informationen, sondern immer auch darum, nach welchen Kriterien diese besprochen werden. Wie sich die Eltern am Familientisch zum Beispiel über Tagespolitik unterhalten, welche Haltung sie gegenüber Immigranten und Flüchtlingen einnehmen. Selbst welche Haustiere sie halten und wie sie mit diesen umgehen, wirkt sich prägend auf das Verhalten der Kinder und deren Werthaltungen aus.

Kinder, die in bildungsfernen Familien aufwachsen, hören hingegen keine Diskussionen über schwarze Löcher, Genetik oder Demokratie. Sie leiden nicht nur an einem Mangel an Wissen, ihnen werden oft auch nur ungenügend und manchmal gar fragwürdige Wertvorstellungen vermittelt. Deshalb scheint es mir so wichtig, dass die Schule einer Bildung im besten Sinne verpflichtet ist, um auch in diesem Bereich so weit wie möglich Chancengerechtigkeit

Kaja ist in der Stadt einem Obdachlosen mit Hund begegnet. Die Szene hat sie so beeindruckt, dass sie sie zu Hause nachspielt.

herzustellen. Es geht um die Bedeutung, die wir der Welt, dem menschlichen Leben und letztlich uns selbst zuschreiben.

Die »Wahrheiten«, die wir Menschen uns zurechtlegen, sind jedoch höchst unterschiedlich. Wie soll die Schule zwischen »richtigen« und »falschen« Wahrheiten unterscheiden?

Das kann und darf sie nicht, denn eine allgemeingültige Wahrheit gibt es nicht. Unsere Vorstellungen reichen von Mythen bis zu naturwissenschaftlichen Erklärungen. Ultrakonservative Evangelisten in den USA halten sich bei der Schöpfung streng an die Bibel oder »intelligent design« und bestreiten jeden Erklärungsgehalt der Evolutionstheorie. Es ist ein Streit, der bis in die Schulen hineingetragen wird. Anderseits erforschen Naturwissenschaftler die Materie bis ins Kleinste zu den Atomen und Quarks, aber auch bis ins Größte, zum Universum und – so behaupten sie wenigstens – sogar darüber hinaus. Zwischen diesen beiden Extremen gibt es alle Varianten, wie sich Menschen die Welt zurechtlegen. Hinter dieser unablässigen Sinnsuche steckt das Bemühen, die Welt zu verstehen, aber letztlich auch, sie zu kontrollieren, auszunützen und zu beherrschen. Wir geben Milliarden für die Forschung aus, um unser Wissen zu erweitern. Der Mensch ist ein körperliches Mängelwesen, und nur seine außerordentlichen geistigen Fähigkeiten haben sein Überleben gewährleistet. Doch diese Fähigkeiten sind leider nicht nur ein Segen, sondern auch eine Bedrohung – man denke beispielsweise an die Atombombe. Nicht nur Biologie, Chemie und Physik sollten deshalb in der Schule gelehrt werden, auch die Gefahren der technischen Entwicklung wie etwa der CO_2-Ausstoß und die drohende Klimakatastrophe müssen Eingang in den Schulstoff finden. Die Schule sollte die Kinder für solche Fragen sensibilisieren und zu verantwortlichem Handeln erziehen.

Wie sich der Unterricht auf das einzelne Kind ausrichten lässt

Eine der wichtigsten, wenn nicht gar die wichtigste Einsicht aus Ihrer 30-jährigen Forschertätigkeit ist: Kinder unterscheiden sich stark voneinander, und jedes einzelne Kind ist in sich unterschiedlich begabt. Ist ein Unterricht in der Klasse überhaupt möglich, der diesen enormen Unterschieden gerecht wird?

Wenn Kinder auf die Welt kommen, sind sie bereits sehr verschieden, und diese Unterschiede werden im Laufe der Kindheit immer größer. Dies gilt für alle Entwicklungsbereiche wie Motorik oder Schlaf, aber genauso für Fähigkeiten wie Lesen oder Rechnen. Die PISA-Studien zeigen ausnahmslos, dass die Schüler sich im Verlauf der Schulzeit immer stärker voneinander unterscheiden. Diesen Ungleichheiten kann man nur durch eine konsequente Individualisierung des Unterrichts gerecht werden, sodass jedes Kind seinem individuellen Entwicklungs- und Leistungsstand gemäß lernen kann. An vielen Schulen bekennt man sich mittlerweile zwar im Grundsatz dazu, doch es besteht noch eine große Unsicherheit darüber, wie der individualisierte Unterricht im Schulalltag zu gestalten ist. Wird der Unterricht nicht individualisiert, sind die Folgen für einen erheblichen Prozentsatz der Schüler gravierend. Denn es muss zwangsläufig zu mehr Über- oder Unterforderungen kommen. Die Auswirkungen sind eine tief greifende Demotivierung beim Lernen, weil Erfolgserlebnisse oftmals über Jahre hinweg ausbleiben. Damit verbunden sind unzählige Enttäuschungen und Versagensgefühle, die zu einem verminderten Selbstwertgefühl führen.

Viele Lehrerinnen und Lehrer befürchten, dass eine Individualisierung des Unterrichts in der Praxis der zunehmend heterogenen Schulklassen zu einer Überforderung der Lehrkräfte führen könnte. Sind diese Befürchtungen nicht sehr berechtigt?

Ich habe eine Reihe von Schulen kennengelernt, öffentliche wie private, wo der individualisierte Unterricht eingeführt worden ist und im Schulalltag zu einer großen Zufriedenheit bei Kindern, Eltern und Lehrern geführt hat. Die Leistungsunterschiede sind für die Kinder normal und erklärbar und führen nur selten zu Minderwertigkeitskomplexen oder Konkurrenzkampf. Die Übernahme von Regeln und Ritualen geschieht auf eine selbstverständliche Weise, in dem die älteren Kinder die jüngeren in die Klassenkultur einführen. Die Fähigkeit, selbstständig zu arbeiten, ist für die schulische und berufliche Laufbahn von Vorteil. Jedes Kind lernt in seinem eigenen Tempo und braucht dazu ein maßgeschneidertes Lernprogramm. Individualisierung erfordert daher die Erfassung des individuellen Entwicklungsstandes eines Kindes und ein Anpassen der Anforderung an sein individuelles Leistungsvermögen. An gewissen Schulen hatte das zur Folge, dass man eigene Lehrmittel geschaffen hat, weil die öffentlichen zur konsequenten Individualisierung nicht tauglich waren. Ein individualisierter Unterricht gibt dem Lehrer das Gefühl, das Kind besser erfassen und begleiten zu können – eine große Befriedigung (Grossenbacher 2006, Rüttimann 2008).

Aber bedeutet dies nicht doch eine erhebliche Mehrbelastung für die Lehrerinnen und Lehrer?

Gerade in Schulen mit altersdurchmischten Klassen habe ich eine ganze Reihe von Lehrern kennengelernt, die anfänglich allergrößte Bedenken bezüglich eines individualisierten Unterrichts hatten, weil sie eine unerträgliche Mehrbelastung befürchteten, da sie

Klassenzimmer vor 80 Jahren …

sich ja vermehrt um das einzelne Kind kümmern müssten. Die meisten Lehrer wollen heute nicht mehr zu den Jahrgangsklassen zurück und empfinden den individualisierten Unterricht als Entlastung. Ein Grund war die bessere Lernmotivation des einzelnen Kindes und kein Abmühen mehr mit über- und unterforderten Kindern. Ein weiterer wichtiger Grund waren die entstandenen Synergien zwischen den Kindern. Kinder, die im Stoff weiter fortgeschritten sind, helfen im Unterricht jenen Kindern, die weniger weit sind. Leistungsunterschiede zu konventionellem Unterricht konnten keine festgestellt werden (Rossbach 1999, Sonderegger 1999, Laging 2003). Möglichst jedes Kind an das Optimum seiner Leistungsfähigkeit heranzuführen scheint mir eine sehr lohnende pädagogische Aufgabe zu sein. Umso besser, wenn die Kinder dabei auch noch aktiver lernen und sozial kompetenter werden.

Und was soll der Lehrer jenen Eltern sagen, die verlangen, ihr eigenes Kind müsse besser gefördert werden, anstatt dass man es dazu benutze, den schwächeren Klassenkameraden Nachhilfeunterricht zu geben?

... und heute: andere Gesellschaft, andere Schule.

Ich würde den Eltern antworten, dass dadurch die Sozialkompetenz und die Entwicklung des eigenen Kindes gefördert werden. Lernen durch Lehren: Wer anderen hilft und ihnen erklärt, vertieft sein eigenes Verständnis. Kinder sind oft bessere Lehrmeister als Erwachsene. Kinder lernen voneinander leichter als von Erwachsenen, weil sie sich in ihrem Denken und ihrer Sprache näher sind. Es stärkt überdies das Kommunikations- und Beziehungsverhalten und damit den Zusammenhalt unter den Kindern.

Auch wenn die Schule möglichst alle im Kind angelegten Fähigkeiten ansprechen sollte, muss man doch sagen: Längst nicht jedes Kind hat ein Talent, das man zum Blühen bringen kann. Wird da von der Schule nicht zu viel verlangt?

Wenn mit Talent Hochbegabung gemeint ist, ist das zutreffend. Die meisten Kinder sind mehr oder weniger durchschnittlich entwickelt, aber jedes Kind hat seine Stärken. Die Aufgabe einer kindgerechten Schule besteht darin, die Stärken bei jedem Kind aufzuspüren und sie zu fördern.

Denkt man Ihre Forderung nach einer konsequenten Individualisierung des Unterrichts zu Ende, wäre man beim Einzelunterricht für jedes Kind und damit am Ende des traditionellen Klassenunterrichts.

Individualisierten Unterricht gab es bereits in der Vergangenheit. In vielen Dörfern wurden Kinder in altersgemischten Klassen unterrichtet, weil es nicht genug von ihnen gab, um Jahrgangsklassen einzurichten. Erst- bis Drittklässler bildeten beispielsweise zusammen eine Klasse sowie Viert-, Fünft- und Sechstklässler. In diesen Klassen wurden die Kinder nicht nach ihrem Alter, sondern nach dem individuellen Entwicklungsstand in Lerngruppen eingeteilt und so unterrichtet. Wie auch immer der Unterricht gestaltet wird, das Prinzip sollte immer sein, dass die Lernziele und konkreten Anforderungen an das Kind sich nach seinem individuellen Entwicklungsstand und Leistungsvermögen richten.

Sie möchten ja die Individualisierung noch weitertreiben: Die Begabungen des einzelnen Kindes sollen gezielt, das heißt über das kollektive Lernziel hinaus gefördert werden.

Ich würde mir wünschen, dass jeder Schüler seine Stärken und damit seine eigentlichen Begabungen so gut wie möglich entwickeln kann, denn mit ihnen wird er langfristig sein Leben meistern. Einige Schulen haben diese Vorstellung bereits aufgegriffen, indem sich Schüler in der Oberstufe für sogenannte Schwerpunkte entscheiden können, in denen sie vermehrt gefördert werden. Dabei sollten aber nicht nur die traditionellen Fächer wie Mathematik oder Sprachen Schwerpunkte werden, sondern auch künstlerisches Gestalten, Musik oder Sport. Was für mich aber genauso dazugehört: Schule sollte nicht mehr versuchen Schwächen zu eliminieren, sondern dem Kind vielmehr helfen, mit ihnen umzugehen und sie als Teil seines Wesens zu akzeptieren.

Kann eine solche pädagogische Haltung nicht zu einer vorschnellen Kapitulation verleiten, indem eine Lernschwäche zu rasch als unkorrigierbar akzeptiert wird?

Das ist eine weitverbreitete Furcht unter Lehrern, aber auch unter Eltern. Sie führt dazu, dass man das Kind lieber zu viel antreibt als zu wenig. Zusätzlich kann diese Haltung noch durch das Gefühl verstärkt werden, man habe als Lehrer oder Eltern versagt. Eine persönliche Enttäuschung über das Kind und seine Leistungen mag auch noch mitschwingen. Dieser Druck ist nicht ohne negative Auswirkungen für das Kind. Diese sind meines Erachtens schlimmer als die Gefahr einer möglichen Leistungsminderung: Das Kind wird in seinem Selbstwertgefühl und seiner Lernmotivation beeinträchtigt.

Bedeutet der europaweite Trend, Kinder in Regelklassen zu integrieren, die zuvor in Sonderklassen unterrichtet wurden, eine zusätzliche Erschwernis für den individualisierten Unterricht?

Mit dieser Integration – die ich pädagogisch für richtig halte – werden die Leistungsunterschiede zwischen den Kindern noch einmal größer. Die Integration von Schülern mit besonderen pädagogischen Bedürfnissen wird daher zu einer Nagelprobe für den individualisierten Unterricht. Damit sie überhaupt erfolgreich sein kann, muss aus meiner Sicht eine wichtige Voraussetzung erfüllt sein: die soziale Integration dieser Kinder in der Klasse. Der Lehrer muss dafür sorgen, dass leistungsschwache Kinder aus der ehemaligen Sonderklasse von allen Kindern in der Regelklasse aufgenommen und akzeptiert werden. Das setzt wiederum voraus, dass der Unterricht nicht mehr durch kollektive Leistungsziele bestimmt wird, weil ansonsten Kinder wegen ihren schwachen Leistungen sozial ausgegrenzt und überfordert werden.

Gäbe man jedem Kind innerhalb der Klasse individuelle Lernziele vor, würde dies, wenn man einen größeren Zeitraum in Betracht zieht, das Ende der kollektiven Lehrpläne bedeuten – eine kleine pädagogische Revolution.

Man würde nur akzeptieren, was ohnehin schon seit jeher eine Tatsache ist: Kollektive Lehrpläne im Sinne von Leistungsstandards, die im Verlaufe eines Schuljahres von allen Kindern erreicht werden, wurden zu keiner Zeit und werden auch heute nicht erfüllt. Es ist ein pädagogischer Widerspruch, wenn in Schulgesetzen einerseits die Individualisierung des Unterrichts verlangt wird und anderseits das Erreichen von Lernzielen, die für alle verbindlich sind. Man kann nicht beides haben. Bisher wurde auf der Erfüllung der Lernziele insistiert, und die Bildungsdirektionen und Schulen haben so getan, als würden sie auch wirklich erfüllt. Doch faktisch war dies nie der Fall. Obwohl an alle Kinder Jahr für Jahr die gleichen Anforderungen gestellt werden, sind die Kinder nach 9 obligatorischen Schuljahren unterschiedlicher als je zuvor. In Deutschland, Österreich und der Schweiz haben 10 bis 20 Prozent der 15-jährigen Schüler eine Lese- und Mathematikkompetenz nicht von Oberstufenschülern, sondern von Viert- bis Sechsklässlern (siehe Abbildung 9). Das sind mehrere Hunderttausend Jugendliche. Offensichtlich konnten sie die Lernziele nicht erreichen. Ähnliches gilt für die anderen schulischen Bereiche.

Untersuchungen zum Beispiel von Schweizer Grundschulen belegen allerdings, dass rund 80 Prozent der Kinder den Anforderungen der kollektiven Lehrpläne genügen (Moser 2008b).

Ich habe meine Zweifel, ob das zum Beispiel auch für deutsche Hauptschulen und Schweizer Realschulen zutrifft. Zählt man zudem nicht nur die Überforderten, sondern auch die Unterforderten, für die der kollektive Lehrplan zu tief angesetzt ist, dann dürften es mehr sein. Aber selbst wenn »nur« jeder 5. Schüler den kollektiven Anforderungen nicht zu genügen vermag, würde ich von einem Versagen der Lehrpläne sprechen. Es ist aber kein Versagen der Lehrer, denn diese bemühen sich im Allgemeinen sehr. Vielmehr stellt sich die grundsätzliche Frage, wie mit dieser Vielfalt umzugehen ist. Trotz Tausender gemeinsamer Schulstunden und gleichem Lehrplan sind die Jugendlichen am Ende ihrer Schulzeit verschiedener denn je. Offensichtlich gibt es Einflüsse, die deutlich stärker sind als die gleichmacherischen Bemühungen der Schule: unterschiedliche Anlage, andere Lernerfahrungen bei gleichen Lehrplänen und verschiedene außerschulische Lebensbedingungen (siehe Anlage und Umwelt). Die Schule sollte endlich einsehen, dass sie diese Kräfte nicht auszuschalten vermag. Sie kann aber die Kinder mit ihren individuellen Voraussetzungen möglichst gut fördern.

Die Einführung von individuellen Lernzielen würde konsequenterweise die Abschaffung von Einheitsprüfungen für die ganze Klasse bedeuten. Wie wollen Sie unter solchen Umständen benoten?

Gar nicht! Das konventionelle Notensystem macht für mich definitiv keinen Sinn mehr bei einem konsequent individualisierten Unterricht. Denn es ist nicht einsichtig, die Latte bei allen Schülern gleich hoch anzusetzen, wenn die Schüler einen ganz unterschiedlichen Entwicklungsstand aufweisen. Wenn man akzeptiert, dass der individualisierte Unterricht nicht nur eine technische Modifikation darstellt, sondern eben eine kleine pädagogische Revolution bedeutet, ist man auch bereit, dieses Opfer zu erbringen. Dazu gehört, dass Noten nicht mehr als Druckmittel zum Lernen eingesetzt werden und der Unterricht so gestaltet wird, dass die Kinder von sich aus lernen wollen.

Wie kann der Lehrer den Schüler ohne Noten noch einschätzen?

Beim individualisierten Unterricht ist der Lehrer auf ein Beurteilungsmittel angewiesen, das weit differenzierter sein muss als Noten. Sogenannte Kompetenzraster oder Portfolio, die in den letzten Jahren entwickelt wurden, erlauben ihm, den Entwicklungsstand eines Kindes möglichst genau und konkret zu erfassen und zu beschreiben, beispielsweise die Kompetenz beim Schreiben eines Textes oder das Verständnis für Zahlen und Operationen (weitere Angaben siehe Anhang). Im Gegensatz zum Notensystem ermöglicht ein solches Beurteilungsmittel dem Lehrer auch, die nächste Lernstufe für das Kind zu bestimmen und das Arbeitsmaterial dementsprechend auszuwählen (siehe auch »Wie Qualität messen?«).

Welche Unterrichtsform ist für die Individualisierung am besten geeignet, wenn der Frontalunterricht nicht mehr möglich ist?

Anlässlich der Konferenz der deutschen Gymnasialdirektoren von 1904 entbrannte ein heftiger Streit unter den Gymnasiallehrern, ob im Unterricht Schülerfragen überhaupt zugelassen werden dürfen. Es wurde unter anderem vorgebracht, dass das Einbeziehen der Schüler eine möglichst effektive Vermittlung von möglichst viel Fachwissen verhindern würde (Heidemann 2007). Im

Rückblick halten wir diesen Streit nur noch für absurd. In einigen Jahrzehnten trifft dies hoffentlich auch auf unsere aktuelle Diskussion über den Frontalunterricht zu. Weit wichtiger, als uns über die Vor- und Nachteile der verschiedenen Unterrichtsformen zu streiten, ist, uns darüber klar zu werden, wie Kinder lernen. Auch Frontalunterricht lässt ein gewisses Maß an Individualisierung zu. Andererseits kann bei Teamarbeit jedes eigenständige Lernen durch zu rigide Vorgaben und Kontrollen unmöglich gemacht werden. Ein wesentliches Element des individualisierten Unterrichts ist, die Kinder richtig zu lesen und sich auf sie einzustellen. Wo steht das einzelne Kind? Welche Anregung braucht es, um interessiert zu bleiben (Teil I Lernmotivation)?

Worauf es beim Lernen ankommt

Sie betonen immer wieder die Bedeutung des aktiven und selbstbestimmten Lernens. Was heißt das konkret? Lernen nach dem Lustprinzip?

Das Wort Lust ist in diesem Zusammenhang negativ besetzt: Das Kind lernt nur, wenn es gerade Lust dazu hat. Mit aktivem und selbstbestimmtem Lernen meine ich, dass Kinder vom ersten Lebenstag an aktiv und selbstständig lernen (Largo 2007). Wenn sie passiv werden und wir Erwachsenen das Gefühl haben, wir müssten ihnen alles beibringen, dann haben wir uns das selber zuzuschreiben. In der Schweiz wird erst ziemlich spät, nämlich kurz vor der Maturität (Abitur) auf vermehrtes aktives und selbstständiges Arbeiten bei den Schülern Wert gelegt. Die Gymnasiasten führen im letzten Schuljahr eigenständig eine größere Projektarbeit, eine sogenannte Maturarbeit, durch. Sie wählen das Thema selber aus und sind für Literaturrecherche, Durchführung und statistische Auswertung kleiner Studien sowie Gestaltung der schriftlichen Arbeit verantwortlich. In den letzten Jahren habe ich etwa 10 Gymnasiasten bei dieser Arbeit begleitet, mit unterschiedlichsten Themen wie Scheidungskinder, Frühgeburtlichkeit, Erziehung oder interdisziplinärer Dialog zwischen Theologie und Naturwissenschaften. Es hat mich immer wieder sehr berührt, mit welch großem Interesse, enormem Einsatz und mit welcher Ernsthaftigkeit sie diese Aufgabe angegangen sind. Anderseits finde ich sehr betrüblich, dass das große Potenzial an Initiative, Kreativität und Lernbereitschaft, das bei Schülerinnen und Schülern jeden Alters vorhanden ist, nach wie vor weitgehend ungenutzt bleibt.

Kann man also dieses Potenzial bereits in der Grundschule abrufen?

In den USA habe ich bereits in den 70-er Jahren erlebt, wie schon in der Grundschule Projektarbeit geleistet werden kann. Die Schüler hatten beispielsweise beim Thema »Tiere« den Auftrag, eine Person zu besuchen, die sich professionell mit Tieren beschäftigt, einen Bauern, Tierarzt oder Hundetrainer. In Gruppen von 4 Kindern überlegten sich die Schüler als Erstes, welche Person sie befragen und welche Fragen sie ihr stellen wollen. Mit der Fachperson haben sie dann ein Gespräch geführt und ihre Arbeit mit Fotos, Zeichnungen und schriftlichen Unterlagen dokumentiert. Ihre Recherche haben sie schließlich als Team ihren Mitschülern präsentiert.

Häufig wird aber gerade die Konsumhaltung der Gymnasiasten in den Unterrichtsstunden beklagt. Woran liegt diese Passivität?

Die Schule erzieht Kinder leider noch immer zu stark zur Passivität. Ich habe als Universitätsdozent 25 Jahre lang Studenten unterrichtet und oft genug das geringe Interesse, die mangelnde Eigeninitiative und ihre fehlende Verantwortungsbereitschaft bedauert. Was die Universitäten, die Wirtschaft und auch die Gesellschaft dringend brauchen, sind engagierte und interessierte Menschen, die bereit sind, Verantwortung zu übernehmen. Und wenn wir solche Erwachsene haben wollen, müssen wir die Kinder bereits in der Schule dazu erziehen. Kinder müssen immer wieder erleben, welch tiefe Befriedigung sich bei ihnen einstellt, wenn sie eigenständig etwas erreichen können. Machen sie diese Erfahrungen nicht, werden sie sich auch als Erwachsene nicht darum bemühen.

Zum Lernen gehört das Auswendiglernen. Warum eigentlich sind Sie gegenüber dem Auswendiglernen so kritisch eingestellt? Ist das die Folge eines eigenen Schülertraumas?

Nicht eigentlich. Ich verdanke sogar meinem guten Gedächtnis, dass ich doch noch Medizin studieren konnte. Ich hatte ein technisches Gymnasium besucht. Um Medizin zu studieren, benötigte ich aber Latein. Also habe ich in 9 Monaten so viel Latein in mich hineingestopft wie andere in 6 Jahren und bestand die eidgenössische Maturaprüfung in Latein mit der Bestnote 6. Möglich machten diese Parforceleistung ein Marathon im Auswendiglernen und eine effiziente Prüfungsstrategie. Das Resultat war aber weder nachhaltig noch nützlich. Ein Jahr später hatte ich die flüchtig einverleibte Sprache der alten Römer weitgehend vergessen, und im Medizinstudium habe ich das Latein kaum je gebraucht. Zu meinem Leidwesen ist das Auswendiglernen in der Schule nach wie vor sehr verbreitet, denn diszipliniertes Auswendiglernen ist der Königsweg zu guten Prüfungsnoten und einer erfolgreichen Schulkarriere. Es fällt uns auch schwer, eine kritische Haltung zum Auswendiglernen einzunehmen, mussten wir selbst als Schüler so viel auswendig lernen. Soll das alles für die Katz gewesen sein? Geradezu gravierend und unpädagogisch ist die Vorstellung, Auswendiglernen sei Lernen und führe zu Verstehen. Auswendiglernen allein macht die Kinder nicht klüger.

Bildungsforscher weisen aber darauf hin, dass sich genau dies seit PISA deutlich verändert hat. Wer nur auswendig gelernt, aber nichts begriffen hat, der hat in den PISA-Tests nicht gut abgeschnitten.

Dies ist wirklich eine der Stärken der PISA-Studien: Es wird nicht wie in den Schulprüfungen auswendig gelerntes Wissen abgefragt, sondern Kenntnisse mit nachhaltiger Qualität (siehe Bildungsinstitutionen). Ich betrachte Auswendiglernen als Zeitverschwendung. Auswendiglernen zur Aneignung von Wissen ist heutzutage eine falsche Strategie, denn Information kann überall bezogen werden. Dazu braucht es lediglich den Zugang zu den Informationsquellen wie Internet. Was wir anstreben sollten, ist, dass sich die Kinder gute vernetzte Kenntnisse aneignen, was weit mehr ist als memoriertes Wissen. Wir wollen doch Kinder, die verstehen (siehe Teil I).

Eine Umfrage unter erfolgreichen Lehrkräften (Moser und Tresch 2003) hat ergeben, dass die alte Weisheit nach wie vor Gültigkeit hat: » Übung macht den Meister. « Ohne das Wiederholen, Vertiefen und Automatisieren von Inhalten kommt das Kind nach Ansicht dieser Praktiker nicht weiter.

Üben im Sinne von interaktiv Erfahrungen machen ist sinnvoll, aber nicht als monotones Wiederholen. Wenn beim Üben Erfahrungen und Einsichten mit bereits vorhandenen Fähigkeiten und Wissen verwoben werden, dann macht Üben Sinn und ist auch notwendig (siehe Teil I). Nur durch Vernetzung des neu Gelernten mit bereits Bestehendem erweitert sich das Verständnis und bleiben Einsichten langfristig erhalten. Dies setzt voraus, dass das Üben eben nicht mechanisch, sondern durch das Kind selbstbestimmt und aktiv geschieht. Es muss also dort mit dem Lernen ansetzen, wo es entwicklungsmäßig steht. Das ist die große Herausforderung für die Lehrerin, denn jedes Kind steht an einem anderen Ort. Auch eigene Lernstrategien kann sich das Kind nur durch selbstbestimmtes Handeln aneignen, indem es eigenständig herausfindet, welche Vorgehensweise erfolgreich ist und welche nicht. So lernt es, wie es am wirkungsvollsten lernen kann.

Die besagten erfolgreichen Praktiker erklären, dass die schulischen Leistungen mit spannendem, spielerischem, gelegentlich aber auch hartnäckigem Üben eindeutig besser werden. Würden Sie das bestreiten?

Dass Leistungen automatisch besser sind, wenn länger geübt wird, würde ich sehr bestreiten, doch davon gehen viele Schulen aus. Was sich verbessert, sind lediglich die Prüfungsnoten, aber nicht das Begreifen. Dieser weitverbreitete Glaube drückt sich auch in der Anzahl der Stunden aus, die einem Fach zugedacht ist. Doch ist diese Wirksamkeit nicht eher ein viel beschworener Mythos als eine empirisch abgesicherte Tatsache? Ich stimme hier mit Manfred Prenzel, dem Leiter der deutschen PISA-Studien überein, der hier ein paar große Fragezeichen setzt und der Meinung ist, dass sich ein beträchtlicher Teil der Stunden streichen ließe, ohne dass die schulischen Leistungen abfallen würden (Prenzel 2008). Denn jene Schüler, die schon auf dem oberen Leistungsniveau angekommen sind, wären vermutlich auch mit weniger Lektionen dorthin gekommen. Und die anderen, die es nicht geschafft haben, würden es auch mit einem größeren Stundenaufwand nicht auf dieses Niveau schaffen (siehe Teil III Mathematik).

Hausaufgaben sind eine Spezialform des Übens, über deren Sinn immer wieder gestritten wird. Für die einen sind sie ein unverzichtbares Mittel zur Festigung des Lernstoffs, andere halten sie für eine Art Hausfriedensbruch (Meyer 2007). Wann sind aus Ihrer Sicht Hausaufgaben sinnvoll?

Wenn Hausaufgaben phantasievoll gemacht sind und in der nächsten Schulstunde auch abgerufen werden, können sie durchaus sinnvoll sein. Sie bereiten den Schülerinnen und Schülern sogar Spaß, wenn sie methodisch attraktiv gestaltet sind. Den Schülern qualitativ gute Aufgaben mit nach Hause zu geben und sie anschließend auch zu überprüfen ist aufwendig und daher für den Lehrer keine Entlastung, sondern eine Mehrbelastung. Keine Rechtfertigung für Hausaufgaben sehe ich jedoch dann, wenn sie noch Stoff vermitteln sollen, den der Lehrer im Unterricht nicht unterbringen konnte. Oder wenn die schwächeren Kinder dadurch aufholen sollen, was sie in der Schulstunde nicht geschafft haben. Und auf gar keinen Fall sollten Hausaufgaben der Leistungskontrolle und Zensurierung dienen.

Warum auch die Schule erziehen und sozialisieren muss

Insbesondere konservative Kreise haben stets die Formel vertreten: Erziehung ist Sache der Familie, Bildung ist Sache der Schule. Wer ist für die Sozialisierung der Kinder und Jugendlichen verantwortlich? Sind es nur die Eltern oder ist es auch die Schule?

Ich frage mich, ob diese Formel je gegolten hat. Diese Leute gehen davon aus, dass die Eltern in der Vergangenheit mehr Verantwortung für ihre Kinder übernommen haben, aber ich bezweifle das. Früher wurden Kinder sehr viel stärker durch eine Gemeinschaft bestehend aus Bezugspersonen der Verwandtschaft und aus dem Bekanntenkreis sowie durch Geschwister und zahlreiche andere Kinder erzogen. Hinzu kommt, dass mit dem Älterwerden die Kinder immer weniger in der Familie und immer stärker durch ihr Umfeld sozialisiert werden, und damit auch durch die Schule (Teil II Sozialisierung). Heute verbringt ein Kind während der obligatorischen Schuljahre bis zu 10 000 Stunden in der Schule. Da ist es schlicht unmöglich, die Verantwortung dafür, dass Kinder fleißig, ordentlich und anständig sind und möglichst keine Probleme machen – wie Lehrer ihre Schüler gern hätten –, nur bei der Familie zu suchen. Die Schule wird zukünftig sogar mehr Verantwortung auch außerhalb des Unterrichts übernehmen müssen. In der Schweiz sind 75 Prozent der Mütter schulpflichtiger Kinder berufstätig. 40 Prozent dieser Kinder sind nach der Schule unbeaufsichtigt. Sie essen über Mittag allein zu Hause, meistens Junkfood, und dann sitzen sie vor dem Fernseher, vor der Spielkonsole oder sie hängen auf der Straße herum. Eine Alternative kann die Tagesschule mit Mittagstisch und einer Betreuung nach der Schule anbieten. Die Kinder werden gesund ernährt und essen in einer Gemeinschaft. Sie können in einer kindgerechten Umgebung mit anderen Kindern spielen und unter pädagogischer Aufsicht ihre sozialen und anderen Kompetenzen entwickeln.

Kinder brauchen andere Kinder.

Kinder werden also zwangsläufig auch in der Schule sozialisiert. Die Frage ist nur: wie?

Wir alle wissen aus eigener Erfahrung: Was in den Schulstunden und außerhalb geschieht, sind langjährige und tief greifende Erfahrungen, die uns in unserem Sozialverhalten prägen. Ich erinnere mich an einen Mitschüler in der Grundschule, dessen Familie aus einem Kriegsgebiet geflüchtet war. Er war verschüchtert und sehr aggressiv gegenüber den anderen Kindern. In den Zeichenstunden malte er vorzugsweise Panzer und Gewehre. Mit der Art und Weise, wie unsere Lehrerin mit diesem Jungen umging, weckte sie bei uns Schülern Verständnis für seine traumatischen Erfahrungen und sein Verhalten. Ein Kind verinnerlicht, wie der Lehrer mit ihm und mit den anderen Kindern umgeht, gerade auch mit jenen, die in ihrem Verhalten schwierig sind und Lernschwächen haben. Ob sie wollen oder nicht: Lehrer haben eine Vorbildfunktion und wirken auf vielfältige Weise auf ihre Schüler ein. Heidemann (2007) zeigt in seinem Lehrbuch auf, wie Lehrer das eigene Beziehungsverhalten wie auch dasjenige der Schüler bewusster wahrnehmen und auch gestalten können. Starke Vorbilder sind auch die anderen Kinder, insbesondere die älteren. Die Erfahrungen, die ein Kind mit ihnen macht, ob zum Beispiel Kinder aus Migrationsfamilien ausgegrenzt oder ihnen mit Verständnis und Interesse begegnet wird, prägen es in seinem Verhalten und in seinen Wertvorstellungen. Wie gehen Jugendliche mit Erpressung durch Mitschüler oder mit Versuchungen wie Haschisch und Alkohol um? Und wie mit Sexualität? Es gibt keine problemfreie Schule. Konflikte sind dazu da, sinnvoll ausgetragen zu werden und zur sozialen Kompetenz der Kinder beizutragen. Es besteht leider eine zunehmende Tendenz, die Unterweisung im Umgang mit solchen Konflikten an Fachleute wie Psychologen und Sozialpädagogen zu delegieren. Sie sollen den Jugendlichen zeigen, wie diese mit ihren Problemen umzugehen haben, um sich sozial verträglich zu verhalten. Doch damit ist unterschwellig eine fatale Botschaft verbunden: Wir Lehrer kümmern uns nicht um eure Probleme oder sind unfähig, damit umzugehen. Vermeiden lässt sich diese Botschaft nur, wenn die Lehrkräfte sich aktiv an solchen Veranstaltungen beteiligen. Sie müssen Verantwortung übernehmen und den Schülern ein starkes Signal vermitteln: Wir interessieren uns für eure Anliegen und Sorgen und wollen euch unterstützen. Damit die Konflikte erfolgreich gelöst werden, muss auf beiden Seiten Vertrauen herrschen und damit – einmal mehr – eine Beziehung bestehen. Wenn es nicht gelingt, den Schulalltag gemeinsam erfolgreich zu bewältigen, hat die Schule versagt.

Genau solche Forderungskataloge regen Lehrerinnen und Lehrer auf. Sie klagen, dass sie ihren Kernauftrag, nämlich das Unterrichten, immer weniger wahrnehmen können. Stattdessen sehen sie sich immer häufiger in die Rolle von Ersatzeltern und Sozialarbeitern gedrängt. Stellen Sie hier nicht Ansprüche, an denen die Lehrkräfte fast zwangsläufig scheitern müssen?

Ja und Nein. Für mich gilt: Die Schule hat eine erzieherische Verantwortung. Es ist nicht zu bestreiten, dass den Lehrerinnen und Lehrern immer mehr aufgebürdet wird. Die Unterrichts- und Betreuungszeiten lassen sich nicht beliebig ausdehnen, also müssen neue Arbeitsmodelle gefunden werden. Ich kenne Schulen, die das Problem so gelöst oder zumindest entschärft haben, indem die Unterrichtszeit für den einzelnen Lehrer zugunsten der Betreuungszeit reduziert wurde. Ich bin überzeugt davon, dass etwas weniger Unterricht und stattdessen mehr Betreuung über Mittag und nach der Schule eine zeitliche Investition ist, die für Kind und Lehrer einen Gewinn darstellt. In diese Richtung geht auch der Vorschlag, dass Lehrer nicht nur die Unterrichtsstunden, sondern ihre gesamte Arbeitszeit in der Schule verbringen. Wenn ein Lehrer seine Vorbereitungs- und Korrekturarbeiten im Klassenzimmer macht, kann er nicht ganz so effizient wie zu Hause arbeiten, ist jedoch vermehrt verfügbar für die Schüler, weil sich so Kontaktmöglichkeiten außerhalb des Unterrichts ergeben. Ich kenne Lehrer und Lehrerinnen, die auf diese Weise regelmäßigen Kontakt zu ihren Schülern vor und nach dem Unterricht haben. Diese vertiefte Beziehung wirkt sich für beide Seiten positiv aus, für den Lehrer im Unterricht und für die Schüler in der Leistung.

Es gibt Lehrer, die sagen, dass sie gerade bei schwierigen Schulklassen zum Beispiel die Mittagszeit für sich selber benötigen,

um wieder etwas Distanz zu gewinnen und um sich erholen zu können. Ist das nicht nachvollziehbar?

Ich bleibe dabei: Beziehung kommt vor Erziehung. Gerade in Ganztagsschulen, wo die Lehrer über Mittag in der Schule bleiben und zusammen mit den Kindern essen und diskutieren, kann der Unterricht auch für die Lehrer als Folge davon spannungsfreier werden. Ein Lehrer, der mit seinen Schülern auch mal über Fußball, Popstars oder andere Dinge redet, die sie interessieren, wird anders unterrichten als zuvor, denn die Beziehung zwischen ihm und den Schülern hat sich verändert. Ein Lehrer, der nach dem Unterricht mit den Schülern Mannschaftsspiele organisiert, erfüllt eine wichtige Erziehungsaufgabe.

In den letzten Jahren hat die Schule der Förderung und Beurteilung von Sozialkompetenz deutlich mehr Gewicht beigemessen (Eisner 2007). In einzelnen deutschen Bundesländern wird das Sozialverhalten nach den Kriterien Leistungsbereitschaft, Selbstständigkeit, Zuverlässigkeit, Sorgfalt, Verantwortungsbereitschaft, Kooperationsfähigkeit und Konfliktverhalten benotet. Ist das sinnvoll?

Für mein Empfinden sind die Kriterien, die von der Schule als wesentlich erachtet werden, zu eng gefasst. Begriffe wie Leistungsbereitschaft oder Zuverlässigkeit definieren eine erwünschte Arbeitshaltung in der Schule. Soziale Kompetenz ist aber weit mehr. Es geht um ein Beziehungsverhalten, wie es sich wohl die Mehrheit in unserer Gesellschaft wünscht. Dazu gehört das Übernehmen von Verantwortung, was der Jugendliche in der Schule nur lernt, wenn er auch selbstverantwortlich handeln kann. Sinnvolle Strategien für den Umgang mit Konflikten kann der Jugendliche nur erwerben, wenn er dazu in der Schule angeleitet wird. Teamfähigkeit ergibt sich erst, wenn die Schule den Unterricht entsprechend strukturiert und Erlebnisse ermöglicht, die herausfordern und den Teamgeist fördern. Ein konstruktiver Umgang mit Risikoverhalten, Gewalt, Drogen und Alkohol kann nur entstehen, wenn ein Verständnis für ihre eigene Lebenssituation und diejenige von Jugendlichen, die an den Rand der Gesellschaft abgedrängt werden, in Diskussionen angestrebt wird. Wahre soziale Kompetenz kann doch nicht allein aus einer positiven Arbeitshaltung und großer Leistungsbereitschaft bestehen. Dazu gehören Fähigkeiten im Beziehungsverhalten, die nur aus dem Umgang von Lehrern und Schülern in gemeinsamen Erfahrungen und erfolgreicher Konfliktbewältigung entstehen können. Opp und Teichmann (2008) beschreiben anschaulich, wie Jugendliche mit sogenannten Helfersystemen und Peergroup-Counselling ihre sozialen Kompetenzen verbessern können.

Die Schule steckt offensichtlich in einem Zielkonflikt zwischen Leistungsdenken und sozialer Integration. Viele Eltern und auch Wirtschaftsvertreter verlangen, dass Schule vor allem das Leistungsdenken und den Wettbewerb fördern sollte, damit Kinder möglichst gute Chancen im gesellschaftlichen und globalen Konkurrenzkampf haben.

Wir können nicht über die Schule diskutieren, ohne grundlegende Werte anzusprechen und Prioritäten zu setzen. Gesellschaft, Wirtschaft und selbst die Pädagogik orientieren sich zunehmend an ökonomischen Kriterien. Es wird immer mehr verglichen, und das heizt zwangsläufig den Wettbewerb an. Doch lehrt die Schule nur noch den Wettbewerb, brauchen wir uns nicht zu wundern, wenn auch später nur eines in der Arbeitswelt gilt: jeder gegen jeden. Wollen wir dies nicht, brauchen wir eine Schule, die auch Solidarität lehrt, in der jede und jeder seinen Platz findet. Das bedeutet Rücksichtnahme auf die Schwächeren und Verantwortungsgefühl bei den Stärkeren. In der Kleinfamilie lässt sich Gemeinschaft und ihre Bedeutung kaum mehr leben. Deshalb braucht man hier die Schule als Gegengewicht. In unserer Gesellschaft legen wir immer mehr Wert auf eine Moral, die den Schwächeren diktiert, wie sie sich zu verhalten haben, damit sie die Stärkeren nicht stören. Was wir aber vor allem brauchen, ist eine Ethik der Stärkeren, ein Verantwortungsgefühl gegenüber den Schwächeren. Solch ethisches Verhalten muss bereits in der Schule gelehrt werden.

Problematisch ist die Sozialisierung vor allem in der Pubertät. Worin besteht die Verantwortung der Schule und der Gesellschaft für Jugendliche zwischen 12 und 18 Jahren?

Immer mehr Jugendliche bekommen vermittelt, dass sie in dieser Gesellschaft gar nicht erwünscht sind. Doch Schule und Gesellschaft sollten Jugendliche in ihren Bemühungen besser unterstützen, damit sie in die Welt der Erwachsenen hineinwachsen können, beruflich, ökonomisch, sozial und politisch. Dieser Prozess setzt bei uns Erwachsenen Vertrauen in die Jugendlichen voraus und die Bereitschaft, Ärger und Unannehmlichkeiten vonseiten der jungen Menschen in Kauf zu nehmen, was keineswegs heißt, dass wir sie vorbehaltlos akzeptieren sollten. Wenn die Jugendlichen jedoch selbstständige und verantwortliche Erwachsene werden sollen, dürfen sie auch Fehler machen. Die Erwachsenenwelt diktiert, unter welchen Rahmenbedingungen sie sich treffen können. Fehlen den Jugendlichen Freiräume, müssen sie in einen diffusen öffentlichen Raum ausweichen, in Bahnhofshallen, teure Discos, Open Airs oder Shopping-Malls. Aktuell stößt kollektives Rauschtrinken auf allgemeines Unverständnis in der Öffentlichkeit und ist gewissermaßen eine weitere Bestätigung, wie unvernünftig Jugendliche sein können. Jugendliche, die sich in Zürich zu einem Botellón trafen, wurden gefragt, weshalb sie daran teilnehmen. Man komme leichter in Kontakt mit anderen Jugendlichen und vor allem dem anderen Geschlecht und habe dazu noch das Gefühl, etwas Verbotenes zu tun. Wichtiger als der Alkohol sei ihnen, mit Freunden zu quatschen, einen Ort für sich zu haben, um neue Leute kennenzulernen, aber auch, um von den Erwachsenen nicht behelligt und finanziell nicht ausgenommen zu werden. Dringend nötig wären mehr Begegnungsstätten für Jugendliche ohne kommerzielle Ausbeutung, wo die jungen Menschen ohne Aufsicht Erfahrungen machen können. Jugendliche brauchen solche Freiräume, um ihre Kultur mit Ritualen, Wertvorstellungen und gemeinsamen Interessen leben zu können. Dazu können Schulen und vor allem Ganztagsschulen mit Betreuung einen wichtigen Beitrag leisten und so der sozialen Desintegration entgegenwirken.

Müsste man hier nicht eine Lanze für die 600 000 deutschen sowie die je 100 000 Vereine in Österreich und der Schweiz brechen, weil sie womöglich zu den besten sozialen Integratoren von Jugendlichen gehören?

Absolut. Vereine, die unterschiedlichste Interessenbereiche bei den jungen Menschen ansprechen, erfüllen diese wichtige Funktion. Sie haben für viele Jugendliche den großen Vorteil, dass der Vorwand für das Zusammenkommen bereits gegeben ist, beispielsweise durch das gemeinsame Musizieren. Man kann hingehen, beobachten, mitmachen, Beziehungen knüpfen, sich ein soziales Netz schaffen. Unter anderem kann man das andere Geschlecht kennenlernen, ohne dass man gleich unter Druck gerät, eine Beziehung eingehen zu müssen. Ich konnte wichtige soziale Erfahrungen in der Pfadfinderbewegung machen. Ich habe frühzeitig gelernt, für jüngere Kinder Verantwortung zu übernehmen und mit ihren Eltern eine vertrauensvolle Beziehung aufzubauen. Ich lernte zu planen, indem ich mir beispielsweise überlegen musste, was meine Gruppe am nächsten Samstagnachmittag Sinnvolles machen könnte und wie diese Aktivitäten zeitlich und örtlich zu organisieren seien. Ein wichtiger Punkt, damit diese Form der Integration gelingen kann, ist: Jugendliche müssen Zugang zu Vereinen und Organisationen bekommen. Dies darf nicht nur den Familien und dem Zufall überlassen bleiben. Die Tagesschulen können da mithelfen.

Warum soll der Schule eine gute Sozialisierung der Schüler gelingen, wenn sich zugleich die Gesellschaft immer stärker individualisiert?

Individualisierung ist aus meiner Sicht kein Widerspruch zu Solidarität gegenüber der Gemeinschaft. Individualisierung, also die Selbstverwirklichung des einzelnen Menschen bezüglich seiner Begabungen, führt nicht notwendigerweise auch zu einer egoistischen Lebenshaltung. Diese entsteht vielmehr aus mangelnden oder falschen Beziehungserfahrungen. Es trifft zu, dass die soziale und ökonomische Unabhängigkeit des Individuums zugenommen hat, was in der Tendenz dazu führt, dass die zwischenmenschlichen Beziehungen unverbindlicher werden. Doch umso wichtiger scheint es mir zu sein, dass Kinder und Jugendliche in der Schule zur Gemeinschaft erzogen werden. Als Erwachsene werden sie sich nur dann solidarisch verhalten, wenn sie in der Kindheit diese Haltung verinnerlicht haben. Haben sie in ihren ersten

20 Lebensjahren die emotionale Sicherheit und Wertschätzung erlebt, die ihnen die Gemeinschaft geben kann, werden sie sich auch später solidarisch verhalten. Deshalb sind Sozialisierung und Hinführen zu solidarischem Verhalten elementare Aufgaben der Schule. Die Schule ist das Vorzimmer der Gesellschaft: Hier lernen die zukünftigen Bürger, wie man miteinander umgehen sollte.

Das Wichtigste für die Schule

1. Eine kindorientierte Schule strebt folgende Ziele an:
   Das Kind:
   - verfügt über ein gutes Selbstwertgefühl;
   - kann alle seine Kompetenzen entwickeln;
   - lernt seine Stärken einzusetzen;
   - kann mit seinen Schwächen umgehen und sie akzeptieren;
   - eignet sich Lernstrategien an;
   - verfügt über Wissen und Fertigkeiten;
   - ist sozial kompetent und kann sich solidarisch verhalten.

2. Eine kindorientierte Schule:
   - bemüht sich um eine ganzheitliche Förderung der Kinder;
   - orientiert sich an ihren Bedürfnissen und den Gesetzmäßigkeiten ihrer Entwicklung.

3. Die Schule sollte nicht nur ausbilden, sondern auch bilden. Bei der Bildung geht es um die Bedeutung, die wir der Welt, dem menschlichen Leben und letztlich uns selbst zuschreiben. Die Vermittlung ethischer Werte ist auch Aufgabe der Schule.

4. Die Vorteile des individualisierten Unterrichts für das Kind sind:
   - seine Lernmotivation bleibt erhalten;
   - es lernt auch durch Lehren, indem es anderen Kindern hilft;
   - es entwickelt seine soziale Kompetenz.

5. In einem individualisierten Unterricht:
   - berücksichtigt der Lehrer den Entwicklungsstand und das Leistungsvermögen des Kindes;
   - hat der Lehrer fundierte Kenntnisse darüber, wie sich die Kompetenzen (zum Beispiel das Zahlenverständnis) entwickeln;
   - setzt der Lehrer differenzierte Beurteilungsinstrumente (Kompetenzraster, Portfolio) ein, um Anforderungen und Arbeitsmaterial der jeweiligen Lernstufe des Kindes anzupassen.

6. Die Integration aller Kinder, vor allem aber der schwächeren, in eine Regelklasse gelingt, wenn:
   - alle Kinder sozial integriert sind;
   - der Leistungsanspruch kein Kind sozial ausgrenzt;
   - die Anforderungen dem individuellen Leistungsvermögen angepasst sind.

7. Aktives und selbstbestimmtes Lernen:
   - vernetzt neues Wissen und Fertigkeiten mit bisherigem;
   - befriedigt und stärkt das Kind, weil es eigenständig Leistung erbringen kann;
   - hält das Kind initiativ, kreativ und eigenverantwortlich.

8. Hausaufgaben sind sinnvoll:
   - zur Nachbereitung und Übung des zuvor Gelernten;
   - zur Vorbereitung des Unterrichts;

   Aber nur dann, wenn sie methodisch sinnvoll gestaltet sind und sorgfältig überprüft werden.

9. Hausaufgaben sind nicht sinnvoll:
   - wenn Stoff nachgeholt werden muss, der im Unterricht nicht vermittelt wurde;
   - wenn schwächere Kinder aufholen sollen, was sie im Unterricht nicht geschafft haben;
   - wenn Hausaufgaben zur Leistungskontrolle und Benotung missbraucht werden.

10. Die Schule hat einen erzieherischen Auftrag, denn in den meisten Kleinfamilien kann das Kind und vor allem der Jugendliche nicht mehr alle notwendigen sozialen Erfahrungen machen.

11. Die Schule sozialisiert das Kind durch:
    - die Art und Weise, wie die Beziehungen zwischen Lehrern, Kindern und Eltern gestaltet werden;
    - die Vorbildfunktion, die Lehrer und andere Kinder ausüben;
    - den verbindlichen Umgang mit Regeln, Rechten und Pflichten von Schülern und Lehrern;
    - das Übernehmen von Verantwortung, indem das Kind selbstverantwortlich handeln darf;
    - die Förderung gemeinschaftlichen Verhaltens.

12. Die Schule trägt zur sozialen Kompetenz der Kinder bei, indem sie:
    - sinnvolle Strategien für den Umgang mit Konflikten vermittelt;
    - einen konstruktiven Umgang mit Risikoverhalten aufzeigt (Gewalt, Drogen und Alkohol);
    - solidarisches Verhalten fördert (Verständnis und Interesse für andere, Rücksichtnahme auf die Schwächeren und Verantwortungsgefühl bei den Stärkeren).

13. Die Schulen werden zukünftig mehr Verantwortung für die Betreuung und Erziehung übernehmen müssen bezüglich:
    - Ernährung;
    - Betreuung außerhalb des Unterrichts;
    - entwicklungsgerechtem Freizeitangebot unter kompetenter pädagogischer Aufsicht.

14. Für eine sinnvolle Integration von Unterricht, Betreuung und Freizeitgestaltung müssen neue Arbeitsmodelle entwickelt werden:
    - Lehrer werden durch Fachleute wie Sozialpädagogen unterstützt;
    - Lehrer unterrichten nicht nur, sondern beteiligen sich auch an der Betreuung;
    - Lehrer verbringen ihre gesamte Arbeitszeit in der Schule.

Lehrer

Was einen guten Lehrer ausmacht

Den jährlichen Umfragen des Institutes für Demoskopie Allensbach zufolge ist das Ansehen der Grundschullehrer in Deutschland seit 1990 deutlich gestiegen, zwischen 2003 und 2008 stärker als in jedem anderen Beruf, und liegt heute über jenem von Unternehmern, Rechtsanwälten, Ingenieuren, Botschaftern und Studienräten, Politikern und Journalisten (IfD 2008). Und doch fühlen sich die meisten Lehrer nicht ausreichend geachtet. Wie ist die Diskrepanz zwischen der Befindlichkeit des Berufsstandes und seinem hohen gesellschaftlichen Prestige zu erklären?

Die Zunahme an Wertschätzung ist bei der Lehrerschaft offensichtlich noch nicht angekommen. Das höhere Ansehen dürfte an der enorm gestiegenen Bedeutung liegen, den die Ressource Bildung seit der Epochenwende 1989/90 erfahren hat. Mit dem Durchstarten der Globalisierung nach dem Mauerfall ist die Bedeutung der Schule stark ins Blickfeld gerückt. Die Gesellschaft sieht sich mit einem Bildungs- und Erziehungsnotstand konfrontiert, und über alle schulpolitischen Differenzen hinweg ist jedem klar, dass die Lehrer eine wichtige Rolle beim Beheben dieses Notstands zu spielen haben. Wer sonst, wenn nicht sie?

Eine weitere Studie hat allerdings auch aufgezeigt, dass nicht weniger als 60 Prozent der Lehrerinnen und Lehrer als Folge ihres Berufes mehr oder weniger psychisch beeinträchtigt sind, weil sie sich entweder über alle Maßen verausgaben oder aber frustriert den Rückzug in die Resignation angetreten haben (Schaarschmidt 2005). Auch viele junge Lehrer trauen sich nicht zu, nach ihrer Ausbildung eine Anstellung als Klassenlehrer zu übernehmen. Was stimmt nicht mit diesem Berufsstand?

Als Lehrer 5, 6 oder 7 Stunden am Tag vor einer Klasse zu stehen, und zwar größtenteils als einziger Erwachsener, ist zu einer extrem anspruchsvollen Aufgabe geworden. Die Anforderungen an Lehrerinnen und Lehrer sind in den letzten 20 Jahren deutlich gestiegen, sowohl in fachlicher und sozialer Hinsicht als auch was die Vorbereitung und Weiterbildung betrifft. Die Rahmenbedingungen sind ebenfalls schwieriger geworden, weil unter anderem die Klassen heute wieder größer und vor allem auch heterogener sind (Rüesch 1999). Hinzu kommt, dass die Lehrer wenig Anerkennung und aufmunternde Signale aus Bildungspolitik und Verwaltung erhalten, sondern spätestens seit PISA von einer Reform in die nächste gehetzt werden, was in der Lehrerschaft zusätzliche Verunsicherung und einen enormen bürokratischen Leerlauf auslöst. Stark gestiegen sind schließlich die Ansprüche der Eltern, die Beurteilungen ihrer Kinder von Lehrern nicht mehr als gottgegeben hinnehmen. Dass solche Umstände einen beträchtlichen Teil der Lehrerinnen und Lehrer an den Rand des Erträglichen bringt, finde ich nur verständlich, und gerade wer die Erfahrung des Unterrichtens selber nie gemacht hat, sollte deshalb umso vorsichtiger mit raschen Urteilen über einen ganzen Berufsstand sein.

Und wo hört Ihr Verständnis auf?

Es stimmt natürlich sehr nachdenklich, wenn zum Beispiel der Erziehungswissenschaftler Ulrich Herrmann sagt, dass er »auf Schritt und Tritt Lehrer antrifft, die Kinder nicht mögen und weder gewillt noch imstande sind, sich auf sie einzulassen« (*Spiegel* 2003). Es gibt Lehrer, die ihre Schüler als »Rotz an meinem Ärmel« empfinden und die ganze Klasse als einen einzigen großen Störfaktor. Dahinter verbirgt sich nicht selten ein Gefühl des Beleidigtseins. Insbesondere Gymnasiallehrer glauben immer wieder, die Schüler seien zu doof, um ihre grandiosen fachlichen Fähigkeiten würdigen zu können. Die Frage ist bloß, ob hier jemand unterrichtet, der im Grunde lieber eine wissenschaftliche Karriere gemacht hätte, anstatt vor einer Klasse zu stehen, die ihn pädagogisch herausfordert. Es macht die Sache auch nicht besser, wenn es heißt, der Betreffende müsse ja bloß noch ein paar Jahre bis zu seiner Pensionierung ausharren. Für die Kinder ist jedes schlechte Jahr eines zu viel. Die offensichtlich unbegabten Lehrer sollten wir unseren Kindern ersparen. Gleichwohl steht außer Frage: Die Rahmenbedingungen für die Lehrerinnen und Lehrer müssen verbessert werden, ebenso ihr Berufsbild, und zwar so, dass es wieder Freude macht, Lehrerin oder Lehrer zu sein – denn nur so kann es den Schülern gut gehen.

Bei jeder Diskussion über Schule kommt man irgendwann zu der Einsicht, dass die besten Strukturen wenig nützen ohne gute Lehrkräfte. Was ist aus Ihrer Sicht ein guter Lehrer?

Die Grundvoraussetzung für eine kindgerechte Lehrtätigkeit ist für mich der Eros paedagogicus. Man muss Kinder gern haben, sich für ihr Wesen und ihre Entwicklung interessieren, eine Befriedigung darin finden, wenn sie sich gut entwickeln und man sie dabei unterstützen kann. Gute Lehrer mögen nicht nur die leistungsstarken, sondern auch die schwachen Kinder. Sie wissen, wie Kinder ticken und wie mit ihnen erzieherisch umzugehen ist. Sie freuen sich am Erfolg der Kinder und sind nicht persönlich beleidigt, wenn ein Kind etwas nicht begriffen hat. Das mag vielleicht banal klingen, doch es ist bedauernswert, dass man diese fundamentalen Voraussetzungen in der pädagogischen Diskussion

Freude am Kind und seinen Fortschritten und nicht nur am Fach.

kaum noch für erwähnenswert hält. In der heutigen Pädagogik dominieren Fachwissen, Methodik und Didaktik. Doch ein Lehrer, der keine gute Beziehung zu einem Schüler aufbauen kann, wird nie ein guter Lehrer sein. Nicht nur für mich, auch für die Mehrheit der Eltern ist klar: Ein Lehrer unterrichtet in erster Linie Kinder und nicht Fächer. Das gilt für alle Schulstufen. Wenn ein Gymnasiallehrer meint, er könne sich im Gegensatz zu einem Grundschullehrer ausschließlich auf sein Fach konzentrieren, dann irrt er sich. Gerade in der Sekundarstufe beklagen sich Jugendliche immer wieder über ungenügende oder gar fehlende Beziehungen zu ihren Lehrern. Im Übrigen lässt sich die Beziehungsebene weder in der Familie noch im Berufsleben ohne nachteilige Folgen ausklammern. Das gilt auch für die Schule.

Wie kann man den Lehrberuf wieder attraktiver machen?

Anstatt die Lehrerinnen und Lehrer auf Fachlehrer zu reduzieren, sollte man ihnen wieder ermöglichen, das zu machen, was sie können und meist auch machen möchten, nämlich sich mit Kindern zu befassen. Damit bekommt der Lehrberuf wieder sein ursprüngliches und hoffentlich auch zukunftsorientiertes Profil. Das Fach erlaubt den Lehrern zumeist nur sehr beschränkte eigene Entwicklungsmöglichkeiten. Ein Lehrer jedoch, der sich als Entwicklungsspezialist für Kinder und Jugendliche begreift, wird sich genauso wenig langweilen wie ein Kinderarzt. Wie gehe ich am besten mit einem Kind um, das eine Leseschwäche hat? Wie bringe ich ein zurückhaltendes Kind auf Touren, und was kann ich einem begabten Kind bieten, damit es sich nicht langweilt? Jedes Kind ist einmalig. Kinder werden so zu einem lebenslangen Thema. Die pädagogische und nicht nur die fachliche Kompetenz sollte das wichtigste Karrierekriterium sein und dann auch finanziell entsprechend honoriert werden.

Warum die Beziehung so wichtig ist

Einer ihrer zentralen Grundsätze ist, dass ein Kind nur dann gut lernen kann, wenn es sich geborgen und angenommen fühlt. Wie soll das einem Lehrer gelingen, wenn er mindestens 20 Kinder zu unterrichten hat? Ist das nicht völlig unrealistisch?

Ob der Lehrer seinen Schülern einigermaßen gerecht werden kann, hängt von der Größe und Zusammensetzung der Klasse ab. Ist diese zu groß oder zu heterogen, so ist es für den Lehrer schwer oder sogar unmöglich, für alle Kinder emotional ausreichend verfügbar zu sein. Die Frage der Klassengröße ist vordergründig eine finanzpolitische, letztlich aber eine gesellschaftliche Entscheidung, denn sie bestimmt die Qualität der Schule wesentlich mit. Ich will an dieser Stelle nur aus der Sicht der kindlichen Bedürfnisse argumentieren, und das heißt: Wie die Nahrung zum Wachsen braucht das Kind Geborgenheit und Zuwendung, um sich zu entwickeln. Diese Aussage der Bindungsforschung (Bowlby 1975, 1979; Brisch 2002) würden weder Fachleute noch Laien für die ersten Lebensjahre und das Aufwachsen in der Familie in Zweifel ziehen. Warum sollte dieses Bedürfnis mit dem Eintritt in die Schule plötzlich verschwunden sein oder auf die Familie beschränkt bleiben? Für das Kind ist der Lehrer eine Bezugsperson, es will also von ihm als Person und nicht nur seiner Leistungen wegen angenommen werden. Je jünger ein Kind ist, desto mehr erwartet es, dass der Lehrer emotional zu ihm steht, es beschützt und ihm Hilfe bietet, wenn es sie braucht.

Bedeutet nicht genau dies eine zwangsläufige emotionale Überforderung des Lehrers?

Der emotionale Anspruch, den das Kind an den Lehrer stellt, ist weit kleiner als derjenige, den es in den ersten Lebensjahren von seinen Eltern einfordert. Hinzu kommt, dass die Beziehung zwischen Kind und Lehrer auch wesentlich durch die Beziehung zwischen Lehrer und Eltern bestimmt wird. Je größer die Vertrauensbasis zwischen Lehrer und Eltern ist, je mehr sich die Eltern mit dem Lehrer identifizieren können, umso wohler fühlt sich das

Kind. Um die Bedeutung des Bindungs- und Beziehungsverhaltens auf den Punkt zu bringen: Wohlbefinden und Lernbereitschaft eines Kindes werden erheblich beeinträchtigt, wenn das Kind sich vom Lehrer ignoriert oder gar abgelehnt fühlt, wenn es von anderen Kindern ausgegrenzt wird, oder wenn es spürt, dass die Eltern dem Lehrer gegenüber Vorbehalte haben (Rutter 1980, Vuille 2004).

In den letzten Jahren hat eine starke Tendenz zur Ausbildung von Fachlehrkräften bereits in der Grundstufe eingesetzt. In der Schweiz werden Grundschulklassen mittlerweile von bis zu 6 verschiedenen Lehrkräften unterrichtet, während der klassische Klassenlehrer immer mehr verschwindet. Wie wirkt sich dies auf die Lehrer-Kind-Beziehung aus?

Für den Lehrer wie für das Kind wird es immer schwieriger oder gar unmöglich, eine Beziehung zum anderen aufzubauen. Fachlehrer haben nicht mehr mit einer Klasse zu tun, sondern mit 6 und mehr Klassen, nicht mehr mit 25, sondern mit 100 und mehr Kindern. In diesem System steht das Fach im Mittelpunkt und nicht mehr das Kind. Ist die Beziehung des Lehrers zum Kind nicht mehr tragfähig, muss der Lehrer häufiger disziplinarische Maßnahmen ergreifen und das Kind mehr zum Lernen anhalten. Ein Kind ist weniger lernbereit, wenn es nur eine oberflächliche oder gar keine Beziehung zum Lehrer hat. Das Fachlehrersystem nimmt dem Lehrer auch die Gestaltungsmöglichkeiten in der Klasse und fördert stattdessen die Mentalität, nach absolvierter Lektion möglichst rasch wieder aus der Klasse zu verschwinden. Der Lehrer fühlt sich begreiflicherweise unwohl, weil er die Kinder nicht kennt, und hält sich deshalb möglichst wenig im Klassenzimmer auf. Weil die Rolle des Klassenlehrers durch den Aufbau eines Fachlehrsystems immer mehr geschwächt wird, fühlen sich alle ein wenig, aber niemand mehr ganz für das Kind verantwortlich. Damit die Fachlehrer das einzelne Kind einigermaßen erfassen können, müssen sie einen großen Aufwand an Besprechungen leisten, die oft aber unbefriedigend bleiben, weil niemand das Kind wirklich gut kennt. Ein solches Fachlehrersystem mit zerstückelter Verantwortung verhindert die notwendigen Beziehungen und führt zu einer allgemeinen Separation. Man muss sich ernsthaft fragen, ob ein Teil der Kinder dabei nicht unter emotionaler Vernachlässigung leidet und in seiner Leistungsfähigkeit beeinträchtigt wird.

Wenn bis zu 30 Kinder in einer Klasse sitzen, wird es auch ein begnadeter Lehrer nicht schaffen, zu jedem Kind eine persönliche Beziehung aufzubauen. Was geschieht, wenn sich das Kind nicht geborgen fühlt?

Ist die Klasse zu groß, gehen zwangsläufig einige Kinder verloren, weil sie sich emotional nicht gut aufgehoben fühlen. Doch was muss es für ein Gefühl sein, nicht wahrgenommen zu werden, jeden Tag mehrere Stunden lang, 200 Tage im Jahr, und das unter Umständen gar über Jahre hinweg? Das Kind wird jede Form von Zurechtweisung, auch berechtigte, als Ablehnung empfinden. Es kann verhaltensauffällig werden, den Unterricht stören oder sich innerlich davon verabschieden. Es versucht, die Aufmerksamkeit des Lehrers auf sich zu ziehen, manchmal auch durch aggressives Verhalten. Oder es verkriecht sich. Sich nicht akzeptiert zu fühlen ist ein enormer Stress für Kinder. Sie können dadurch psychosomatisch krank werden und leiden beispielsweise an Schlafstörungen, Bauchschmerzen oder nächtlichem Einnässen. Immer häufiger kommt es zu Schulverweigerungen (Effe 2008). Diese Kinder gehen monate- oder gar jahrelang nicht mehr in die Schule, allgemeine Schulpflicht hin oder her. Im Jugendalter sind belastende Beziehungen neben allgemeinem Leistungsversagen auch eine wichtige Ursache für Selbsttötungen.

Was muss eine Lehrerin tun, damit sich ein Kind geborgen fühlt?

Eine wesentliche Rolle spielen die gemeinsamen Erfahrungen während des Unterrichts. Wie reagiert die Lehrerin auf das Lernvermögen und -verhalten des Kindes – im Vergleich mit den anderen Kindern? Macht das Kind die Erfahrung, dass die Lehrerin es genauso mag wie die anderen Kinder, oder werden gewisse Kinder bevorzugt? Manchen Kindern gibt der Austausch mit der Lehrerin während des Unterrichts die notwendige Zuwendung. Für andere Kinder reicht dies nicht aus. Sie brauchen eine stärkere persönliche Beziehung zur Lehrerin, Gespräche vor und nach dem Unterricht über Dinge, die mit der Schule nichts zu tun haben. Es gibt Kinder, die im Alter von 5 bis 7 Jahren immer noch auf körperliche Nähe angewiesen sind. Sie suchen den Körperkontakt, sitzen der Lehrerin sogar auf dem Schoß. Entscheidend für jedes Kind ist das Gefühl: Die Lehrerin mag mich so wie ich bin. Dieses Gefühl darf durch die Leistung und das Verhalten des Kindes nie infrage gestellt werden. Das Kind als Person sollte für die Lehrerin immer über seiner Leistung und seinem Verhalten stehen.

Und was bedeutet es für den Lehrer, wenn die Beziehung fehlt?
Wenn sich ein Lehrer nicht auf die Kinder einlässt, kommen auf beide Seiten schwierige Zeiten zu. Für den Lehrer wird der Unterricht sehr anstrengend, weil er die Kinder vermehrt disziplinarisch kontrollieren muss. Und vor allem: Wenn er die Kinder emotional nicht annimmt, wird er auch von den Kindern nicht angenommen oder gar abgelehnt. Auf die Dauer können das keine Lehrerin und kein Lehrer aushalten, ohne daran zu zerbrechen. Ist der Lehrer hingegen um eine gute Beziehung besorgt, dann erhält er dafür – ebenso wie die Eltern – viel Zuwendung von den Kindern. Manchmal wird er von den Kindern regelrecht verehrt. Bei Meinungsverschiedenheiten am Mittagstisch haben meine Töchter gelegentlich zum ultimativen Argument gegen den Vater ausgeholt: »Die Lehrerin ist auch unserer Meinung, und sie wird es ja wohl wissen!« Die emotionale Abhängigkeit erklärt auch, weshalb der Lehrer, ebenso wie die Eltern, die Kinder lenken kann.

Wie groß ist die Gefahr der Manipulation bei einer solchen gegenseitigen emotionalen Abhängigkeit?
Diese Abhängigkeit ist nichts Unnatürliches, sondern gehört zum normalen Beziehungsverhalten. Manipulationen können in beiden Richtungen vorkommen. Es gibt Lehrer, welche die emotionale Abhängigkeit der Schüler ausnützen. Ein Lehrer schickt beispielsweise einen Schüler regelmäßig auf Botengänge, wie etwa Zigaretten für ihn am Kiosk zu kaufen. Solches Ausnützen des Schülers ist nie ohne Folgen: Der Schüler kann sich nicht wehren und fühlt sich missbraucht, was sich negativ auf seine Beziehung zum Lehrer und unter Umständen auch auf seine Leistungen auswirken kann. Es

gibt aber auch Kinder, die ein manipulatives Verhalten haben, insbesondere dann, wenn ihnen ein solches von den Eltern anerzogen wurde. Ein solches Kind spürt sehr genau, dass auch sein Lehrer auf Zuwendung angewiesen ist. Wenn dieses Bedürfnis des Lehrers groß ist und er sich emotional nicht klar abgrenzt, kann er erpressbar werden. Er gewährt einem Kind beispielsweise Privilegien oder benotet seine Leistung nicht mehr objektiv.

Eine gute Beziehung ist ja schön und gut, werden sich nun manche Eltern und auch Lehrer sagen, doch letztlich muss die Leistung stimmen. Wie wirkt sich eine beziehungsorientierte Pädagogik auf die Leistungen der Schüler aus?

Die Schüler lernen nicht nur für sich, sondern auch für den Lehrer, weil sie ihn nicht enttäuschen wollen. Können sie einen Lehrer hingegen nicht ausstehen, so werden sie sich auch nicht für ihn ins Zeug legen. Eine vertrauensvolle Beziehung zwischen Kind und Lehrer ist also eine wichtige Grundlage für den Lernerfolg. Die Qualität der Beziehungen ist aber noch von weit größerer Bedeutung.

Gut dokumentierte Studien zeigen: Je besser die Beziehungen unter den Kindern sind, desto besser lernen sie. Je stabiler die Zusammensetzung der Klasse ist und je vertrauter die Kinder miteinander sind, desto wohler fühlt sich das einzelne Kind. Es wirkt sich also auch auf die Leistung aus, wie die Kinder im Klassenzim-

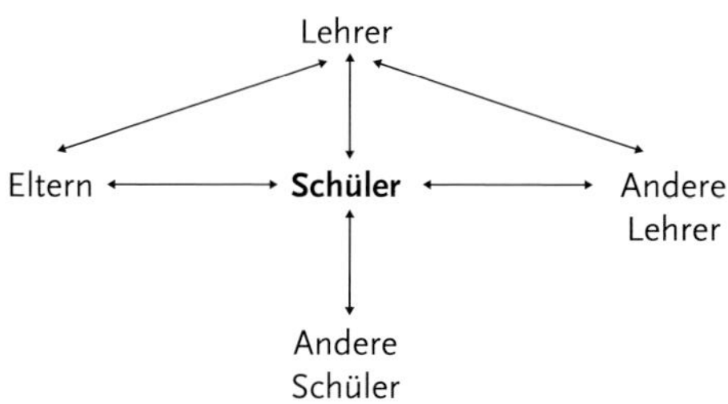

Beziehungsqualität und Leistungsbereitschaft der Schüler (modifiziert nach Rutter 1980, Vuille 2004).

mer, auf dem Pausenhof und in der Freizeit miteinander umgehen. Zudem: Auch Lehrer arbeiten besser, wenn sie sich im Kollegium akzeptiert und unterstützt fühlen. Je vertrauensvoller die Beziehungen der Lehrer untereinander sind, desto besser sind die Leistungen der Kinder. Und schließlich: Je besser die Beziehungen zwischen der Schule und den Eltern sind, desto größer ist der Schulerfolg. Eltern sind kooperativer und unterstützen ihre Kinder mehr, wenn sie sich von den Lehrern ernst genommen und verstanden fühlen (Rutter 1979, Vuille 2004).

Worauf es beim Erziehen ankommt

Erzieherische Probleme in der Schule haben stark zugenommen, angeschuldigt werden insbesondere die 68-er Reformpädagogen. Sie stehen in der Schuldebatte oftmals als » Kuschelpädagogen « unter Kritik, die den Schülern alles durchgehen und mit ihrer antiautoritären Haltung den Unterricht aus dem Ruder laufen lassen. Ist das alles nur Demagogie, oder hat die Kritik an den 68-ern nicht auch eine gewisse Berechtigung?

Ich bin mit Jahrgang 1943 selbst in der Zeit der 68-er sozialisiert worden und will diese Bewegung keineswegs schönreden. Doch mit dem Kampfbegriff der »Kuschelpädagogik« kann ich nichts anfangen. Er vernebelt mehr, als dass er erhellen würde. Der Begriff meint ein grenzenloses Laisser-faire, doch mit der schulischen Realität hat dieses medienwirksame Reizwort nichts zu tun. Um es gleich vorwegzunehmen: Auch die kompetentesten Eltern und Lehrer kommen nicht um das Setzen von Grenzen und konsequentes Handeln herum. Sie müssen auch Autorität ausüben, die Frage ist nur: auf welcher Basis? Das Setzen von Grenzen allein ist noch keine Pädagogik. Es fällt auf, dass der Vorwurf des Laisser-faire vor allem von Männern gemacht wird. Sie gehen von kompromissloser Disziplin, konsequenter Durchsetzung von Regeln und vorbehaltloser Achtung der Autorität aus. Die 68-er haben aus gutem Grund diese Art der »schwarzen Pädagogik« (Rutschky 1997) angegriffen, jene 2000 Jahre alten christlich-jüdischen Erziehungstraditionen, die mehrheitlich auf einer autoritären Auto-

Erziehungshaltung: Autoritär und antiautoritär.

rität, oft auf Einschüchterung und Gewalt basierte. Vorwerfen kann man den 68-ern, dass sie keine guten Alternativen zu ihrer berechtigten Kritik formuliert haben.

»Summerhill«, die Schule von Alexander Neill, ist also keine brauchbare Alternative?

Für die Kritiker ist Neill das große antiautoritäre Schreckgespenst, doch seine Bücher haben die wenigsten wirklich gelesen. Was ich an Alexander Neills pädagogischer Haltung beispielsweise schätze, ist die Aussage: Ein Kind soll selber bestimmen, wenn es kompetent ist. Er sagte aber auch: Ist das Kind nicht kompetent – was nun wirklich oft genug der Fall ist –, dann muss der Erwachsene im Interesse des Kindes bestimmen. Der Unterschied zwischen Neill und den konservativen Pädagogen ist der, dass die Konservativen immer über das Kind bestimmen wollen. Die wollen nicht kuschelnde Kinder, sondern kuschende Kinder. Neill wollte das Kind zu einem selbstbestimmten Menschen erziehen. Hier liegt ein Grundkonflikt in den Erziehungsanschauungen: Weiß ich als Erziehender von vorneherein, was gut für das Kind ist, und will es »führen«, oder bemühe ich mich, das Kind zu einem selbstbestimmten Wesen werden zu lassen? Es gibt aber auch Vorstellungen von Neill, denen ich nicht zustimmen kann. So hat er unter anderem geschrieben: »Das Kind ist gut. Es wird geboren, um das Leben zu lieben und am Leben interessiert zu sein. Die Vorstellung, der Mensch sei in der Sünde geboren (Erbsünde), ist falsch.« (Neill 1969, 1971) Richtig an diesem Zitat finde ich, dass der Mensch tatsächlich nicht mit einer Erbsünde geboren wird. Dass nun aber – ins Gegenteil verkehrt – der Mensch gut auf die Welt kommt und quasi nur durch die Erziehung verdorben werden könne, halte ich für genauso falsch. Der Mensch kommt weder gut noch schlecht auf die Welt, seine Voraussetzungen sind wertneutral. Neill sagt weiter: »Es gibt keine problematischen Kinder, sondern nur problematische Eltern.« Auch diese Vorstellung der antiautoritären Erziehung halte ich für überzogen. An diesem radikalen Anspruch können Eltern nur scheitern, weil er sie überfordert und ihnen Schuldgefühle einimpft. Er ist auch ungerecht, weil Kinder nicht das ausschließliche Produkt der elterlichen Erziehung sind. Und ebenso wenig das Produkt einzig der Schule.

Wo liegt denn nun die Mitverantwortung der 68-er für die heutigen Erziehungsprobleme?

Die 68-er-Bewegung wird in ihrer Bedeutung überschätzt. Für konservative Kreise sind die 68-er die Sündenböcke für eine Entwicklung, welche sie nicht initiiert haben und die auch ohne sie in Gang gekommen wäre. Sie haben nur offenbar gemacht, was sich seit dem Zweiten Weltkrieg ohnehin angekündigt hatte: das Ende der traditionellen Autorität. Die Auswirkungen auf die Gesellschaft wurden mehrheitlich begrüßt, die Erziehung hat sich damit jedoch schwergetan. Dennoch haben wir uns in den vergangenen 40 Jahren aufgemacht, die Erziehung von einer autoritären auf eine beziehungsorientierte Erziehung umzustellen. Gehorsam soll nun nicht mehr wie früher auf einer Autorität basieren, die sich allein durch den Status als Mutter, Vater oder Lehrerin legitimiert, sondern auf Beziehung. Ein Teil der derzeitigen Verunsicherung in der Erziehung rührt daher, dass diese Erziehungsform bei den Eltern, aber auch bei den Lehrerinnen und Lehrern eine höhere erzieherische Kompetenz und Beziehungsbereitschaft voraussetzt. Die oft beklagte mangelnde Disziplin der Kinder ist unter anderem auch Ausdruck davon, dass der Lehrer sich beziehungsmäßig nicht ausreichend auf die Schüler einlassen will oder äußere Umstände wie eine zu große Klasse es ihm unmöglich machen, auf die Schüler einzugehen. Er ist dann frustriert und sogar erzürnt, dass seine Autorität von den Schülern nicht oder nur ungenügend respektiert wird.

Da dürfte allerdings mancher Hauptschullehrer in Hamburg oder Berlin einwenden, dass es schwierig ist, eine Beziehung aufzubauen, wenn die Jugendlichen bekifft auf den Stühlen hängen und nicht gestört werden wollen.

Bei diesen Jugendlichen ist oft bereits früher zu viel schiefgelaufen, oder aber sie sind schulmüde und sollten besser die Schule verlassen (von Hentig 2007). Eine Beziehung zwischen Lehrer und Schüler ist nicht die einzige, aber eine wichtige Voraussetzung dafür, dass der Schüler überhaupt gehorcht. Hinzu kommen weitere wichtige Elemente wie Vorbilder, Rituale oder Verhaltensregeln, wie wir sie in Teil II (Kapitel Gehorsam) besprochen haben. Erst durch eine vertrauensvolle Beziehung ist mancher Schüler bereit, sich auf den Lehrer auszurichten, und der Lehrer kann das tun, was seine traditionelle Kernaufgabe ist: dem Schüler Wissen und Fertigkeiten zu vermitteln.

In jeder Klasse finden sich 1, 2 oder gar 3 Kinder, die mit ihrem Verhalten die Klasse aus dem Tritt und den Lehrer an den Rand des Nervenzusammenbruchs bringen können. Warum sind diese Kinder so schwierig? Was kann der Lehrer tun?

Gehen wir von Ronaldo aus, einem unruhigen und unkonzentrierten 8-jährigen Jungen, den ich kürzlich kennengelernt habe. Weist ihn seine Lehrerin zurecht, gehorcht er nur widerwillig und verweigert rasch seine Bereitschaft, sich am Unterricht zu beteiligen. Ist das Verhalten von Ronaldo ein disziplinarisches Problem? Haben ihn seine Eltern ungenügend erzogen? Während meiner langjährigen Tätigkeit in einer Poliklinik für Kinder mit Entwicklungsstörungen und Verhaltensauffälligkeiten habe ich die Erfahrung gemacht, dass zahlreiche andere Gründe für ein solches Verhalten weit häufiger sind als disziplinarische. Ronaldo könnte emotional verunsichert sein. Er bekommt zu wenig Zuwendung von den Eltern, die beide Schichtarbeit leisten und weder die Zeit noch die Kraft aufbringen, um ihren Sohn ausreichend zu betreuen. Oder Ronaldo fühlt sich von der Lehrerin nicht angenommen und sucht mit seinem negativen Verhalten ihre Aufmerksamkeit zu bekommen. Daraus kann sich ein Teufelskreis entwickeln, denn je schwächer eine Lehrer-Kind-Beziehung ist, desto mehr versucht der Lehrer, das Kind mit Disziplinierungsmaßnahmen zu kontrollieren, was dieses wiederum als Ablehnung erlebt und negativ darauf reagiert. Es könnte aber auch sein, dass Ronaldo in den ersten Lebensjahren die Vorbilder und Verhaltensregeln gefehlt haben, die ihn gehorsam, ordentlich, zuverlässig und fleißig zu sein gelehrt hätten. Vielleicht wird Ronaldo von den anderen Kindern ausgegrenzt. Sie wollen nicht mit ihm spielen und verhöhnen ihn. Schließlich könnte es auch sein, dass Ronaldo schulisch überfordert ist. Möglich, dass er an einer Teilleistungsschwäche wie Legasthenie oder Dyskalkulie leidet. Vielleicht ist er auch einer jener Jungen, die motorisch sehr aktiv sind und es einfach nicht schaffen, ruhig zu sitzen. Um mit Ronaldo sinnvoll umzugehen, muss man die wahren Gründe für seine Verhaltensauffälligkeiten kennen. Dies herauszufinden ist eine echte pädagogische Herausforderung. Wenn es aber gelingt, durch geeignete pädagogische Maßnahmen dazu zu kommen, dass es Ronaldo besser geht und er auch erzieherisch führbar wird, bedeutet dies eine große Befriedigung auch für seine Lehrerin.

Eine Lehrerin hat allerdings bei Weitem nicht die gleichen Möglichkeiten zur Diagnose wie ein Kinderarzt in der Poliklinik.

Für schwierige Kinder erhält eine Lehrerin heute Unterstützung beispielsweise durch Heilpädagogen. Doch es ist nicht Sinn der Sache, dass problematische Kinder an eine Heilpädagogin delegiert werden und die Lehrerin sich nur für die »normalen« Kinder verantwortlich fühlt. Dies ist meines Erachtens keine gelungene Form der Integration. Ich würde mir wünschen, dass jede

Lehrerin so ausgebildet worden ist, dass sie sich kompetent fühlt, auch die schwierigen Kinder durch die Schule zu begleiten. Dazu gehört, dass sie über ausreichende Kenntnisse über die kindliche Entwicklung verfügt, Erfahrung darin hat, wie man mit Kindern mit besonderen Bedürfnissen umgehen kann, und es versteht, die Eltern in ihre Bemühungen einzubinden.

Wie Lehrer Eltern miteinbeziehen können

Viele Lehrer erleben den Kontakt zu den Eltern als Belastung. Die Eltern wiederum beklagen sich, dass sie keinen Zugang zur Schule finden.

Zur Illustration der Problematik in den Lehrer-Eltern-Beziehungen möchte ich noch einmal zu Ronaldo und seiner Lehrerin, Frau Bauer, zurückkehren. Frau Baucr ist 25, verheiratet, hat noch keine eigenen Kinder. Sie hat kürzlich ihre pädagogische Ausbildung abgeschlossen und führt seit 3 Monaten eine 1. Klasse an der Grundschule. Sie kommt überraschend gut zurecht, nur ein Kind bereitet ihr große Probleme: Ronaldo. Er gehört ihres Erachtens nicht in diese Regelklasse. Der Junge ist noch nicht reif für die Schule, zeigt neben seiner großen Unruhe keinerlei Interesse an Buchstaben und Zahlen. Nun hat die Lehrerin die Eltern von Ronaldo zu einem Gespräch eingeladen. Sie kennt die Eltern nicht und weiß nur, dass sie deutlich über 30 Jahre alt sind und einen älteren Sohn ohne schulische Probleme haben. Beide Eltern sind berufstätig. Dieses Elterngespräch – ihr erstes – raubt ihr den Schlaf, denn sie muss den Eltern etwas Unangenehmes über ihr Kind mitteilen, kennt sie aber noch nicht und weiß nicht, wie sie darauf reagieren werden. Die Eltern sind wesentlich älter als sie und haben mehr Lebenserfahrung. Die Eltern haben zwei eigene Kinder, sie hat noch keines. Die Eltern kennen Ronaldo länger und besser als sie. Die Eltern sind durch ihre berufliche Tätigkeit stark beansprucht, weshalb die Lehrerin Mühe hatte, einen Termin zu finden. Die Eltern kommen offenbar nur widerstrebend, was Frau Bauer zusätzlich verunsichert. Werden die Eltern ihre Kompetenz anzweifeln? Wie werden sie ihre Bedenken aufnehmen?

Ein solches Elterngespräch ist selbst für einen erfahrenen Gesprächstherapeuten eine Herausforderung und eine echte Überforderung für die junge Lehrerin.

Das Gespräch muss die Lehrerin überfordern und kann auch für die Eltern kaum befriedigend verlaufen. Nicht auszudenken, wie schwierig es wäre, wenn die Eltern zusätzlich aus einer anderen Kultur stammten und es noch erhebliche sprachliche Schwierigkeiten gäbe. Die Situation ist vergleichbar mit derjenigen eines jungen Assistenten in unserer Poliklinik, der ein Kind untersucht hat und nun den Eltern eröffnen muss, dass ihr Kind eine Entwicklungsstörung aufweist. Ein solches Gespräch darf er nur im Beisein eines erfahrenen Oberarztes führen. Das sind wir den Eltern als Dienstleistung und dem Assistenten als Schutz vor Überforderung schuldig. In der Schule könnte eine Kollegin oder ein Kollege, der Erfahrung mit solchen Gesprächen hat oder in Gesprächsführung ausgebildet ist, ein solches Coaching machen. Ein derartiges Gespräch kompetent zu führen gehört zur Professionalität einer Lehrerin.

Der Lehrer-Eltern-Kontakt beschränkt sich häufig auf Elternabende, und die werden von beiden Seiten oft als unbefriedigend empfunden. Wie ließe sich das verbessern?

Das Gespräch zwischen Frau Bauer und den Eltern von Ronaldo würde unter ganz anderen Voraussetzungen stattfinden, wenn sich die Lehrerin und die Eltern früher begegnet wären und eine vertrauensvolle Beziehung zwischen ihnen bereits bestunde. Heute ist es leider immer noch so, dass Eltern und Lehrer oft erst dann ernsthaft miteinander ins Gespräch kommen, wenn das Kind Schwierigkeiten bereitet. Es reicht eben nicht, die Eltern zweimal pro Jahr in die Schule einzuladen, um ihnen den Lehrplan und die Organisation der Schule zu präsentierten, die sie in der Kürze ohnehin nicht verstehen. Solche Elternabende werden deshalb als unbefriedigend empfunden, weil sie weder für Eltern noch für Lehrer eine Beziehung schaffen. Es gibt Lehrerinnen und Lehrer, die innerhalb der ersten 3 Monate nach Schulbeginn alle Eltern zu Hause besuchen, weil sie ihre Bedürfnisse, Erwartungen und Lebensbedingungen kennenlernen wollen. Beim Gespräch am Küchentisch oder einem gemeinsamen Essen mit der Familie entsteht ein persönliches Vertrauensverhältnis, das sich wiederum positiv auf die Beziehung zum Kind, sein Leistungsvermögen und sein Verhalten auswirkt.

Aber woher sollen Lehrer die Zeit für Hausbesuche nehmen? Und empfinden manche Eltern dies nicht als ungebührliches Eindringen in ihre Privatsphäre?

Die Lehrer-Eltern-Beziehung ist so wichtig, dass man Unterrichtsstunden dafür einsetzen sollte, wenn es nicht anders geht. Die aufgewendeten Stunden werden durch eine besseres Klima und eine größere Lernbereitschaft in den Schulstunden allemal wieder wettgemacht. Es ist meines Erachtens eine pädagogische Notwendigkeit, die Eltern so in die Schule einzubinden, dass sie Vertrauen zu der Institution fassen. Als Lehrer würde ich die Eltern auf jeden Fall zu Hause besuchen. Im Rahmen der Zürcher Longitudinalstudien habe ich Hunderte von Familien besucht. Und ich fand den Blick in die Familie ungemein erhellend, weil ich dort das Kind, die Eltern und deren Lebensumstände auf eine Weise kennenlernen konnte, wie es im Krankenhaus nicht möglich gewesen wäre. Ich habe es nie erlebt, dass meine Hausbesuche bei den Eltern unerwünscht waren oder sie sich sogar verweigert haben. Aber natürlich gibt es auch andere Möglichkeiten, eine Beziehung zu den Eltern aufzubauen. Ein Lehrer hat mir die folgende kleine Begebenheit erzählt: Er hatte die Eltern zu einem Elternabend eingeladen. Nach seiner Orientierung über den Lehrplan und einer kurzen Aussprache kam ein italienisches Elternpaar zu ihm und bot ihm an, den nächsten Elternabend zu organisieren. Dieser Elternabend wurde ein höchst anregendes Erlebnis mit Pizza und Wein, an dem sich Lehrer und Eltern wirklich näherkamen. Was den Lehrer sehr berührte und staunen ließ: Er ging am nächsten Tag viel entspannter in die Schule und sah die Kinder mit anderen Augen. Rudolf Steiner hat bereits vor 90 Jahren die Eltern in die Schule geholt und auch in die Pflicht genommen. In jener Waldorfschule, die unsere Kinder besuchten, wurden wir als Eltern nicht nur regelmäßig zu Elternabenden, Basars und Johannisfesten eingeladen, sondern am Samstag auch zur Reinigung der Schulzimmer verpflichtet. Beim Putzen haben wir uns manchmal an das Pult unserer Kinder gesetzt und sind mit den Fingern die Spuren entlanggefahren, die sie auf den Pultdeckeln hinterlassen hatten.

Professor Largo beim Fegen der Schulzimmerböden? Wie oft kam denn das vor?

Na ja, ich selber war nicht so oft beim Bödenschrubben. Es waren vor allem die Mütter im Reinigungseinsatz. Ich habe die Klassen unserer Kinder verschiedentlich bei Lagerwochen begleitet, was eine wunderbare Gelegenheit war, die Kinder und vor allem auch die Lehrer näher kennenzulernen.

Kann man es so sagen: Je größer die Vertrauensbasis zwischen Lehrern und Eltern ist, umso wohler fühlt sich das Kind?

Genau. Dazu eine letzte Begebenheit: Eine Lehrerin hatte zunehmend Schwierigkeiten mit dem Kind aus einer muslimischen Familie. Die Mutter entzog sich immer wieder einem Gespräch in der Schule, der Vater war nicht erreichbar. Schließlich suchte die Lehrerin die Mutter zu Hause auf. Dabei stellte sich heraus, dass die Mutter Analphabetin war und sich deswegen derart schämte, dass sie den Kontakt vermied. Nach dem Hausbesuch hatte die Mutter so viel Vertrauen zu der Lehrerin gefasst, dass sie sie regelmäßig besuchte und um Hilfe bat, wenn sie etwas nicht verstand. Die vertrauensvolle Beziehung der Mutter zur Lehrerin wirkte sich positiv auf das Kind aus. Plötzlich wurde das Kind für die Lehrerin führbar. Es ist ein großer Unterschied für das Kind, ob die Lehrerin seine Eltern persönlich kennt und wie die Eltern am Familientisch über die Schule und die Lehrerin sprechen – im Guten wie im Schlechten. Nur wenn die Eltern der Schule und dem Lehrer vertrauen und sich mit ihm identifizieren, kann sich das Kind in der Schule unterstützt und akzeptiert fühlen. Dann wird die Schule zu seiner Schule.

Das Wichtigste für die Schule

1. Ein guter Lehrer:
   - mag alle Kinder und nicht nur die leistungsstarken;
   - interessiert sich für ihre Entwicklung;
   - findet Befriedigung darin, wenn sich Kinder gut entwickeln und er sie in ihren Lernerfahrungen unterstützen kann;
   - versteht Kinder und kann erzieherisch mit ihnen umgehen;
   - freut sich am Erfolg der Kinder. Schwache Kinder sind für ihn eine pädagogische Herausforderung.

2. Ein guter Lehrer will Kinder und nicht nur Fächer unterrichten. Er fühlt sich als Spezialist für lernende Kinder und Jugendliche. Jedes Kind ist für ihn einmalig, und deshalb bleiben Kinder für ihn das ganze Leben lang ein Thema.

3. Der Lehrer gestaltet die Beziehungen so, dass:
   - sich die Kinder geborgen und angenommen fühlen. Der Lehrer ist für manche Schüler die wichtigste Bezugsperson nach den Eltern;
   - jedes Kind in der Gemeinschaft der Kinder aufgenommen ist;
   - die Eltern Vertrauen in die Schule haben und ihr Kind im Sinne des Lehrers unterstützen.

4. Wenn sich der Lehrer beziehungsmäßig auf die Kinder einlässt:
   - erhält er von ihnen Zuwendung, die er für sein eigenes Wohlbefinden braucht;
   - ist die Lernbereitschaft der Kinder hoch;
   - steigt die Bereitschaft zum Gehorsam bei den Kindern.

5. Der Lernerfolg nimmt bei Schülern zu, wenn:
   - eine vertrauensvolle Beziehung zwischen den Kindern und dem Lehrer besteht;
   - die Zusammensetzung der Klasse stabil ist und die Kinder miteinander gut auskommen;
   - sich der Lehrer vom Lehrerkollegium akzeptiert und unterstützt fühlt;
   - die Beziehung zwischen Schule und Eltern gut ist.

6. Das Wohlbefinden und die Lernbereitschaft eines Kindes können erheblich beeinträchtigt werden, wenn:
   - das Kind sich vom Lehrer ignoriert oder gar abgelehnt fühlt;
   - es von anderen Kindern ausgegrenzt wird;
   - es spürt, dass die Eltern der Schule gegenüber Vorbehalte haben.

7. Ein Kind, dem verlässliche Beziehungen fehlen, kann sich emotional vernachlässigt fühlen und:
   - verhaltensauffällig werden (aggressives Verhalten, emotionaler Rückzug);
   - psychosomatisch krank werden (Schlafstörungen, Bauchschmerzen, nächtliches Einnässen);
   - die Schule verweigern;
   - Risiken eingehen und sich selbst und andere verletzen.

8. Gehorsam (die Einhaltung von Regeln, Anordnungen und Grenzen) lässt sich nicht mehr wie in der Vergangenheit allein mit statusbedingter Autorität durchsetzen. Heute ist die Grundvoraussetzung für Gehorsam eine vertrauensvolle Beziehung zwischen Lehrer und Kind. Damit wird an den Lehrer ein höherer erzieherischer Anspruch gestellt als in der Vergangenheit, wozu die Bereitschaft gehört, sich beziehungsmäßig auf die Kinder einzulassen.

9. Je schwächer die Beziehung des Lehrers zu den Kindern ist, desto stärker muss er die Kinder disziplinarisch kontrollieren.

10. Ein Kind kann aus vielen Gründen erzieherisch schwierig sein. Es:
    - fühlt sich nicht geborgen und angenommen in der Familie und der Schule;
    - fehlen ihm Vorbilder;
    - bekommt keine Regeln oder Rituale vermittelt;
    - wird von den anderen Kindern nicht akzeptiert;
    - ist schulisch überfordert (zum Beispiel aufgrund einer Teilleistungsstörung);
    - ist schulisch unterfordert (zum Beispiel aufgrund einer sprachlichen Hochbegabung).

11. Eine gute Lehrer-Eltern-Beziehung wirkt sich positiv auf die Beziehung zum Kind, sein Leistungsvermögen und sein Verhalten aus. Eltern kooperieren mit der Schule besser und unterstützen ihr Kind mehr, wenn sie sich vom Lehrer ernst genommen und verstanden fühlen. Hausbesuche sind informativer und beziehungsstiftender als formelle Elternabende.

12. Elterngespräche kompetent zu führen gehört zur Professionalität eines Lehrers. Dazu braucht er eine Ausbildung in Gesprächsführung. Junge Lehrer sollten bei Elterngesprächen von erfahrenen Kollegen begleitet werden.

Eltern

Was der Druck auf die Eltern bewirkt

Die Erwartungshaltung vieler Eltern gegenüber ihren Kindern gerade in den bildungsnahen Familien ist sehr hoch. Eltern investieren in ihre Kinder wie nie zuvor. Sie schicken sie in Frühförderungsprogramme und später zur Nachhilfe. Allein in Deutschland bezahlen Eltern jährlich mehr als eine Milliarde Euro für privaten Nachhilfeunterricht (Dohmen 2008). Woher rührt dieser immense Druck?

Die hohen elterlichen Erwartungen widerspiegeln meines Erachtens die Ausnahmestellung, die das Kind in unserer Gesellschaft neuerdings einnimmt. Wir sind ein Volk von Kleinfamilien geworden. Die Eltern in den deutschsprachigen Ländern haben im Durchschnitt gerade noch 1,3 Kinder. Ein Drittel der Eltern hat 1 einziges Kind, ein weiteres Drittel hat 2 Kinder und ein Drittel – überwiegend Migrationsfamilien – hat mehr als 2 Kinder. Waren

Familie vor 50 Jahren ...

... und heute.

früher die zahlreichen Kinder oftmals eine große Belastung für die Eltern, so ist heute der Wert des einzelnen Kindes enorm hoch. Hinzu kommt, dass Kinderkriegen heute nicht mehr Schicksal, sondern meistens eine bewusste Entscheidung ist. Damit wird das Kind namentlich in der Mittel- und Oberschicht zum Projekt, und das Produkt dieses Projektes muss ein funkelnder Juwel werden.

Geben die Eltern nicht auch den Druck an ihre Kinder weiter, unter dem sie selber stehen?

Immer mehr Eltern verspüren eine existenzielle Verunsicherung in der Arbeitswelt. Langsam greift das Bewusstsein um sich, dass wir möglicherweise den Gipfel des Wohlstands erreicht haben, nachdem es 60 Jahre lang wirtschaftlich immer aufwärtsgegangen ist. Von nun an könnte es wieder abwärtsgehen. Die Arbeitsbedingungen sind schwieriger geworden, die Verteilkämpfe härter, der Konkurrenzdruck hat sich markant verschärft. Wir spüren den heißen Atem von aufsteigenden Ländern wie China und Indien im Nacken, die uns auch in Sachen Bildung dicht auf den Fersen sind.

Die meisten Eltern hoffen, dass ihr Kind zumindest das Abitur schafft. Aber reicht das Abitur überhaupt aus, um sich im steigenden Konkurrenzdruck der Globalisierung zu behaupten?

Die diffusen Globalisierungsängste haben weite Kreise des Mittelstandes erfasst, der sich vor 10 oder 20 Jahren noch in der Gewissheit wähnte, mit einer soliden Ausbildung und gutem Arbeitseinsatz werde ihm auch die internationale Konkurrenz auf dem Arbeitsmarkt nichts anhaben können. Lange Zeit fühlte man sich mit einem Abitur und erst recht mit einem Hochschulstudium auf der sicheren Seite des Lebens – und zwar für immer. Mit dieser Sicherheit ist es vorbei. Mittlerweile gibt es auch immer mehr arbeitslose Akademiker – nicht nur Germanisten oder Psychologinnen. Heute werden Arbeitsplätze von Software-Ingenieuren ausgelagert oder günstige und gut ausgebildete indische Informatiker eingeflogen. Anderseits machen Informatikfreaks Karriere ohne irgendeinen Abschluss – einfach weil sie gut sind und der Markt ihre Kompetenz honoriert. Zwar sind ein Abitur und ein Hochschuldiplom immer noch dienlich, aber eine Garantie sind sie nicht mehr. Man kann sich nicht mehr mit 25 Jahren in einem Beruf für den Rest des Lebens etablieren, sondern muss sich unter Umständen – so verlangt es die Wirtschaft – selbst im Alter von 40 und 50 Jahren beruflich neu orientieren. Auch der gern zitierte Begriff des lebenslangen Lernens macht vermutlich den Menschen mehr Angst, als dass er ihr Interesse weckt. Wer ging schon so

So sehen wir die Chinesen: Selbst beim schlimmsten Erdbeben lernen sie weiter (Erdbeben in Sichuan; Tages-Anzeiger, 20.08.2008).

gerne in die Schule, dass er die Vorstellung vom lebenslangen Lernen als anregend und nicht vor allem als anstrengend empfindet? Ich fürchte, dass diese dauernde Unsicherheit immer mehr Menschen überfordert und krank macht. Es ist offensichtlich, dass die Eltern den auf ihnen lastenden Druck an ihre Kinder weitergeben.

Wie stark wirken die Schulerfahrungen der Eltern im Umgang mit den eigenen Kindern nach?

Deren Wirkung kann man kaum überschätzen. Es gibt eine starke Neigung, von eigenen Erfahrungen auf jene der Kinder zu schließen. Deshalb halten wir uns alle auch für kompetent, beim Thema Schule mitzureden. Besonders ausgeprägt ist diese Tendenz, wenn die Eltern selber negative Schulerfahrungen gemacht haben, zum Beispiel weil sie Legastheniker sind und ihr Kind nun ebenfalls an einer Leseschwäche leidet. Diese Mütter und Väter bauen oft einen gewaltigen Druck auf, weil sie ihren Kindern jene schulischen Nöte ersparen wollen, die sie selber erlitten haben. Leider erreichen sie meistens das Gegenteil damit. Erst recht schwierig wird es für Eltern, wenn sich die Schule seit ihrer Schulzeit so stark weiterentwickelt hat, dass die eigenen Schulerfahrungen nicht mehr zeitgemäß sind. Diese Eltern werden vom Schulstoff ihrer Kinder ständig überfordert. Manche Eltern können auch wegen des rasanten technologischen Fortschritts mit ihren Kindern nicht mehr mithalten, was im Umgang mit Computer und Internet besonders offensichtlich wird. Diese Hilflosigkeit löst bei den Eltern große Ohnmachtsgefühle aus. Und nicht zuletzt fallen überforderte Eltern auch als Hilfe für ihre Kinder aus, beispielsweise bei den Hausaufgaben.

Einerseits sind die Eltern verunsichert, zum Teil überfordert, anderseits hören und lesen sie täglich, dass sich der spätere Lebensweg ihres Kindes bereits in der Schule entscheidet. Umso mehr fühlen sie sich verpflichtet, alles für seine Schulkarriere zu tun. Offensichtlich nützt es ja, denn sämtliche einschlägigen Studien belegen die große Bedeutung des Elternhauses für den Schulerfolg. Haben sie nicht recht damit?

Der enorme Einfluss des Elternhauses ist gewiss nicht zu bestreiten, namentlich in den ersten 5 Lebensjahren. Natürlich kann ich die Anstrengungen der Eltern gut verstehen, möglichst alles für eine gute Ausbildung der Kinder zu tun und nichts zu verpassen, was ihre Chancen mindern könnte. Doch das löst mitunter einen Druck aus, der ins Kontraproduktive kippen kann. Wenn ich an den gigantischen Stress denke, in den alljährlich Hunderttausende von Familien in Deutschland und Österreich wegen der schulischen Selektion nach dem 4. Grundschuljahr geraten, dann stimmt mich das sehr skeptisch. Die Eltern haben panische Angst davor, ihr Kind werde in die Real- oder gar in die Hauptschule eingeteilt, weil sie befürchten, dadurch sei ihm die Zukunft bereits verbaut. Um dies zu vermeiden, setzen sie die Kinder und sich selber unter geradezu unmenschlichen Druck. Sind die Kinder dann mal auf dem »Turbo-Gymnasium«, wird es noch hektischer. Es bleibt für nichts anderes Zeit als für Schule, Hausaufgaben – und für Nachhilfeunterricht. Mindestens jedes 3. Kind kommt nicht ohne Nachhilfe aus. Viele Eltern schämen sich zwar dafür, doch umso erleichterter sind sie, wenn sie erfahren, dass auch das Kind ihrer Nachbarn Nachhilfe benötigt. Da wirken enorme Zwänge im Verborgenen, und oft genug haben die Kinder unter dem Ehrgeiz und den Ängsten ihrer Eltern zu leiden.

Wie können Eltern den Druck von ihrem Kind nehmen?

Es wird ihnen aus verschiedenen Gründen schwer gemacht. Die ganze Gesellschaft ist im Wettbewerb, und damit auch die Schule. Um diese Prüfungsmühlen zu stoppen oder wenigstens zu verlangsamen, braucht man viel Zeit und ein Umdenken in unserer Gesellschaft. Letztlich ist dazu ein Wandel in den Wertvorstellungen und der Lebensqualität notwendig. Was ist uns wirklich wichtig? Wie gehen wir mit der Zeit um? Was heißt echte Bildung anstelle von Prüfungsstress? Die meisten Eltern können sich kurzfristig wohl nur schwer von dem Druck freimachen, der auf ihnen lastet. Sie können aber versuchen, den Druck möglichst nicht an ihr Kind weiterzugeben, indem sie ihre Erwartungen dem Kind anpassen und eine am Kind orientierte Erziehungshaltung einnehmen.

Einfacher gesagt als getan.

Es ist schwierig. Doch die Eltern sollten sich immer wieder vor Augen halten: Gute Noten und bestandene Prüfungen sind keine dauerhafte Garantie. Was langfristig zählt, sind Kompetenzen und ein gutes Selbstwertgefühl, welches das Kind nur über erfolgreiche Erfahrungen bekommt. Was den Eltern auch ein Stück Entlastung bringen kann, ist eine Prise Demut: Das Kind gehört nicht den Eltern, sondern nur sich selbst. Es ist nicht auf die Welt gekommen, um die Erwartungen seiner Eltern zu erfüllen, sondern um zu jenem Wesen zu werden, das in ihm angelegt ist. Dies zu ermöglichen, liegt in der Verantwortung der Eltern.

Und was machen die Eltern mit dem Druck, den die Schule auf ihr Kind ausübt?

Viele Eltern leiden mit, wenn ihr Kind unter Schulstress gerät. Nicht wenige sind wütend auf die Schule, weil sie sich so ohnmächtig fühlen: Das Kind ist ihrem Einfluss entzogen und der Schule ausgeliefert. »Wie können wir die Schule für unser armes Kind erträglicher machen?« Diese Frage haben mir Hunderte von Eltern immer wieder gestellt. Die bittere Wahrheit ist: Die Schule lässt sich kurzfristig nicht ändern. Die Eltern müssen mit den Lehrern und anderen Fachpersonen wie Heilpädagogen und Schulpsychologen ins Gespräch kommen und sich so gut wie möglich für das Kind einsetzen. Was nichts bringt, ist Polemik gegen die Schule. In auswegslosen Situationen sollte ein Lehrer- oder Schulwechsel angestrebt werden. Das Wichtigste aber ist, dass die Eltern sich konsequent auf die Seite des Kindes stellen und ihm das Gefühl geben: Du bist gut so, wie du bist. Wir wissen, dass du dich so gut wie möglich bemühst. Wir lassen dich unter keinen Umständen im Stich.

Fürchten die Eltern auch um ihr eigenes Prestige und ihren sozialen Status, wenn die Kinder in der Schule keinen Erfolg haben?

Diese Furcht spielt leider eine wichtige Rolle, insbesondere im akademischen Milieu. Wenn jede Studie immer wieder auf die eminente Bedeutung der Bildungsnähe des Elternhauses hinweist, dann wird damit auch nahegelegt, Akademikerkinder würden automatisch Gymnasiasten und später auch Akademiker (Schneider 2007, Schmeiser 2003). Umso gnadenloser lastet der Druck auf jenen Eltern und Kindern, wo das nicht der Fall ist. Ein Professorensohn in der Hauptschule? Undenkbar! Das darf nicht sein! Welch tragischen Irrweg der Lebenslauf eines Kindes von Akademikern nehmen kann, wenn überhöhte Erwartungen der Eltern es von der einen Überforderung in die nächste treiben, zeigt das folgende Beispiel.

Robert ist der jüngste Sohn des Ehepaars L. Der Vater ist Chirurg und war bis zu seiner Pensionierung Chefarzt in einem mittelgroßen Krankenhaus. Seine Mutter ist gelernte Krankenschwester und hat ihren späteren Ehemann als jungen Assistenzarzt in besagtem Krankenhaus kennengelernt. Das Ehepaar hat 5 Kinder, ausschließlich Jungen. Alle 4 Brüder von Robert werden Akademiker. Deren Karrieren verlaufen zwar nicht bruchlos und sind aus der Sicht des Vaters auch nicht gerade glänzend, aber es sind »die klassischen akademischen Karrieren in unserer Familie«, wie sich Robert ausdrückt. Zwei seiner Brüder werden Ärzte, der dritte Architekt und der vierte Ökonom. Robert selbst besucht das Wirtschaftsgymnasium, bleibt nach 2 Jahren sitzen, schafft aber schließlich ein mäßiges Abitur. Schlechte Noten waren für Roberts Vater immer ein »Charakterproblem«. Robert weiß nicht genau, was er anschließend studieren will – und ob überhaupt. Deshalb geht er erst einmal als Elektriker jobben, seine Immatrikulation an einer Universität verschlampt er. Dann findet er zufällig über seinen Bruder einen Job als Au-pair in den USA. Nach einem Jahr kehrt er in die Schweiz zurück und schreibt sich – 2 Jahre später als seine ehemaligen Klassenkameraden, mit denen er Abitur gemacht hat – für ein Wirtschaftsstudium ein. Schon nach wenigen Wochen spürt er, dass er überfordert ist, zum Beispiel in Informatik, aber auch in Mathematik, worin er schon immer schwach war. Doch Robert bringt nicht den Mut auf, die falsche Studienwahl sich selbst und vor allem seinem Vater einzugestehen, weil er ohnehin schon 2 Jahre vertrödelt hat. Zu Hause gibt er sich als mäßig erfolgreicher Wirtschaftsstudent aus, in Wirklichkeit meldet er sich nie zur Zwischenprüfung an. Nach 5 Jahren wird er von der Universität zwangsexmatrikuliert, und nur durch einen Zufall erfahren seine Eltern davon, womit auch Roberts Leben als hochstaplerischer Wirtschaftsstudent auffliegt. Die Eltern reagieren relativ milde auf die Nach-

richt und gewähren ihrem jüngsten Sohn finanzielle und psychologische Unterstützung. Trotzdem verliert er den Boden unter den Füßen und beginnt zu trinken, worauf er für 3 Monate in eine psychiatrische Klinik eingewiesen wird. Robert ist mittlerweile 29 Jahre alt und ohne feste Beziehung. Nun schreibt er 80 Bewerbungen für eine Lehrstelle als Fotograf, alle erfolglos, er ist zu alt. Mit 30 beginnt er eine Handelsschule, nebenbei jobbt er in einer Bar, weil er Geld verdienen muss. Es ist die erste Arbeit, die ihm »sehr, sehr gut gefällt«. Sein »Traum« ist nun die »Gastrobranche«, wo er »nicht unbedingt führen, aber mitarbeiten will«. (Zusammengefasster Lebenslauf aus Schmeiser 2003).

Es kommt häufiger vor, als man gemeinhin annimmt, dass Akademikerkinder wie Robert nicht mehr den sozialen Status ihrer Eltern erreichen. Die Abbildung 43 beschreibt die statistische Wahrscheinlichkeit eines Ab- oder Aufstiegs in unserer Gesellschaft. 40 Prozent der Akademikerkinder steigen ab, das heißt, sie haben als Erwachsene einen niedrigeren beruflichen Status als ihre Eltern; 15 Prozent werden Arbeiter und Angestellte. Andererseits steigen 15 Prozent der Kinder von Angestellten und Arbeitern zu höher qualifizierten Facharbeitern auf und 8 Prozent werden sogar Akademiker und Manager (Levy et al. 1997). Inwieweit Ab- und Aufstieg zugelassen werden, hängt von der Durchlässigkeit des Bildungssystems ab. Chancengerechtigkeit in der Schule und Zugang zu höherer Bildung sind die entscheidenden Faktoren, neben familiären und kulturellen (Coradi Vellacott und Wolter 2005, Kronig 2007). Ich bin überzeugt, dass mit einem möglichst fairen und durchlässigen Bildungssystem dem einzelnen Menschen wie auch der Gesellschaft am besten gedient ist. Ein solches System ermöglicht Menschen mit Begabungen aufzusteigen und ihren Beitrag in Gesellschaft und Wirtschaft zu leisten.

Der Aufstieg ist immer erwünscht. Wozu aber soll ein Abstieg gut sein?

Für jene Menschen, die es trifft, muss ein Abstieg vom sozialen Status seiner Herkunftsfamilie nicht zwangsläufig ein Versagen bedeuten. Längerfristig positiv für den Betroffenen ist, dass der Abstieg ihn vor einer falschen Karriere und damit vor der ständigen Überforderung und letztlich vor dem Scheitern bewahrt. Ein

Abstieg ist aber insbesondere im Interesse der Gemeinschaft, weil dadurch weniger überforderte Menschen in Positionen aufsteigen, die ihnen nicht entsprechen. In Gesellschaft und Wirtschaft kommt es immer wieder zu Dramen, weil Menschen mithilfe von Privilegien und Netzwerken in soziale und wirtschaftliche Stellungen gelangen, wo sie durch ihre Inkompetenz großen Schaden anrichten können.

Der Druck des Herkunftsmilieus scheint jedoch oftmals stärker zu sein, als viele wahrhaben wollen (Schmeiser 2003). Dazu eine persönliche Frage: Die älteste Ihrer 3 eigenen Töchter hat eine Gärtnerlehre gemacht. War das ein Problem für Sie?

Es wäre vielleicht naheliegend gewesen, dass unsere erste Tochter Eva Medizin studiert hätte, weil auch ihre Mutter Ärztin ist. Eva hat die Steiner-Schule besucht und war schon als Kind immer viel in der Natur und arbeitete gerne mit den Händen. Als sie mit 12 Jahren sagte, sie wolle Gärtnerin werden, hielten wir das zunächst für einen Spleen, doch sie ist bei ihrem Berufswunsch geblieben und hat ihre Gärtnerlehre gemacht. Für uns war das nie ein Problem. Als Eva Mutter wurde, hat sie nebenbei Büroarbeiten für mich erledigt und Buchmanuskripte abgetippt, was sie überhaupt nicht befriedigt hat. Der Umgang mit Pflanzen hat ihr gefehlt. Ich habe mir immer gesagt: Lieber eine glückliche Gärtnerin als eine unglückliche Medizinerin. Eva hat heute eine Familie mit 2 Kindern, die sie in den ersten 5 Jahren selber betreute. Seit 4 Jahren leitet sie eine Gärtnerei.

Ist der glückliche Abstieg also möglich, indem man ihn ganz einfach als Aus- oder Umstieg umdefiniert? Ist das nicht eine Form der sprachlichen Selbstüberlistung?

Ich habe den Werdegang meiner Tochter nie als Abstieg empfunden. Es ist meine ehrliche Meinung, dass mancher handwerkliche Beruf genauso differenzierte und hohe Anforderungen stellt wie akademische Berufe. Ich bin selber in einem gewerblichen Umfeld aufgewachsen, mein Vater war gelernter Mechaniker und hat eine mechanische Werkstatt mit 8 Arbeitern betrieben. In meiner Praxis habe ich immer wieder Eltern erlebt, die glaubten, eine standesgemäße akademische Karriere werde sich schon ergeben, wenn sie nur genügend Druck auf ihre Kinder ausübten. Doch es hat oft tragisch geendet, wenn Eltern ihre Kinder in Situationen hineinmanövrierten, in denen die Kinder hoffnungslos überfordert waren. Druck garantiert keine Karriere, ob er von den Eltern kommt oder von den Kindern selber, weil sie den Ansprüchen ihrer Eltern unbedingt genügen möchten. Eine Entkrampfung der Situation ist nach meiner Erfahrung nur möglich, wenn die Eltern ihre Haltung verändern und die schulischen Schwierigkeiten ihres Kindes nicht mehr als Lebenskatastrophe an die Wand malen, bis auch das Kind sie als Katastrophe empfindet. Es ist für beide Seiten das Beste, wenn das Kind eine Schulkarriere machen kann, die seinen Fähigkeiten entspricht und auf seine Stärken baut. Ist das Kind bei sich selber, also weder unter- noch überfordert, wird es auch als Erwachsener gut dran sein. Das mag wenig glaubhaft klingen, aber im Grunde genommen ist es die einzige realistische elterliche Haltung, weil sie der menschlichen Natur entspricht und das Kind in seinem Wesen achtet. Ob das Kind sich seiner Anlage entsprechend entwickeln kann, hängt entscheidend von der Einstellung der Eltern zur Schulkarriere ihres Kindes ab.

Wie sich Familie und Beruf in die Quere kommen

Gibt es eine Aufgabe in Bezug auf das Kind, die einzig die Eltern erfüllen können?

Eigentlich nicht. Grundsätzlich gehen wir ja davon aus, dass sich niemand so sehr für ein Kind engagiert wie die leiblichen Eltern – weil es das eigene Kind ist. Doch der Anspruch der Eltern garantiert nicht, dass sie auch kompetenter sind. Die Erwartung, sie würden es automatisch gut machen, weil sie die Eltern sind, wird nicht immer erfüllt (Schöbi und Perrez 2004). Die meisten Eltern gehen zu Recht davon aus, dass keine andere Person ihr Kind so gern haben kann wie sie selbst und dass deshalb das Kind bei ihnen am besten aufgehoben sei. Diese Annahme trifft wohl zu, bedeutet aber nicht, dass sich das Kind beispielsweise bei einer Krippenerzieherin nicht auch wohlfühlen kann. Die Voraussetzung allerdings ist, dass die Erzieherin engagiert und gut ausgebildet ist. Anderseits kommt es leider auch vor, dass die Eltern ihre eigene Betreuungsfunktion nicht ausreichend wahrnehmen. Ich habe eine Geschäftsfrau erlebt, die nach der Geburt ihres Kindes ein Kindermädchen eingestellt hat, mit der das Kind ausgezeichnet harmonierte. Als es 2 Jahre alt war, realisierte die Mutter, dass nicht sie für das Kind die Hauptbezugsperson war, sondern das Kindermädchen. Das konnte sie nicht ertragen. Sie entließ das Kindermädchen und stellte im Jahreswechsel Au-pair-Mädchen ein – in der Erwartung, dass das Kind damit emotional stärker von ihr abhängig sein würde. Die emotionale Befindlichkeit des Kindes hat sich dadurch entscheidend verschlechtert, denn die Mutter war nach wie vor nicht mehr verfügbar, während das Kind keine tiefe und kontinuierliche Bindung mehr mit den ständig wechselnden Au-pair-Mädchen eingehen konnte. Was diese Mutter ihrer Tochter angetan hat, war eine Form von psychischer Kindsmisshandlung. Eltern, welche die Betreuung ihres Kindes mit anderen Personen teilen, müssen akzeptieren, dass sich das Kind an diese Personen bis zu einem gewissen Grad binden wird und auch muss, damit es sich geborgen fühlen kann. Dazu gehört für die Eltern auch, zu akzeptieren, dass sie sich emotional etwas zurückgesetzt fühlen. Sie sollten sich aber für das Kind freuen, dass es auch andere Bezugspersonen »lieben« kann. Eltern bleiben für das Kind Hauptbezugspersonen – wenn sie sich ausreichend um das Kind kümmern. Sie sollten sich daher immer wieder fragen: Wie gestalten wir die Beziehung zum Kind? Und vor allem: Wie viel Zeit verbringen wir mit dem Kind? Es kommt tatsächlich vor, dass Kinder ihren Vater so wenig sehen, dass sie fremdeln, wenn er nach Hause kommt. Kinder lieben ihre Eltern nicht, weil sie ihre Erzeuger sind, sondern weil sie eine Beziehung mit ihnen haben, die nur aus gemeinsamen Erfahrungen heraus entstehen kann.

Die Gesellschaft hat zwar weiterhin den Anspruch, dass die Eltern für die Betreuung der Kinder zuständig sind. Doch in der Realität wird dieser Anspruch immer weniger eingelöst, weil in den deutschsprachigen Ländern bis zu 75 Prozent der Mütter

berufstätig sind. Sehen Sie einen Ausweg aus dem Rollenkonflikt beziehungsweise der Doppelbelastung für die berufstätigen Mütter?

In der Vergangenheit ist die Mutter in der Kinderbetreuung immer unterstützt worden, sie hätte es nämlich unter den oft sehr schwierigen Lebensbedingungen gar nicht geschafft, alleine mehrere Kinder aufzuziehen. Sie musste zudem auf vielfältigste Weise zum Überleben der Familie beitragen. Das historische Modell ist die arbeitende Mutter, die historische Ausnahme die Reduktion auf die fürsorgliche Alleinbetreuerin. Dass ausschließlich die Mutter für die gesunde Persönlichkeitsentwicklung ihrer Kinder sorgen könne, ist ein Mythos, der nach dem Zweiten Weltkrieg entstanden ist. Die emanzipierte und mittlerweile mindestens ebenso gut wie der Mann gebildete Frau steht heute vor Fragen, die sich nie zuvor für sie gestellt haben: Soll sie eine berufliche Karriere machen? Will sie eine Familie gründen? Oder versucht sie beides miteinander zu vereinbaren? So oder so hat das Kind einen enormen Stellenwert. Bleibt die Mutter zu Hause, ist ihr Selbstwert an das Kind gekoppelt. Geht die Mutter arbeiten, müht sie sich ab, Kind und Karriere unter einen Hut zu bringen. Für geschiedene oder allein erziehende Mütter, die aus finanziellen Gründen arbeiten müssen, wird die Kinderbetreuung erst recht zu einer großen Belastung. Kommt hinzu, dass eben längst nicht jede Frau so wunschlos glücklich in einer ausschließlichen Mutterrolle aufgeht, wie es der alte Männermythos gerne hätte. Eine Zürcher Studie hat gezeigt, dass manche Mütter von Kleinkindern unglücklich, ja depressiv werden, wenn sie mit dem Kind allein zu Hause sitzen und sozial isoliert sind (Huwiler 2001). Das bedeutet wiederum nicht, alle Frauen seien nur dann glücklich, wenn sie berufstätig wären.

Die meisten Fachleute fordern mittlerweile, dass der Staat mehr Familien ergänzende Betreuungsangebote schafft, um die Doppelbelastung vor allem der Frauen von Familie und Beruf zu entschärfen, sei es in Form von Krippen, Horten oder Kindertagesstätten. Sind sie wirklich das Allheilmittel, als das sie immer wieder gepriesen werden?

Auch wenn diese Einrichtungen nicht alle Aufgaben übernehmen können, die bislang der Familie und dem Umfeld oblagen, sehe ich keine Alternative zu ihnen – sofern wir nicht zulassen wollen, dass unsere Kinder vernachlässigt werden. Betreuung ist aber nicht die einzige Aufgabe dieser Institutionen. Eine weitere Aufgabe ist für mich genauso wichtig: Kindertagesstätten ermöglichen den Kindern Erfahrungen, die sie für ihre Entwicklung benötigen und die sie in den eigenen Familien nicht mehr machen können. Dies gilt vor allem für die Sprach- und Sozialentwicklung, aber auch die Motorik und musische Fähigkeiten. Dazu gehören insbesondere Erfahrungen mit anderen Kindern, am besten jeden Tag mehrere Stunden lang. Täglich mehrstündige Spielgelegenheiten mit anderen Kindern können die wenigsten Familien ihrem Kind noch bieten. Es klingt hart, ist deshalb aber nicht weniger wahr: Auch die beste Mutter kann kein Kindersatz sein. Damit wird aber auch offensichtlich, welche hohe Qualitätsansprüche an die Kindertagesstätten gestellt werden müssen (siehe Anhang Kindertagesstätten). Es geht um weit mehr als nur um das Aufbewahren der Kinder, während ihre Eltern arbeiten. Dazu gehören nicht nur eine kompetente pädagogische Betreuung und ein kindgerechter Betreuungsschlüssel, sondern auch Räume und Einrichtungen, die den Kindern entwicklungsgerechte Aktivitäten ermöglichen. In welchem Grad gut geführte Krippen der kindlichen Entwicklung förderlich sein können, belegt eine Studie, die ermittelt hat, dass eher den Sprung ins Gymnasium schafft, wer als Kleinkind eine Krippe besucht hat (Fritschi und Oesch 2008).

Werden mit solchen Studien nicht illusorische Erwartungen bei den Eltern geschürt? Ist es wirklich seriös, wenn man suggeriert, dank Krippenbesuch habe ein Kind bessere Chancen auf einen Platz im Gymnasium?

Diese Studie zeigt, dass Kinder sich auch gut entwickeln können, wenn sie in einer qualitativ gut geführten Krippe betreut werden. Diese entwicklungsfördernde Wirkung der Krippen ist vor allem für Kinder aus bildungsfernen Schichten sehr bedeutsam. Sie ist womöglich die wirksamste Maßnahme, um mehr Bildungsgerechtigkeit bereits im Vorschulalter zu bewirken. Krippen und Kitas sind nun mal eine bessere Vorbereitung auf die Schule, als die ersten Lebensjahre allein zu Hause vor dem Fernseher zu verbringen.

Es fällt auf, dass nirgends ideologischer über Kinderkrippen gestritten wird als in den deutschsprachigen Ländern. Es gibt Stimmen wie jene von Christa Müller, der Ehefrau von Oskar Lafontaine, die schreibt: »Bei der Genitalverstümmelung handelt es sich um Körperverletzung, bei der Krippenbetreuung in einigen Fällen um seelische Verletzung – und die ist manchmal schlimmer als Körperverletzung.« (Müller 2007) Warum sind wir nicht zu mehr Pragmatismus fähig?

Die Gründe sind vielfältig. Es handelt sich dabei unter anderem auch um Nachwehen aus den Zeiten des Kalten Krieges. Ich habe in den 80-er Jahren verschiedentlich die DDR besucht und nach der Rückkehr jedes Mal erlebt, wie unglaublich allergisch man in der Bundesrepublik und in der Schweiz auf das staatliche Krippensystem der Kommunisten reagiert hat. Um die Bedeutung der Mutterrolle zu überhöhen, werden die Krippen immer noch verteufelt. Manche konservativen Männer, seltener Frauen, fühlen sich herausgefordert, wenn »der Staat den Familien die Kinder wegnehmen« und in Krippen und Tagesschulen stecken will. Für sie riecht es nach Sozialismus, wenn Erzieher ihr Kind mitbetreuen und vor allem auch miterziehen. Manche dieser Männer müssen sich jedoch die Frage gefallen lassen, ob sie selbst ihre erzieherische Verantwortung als Väter ausreichend wahrnehmen. Im Interesse der Kinder sollten wir uns schleunigst von den letzten Resten ideologischer Feindbilder freimachen, die uns daran hindern, die wirklichen Bedürfnisse der Kinder wahrzunehmen.

Was Erziehung von den Eltern erfordert

Es wird heute vielfach ein Erziehungsnotstand beklagt. Teilen Sie diese Einschätzung?

Viele Eltern haben heute beträchtliche erzieherische Schwierigkeiten mit ihren Kindern, und das stimmt nachdenklich – wobei niemand sagen kann, ob Erziehung früher nicht genauso schwierig war. Dies mag bis zu einem gewissen Grad an den Kindern liegen, weil sie beispielsweise häufiger hyperaktiv sind. Es gibt aber eine Reihe von handfesten Gründen, welche die Erziehung den Eltern heute erschweren. Dazu gehört ein verändertes Rollenbild von Mutter und Vater, ein Wechsel im Erziehungsstil, verbunden mit erhöhten Anforderungen an die Eltern, eine verminderte oder gar ausbleibende Unterstützung bei der Betreuung und Erziehung sowie vermehrte existenzielle und berufliche Belastungen.

Was meinen Sie mit verändertem Rollenbild von Mutter und Vater?

In den letzten 40 Jahren hat sich das Rollenverständnis von Frau und Mann und damit auch dasjenige von Mutter und Vater grundlegend gewandelt. Am Anfang dieses Wandels stand ein pharmakologischer Durchbruch: die Pille. Simone de Beauvoir (2000) sprach von der Mutterschaft als Fessel der Frau, und es war die Pille, welche die Frau von dieser Fessel befreit hat. Bis in die 70-er Jahre waren die meisten Frauen weitgehend von ihrem Ehemann abhängig, sobald sie 2 oder 3 Kinder hatten, denn als Geschiedene oder alleinstehende Frauen wären sie sozial stigmatisiert gewesen und hätten wirtschaftlich am Rande des Ruins gestanden. Heute kann die Frau selbst bestimmen, ob sie ein Kind haben will oder nicht. Der exklusive Ernährer der Familie ist der Mann auch nicht mehr, denn mittlerweile sind 3 von 4 Frauen ebenfalls berufstätig. Gleichzeitig haben die Männer ihren traditionellen Bildungsvorsprung gegenüber den Frauen eingebüßt und werden teilweise bereits von ihnen überholt. Diese Entwicklung der letzten 40 Jahre hat die traditionelle Position des Mannes in der Familie enorm geschwächt. Heute darf kein Mann mehr laut sagen, er sei das Oberhaupt der Familie, weil er riskiert, ausgelacht zu werden. Der Familie vorzustehen reicht nicht mehr aus. Als Vater muss der Mann sich weitgehend neu definieren. Er muss sich vor allem beziehungsmäßig bewähren, in der Partnerschaft und als Vater der Kinder. Die Mütter erwarten, dass sich die Väter in der Betreuung und Erziehung vermehrt engagieren. Immer mehr Mütter wünschen sich, dass sich der Vater zur Hälfte an der Betreuung und Erziehung beteiligt, wofür die Wirtschaft leider nach wie vor wenig Verständnis und Entgegenkommen mit flexibleren Arbeitsbedingungen zeigt. All diese tiefgreifenden gesellschaftlichen und partnerschaftlichen Veränderungen wirken sich auch auf die Erziehung aus. Fakt ist: Ein Vater mit einer autoritären Erziehungshaltung ist heute nicht mehr glaubwürdig. Er muss sich um eine tragfähige Beziehung zu seinem Kind bemühen und soll als männliches Vorbild zur Verfügung stehen. Beides verlangt von ihm etwas Kostbares: Zeit.

Der autoritäre Erziehungsstil hat ausgedient, doch mit einem grenzenlosen Laisser-faire-Stil kommen die Eltern ebenso wenig weiter, weil sie damit eine Ich-will-alles-sofort-Mentalität beim Kind befördern, die letztlich alle überfordert. Was ist denn Ihre Alternative?

In der autoritären Erziehung wurde erwartet, dass die Kinder gehorchen, weil die Eltern die Macht, vor allem auch zum Strafen, haben. Das Wort der Eltern galt, widerspruchslos – ob die Kinder wirklich besser gehorcht haben, kann niemand sagen. Das Resultat einer solchen Erziehung waren Menschen, die ohne Widerrede der Obrigkeit gehorchten und Autoritäten in der Gesellschaft akzeptierten, ohne sie zu hinterfragen. Ein Volk von Kopfnickern will heute – so hoffe ich wenigstens – eine Mehrheit der Bevölkerung nicht mehr. Wir möchten vielmehr freie Menschen, die Verantwortung übernehmen, eine eigene Meinung und Zivilcourage haben sowie Autoritäten nur dann akzeptieren, wenn sie auch glaubwürdig sind. Zu einem solchen Menschenbild führt eine auf Beziehung basierende Erziehung, welche die Kinder zu eigenständigen und selbstbewussten Wesen erzieht. Die Grundlage des Gehorsams ist nicht mehr der Druck der elterlichen Autorität, sondern eine verlässliche Vertrauensbasis zwischen Kind und Eltern. Das Kind gehorcht, weil es die emotionale Zuwendung der Eltern nicht infrage stellen oder gar verlieren will (Teil II Gehorsam). Eine solche beziehungsorientierte Erziehung verlangt größere erzieherische Kompetenzen und ist zeitlich aufwendiger als eine autoritäre. Damit sich das Kind geborgen fühlen kann, muss man mit ihm einfühlsam umgehen und vor allem mehr Zeit in die Beziehung investieren. Letztere ist leider für viele Eltern zur Mangelware geworden. Ich halte es für Augenwischerei, wenn behauptet wird, es komme für das Wohlbefinden des Kindes nur auf die Qualität und nicht auf die Zeit an, die man mit ihm verbringt (sogenannte »quality time«). Mehr als 80 Prozent der Mütter und Väter in Deutschland verbringen insgesamt weniger als 1 Stunde pro Tag mit ihren Kindern im Schulalter (Bundesministerium für Familie). Die Abbildung 44 zeigt, dass die Zeit, welche Eltern mit ihren Kindern jeden Tag im direkten Kontakt verbringen, im Minutenbereich liegt. In der Schweiz beschränken sich im Durchschnitt die gemeinsamen Aktivitäten des Vaters mit dem Kind ebenfalls auf etwa 20 Minuten pro Tag. Mit der gleichzeitigen Anwesenheit unter demselben Dach ist es nicht getan. Es geht um die Verfügbarkeit der Eltern: mit den Kindern reden, gemeinsam etwas im Haus machen oder draußen etwas erleben, sei es im Wald oder beim Baden. Um es auf den Punkt zu bringen: Laisser-faire entsteht nicht, weil sich die Eltern scheuen, Grenzen zu setzen. Sie können vielmehr keine Grenzen setzen, weil ihnen das Kind aus Beziehungsgründen den Gehorsam verweigert. Weil es die alte Autorität nicht mehr gibt, haben sie der Ich-will-alles-sofort-Mentalität ihres Kindes nichts entgegenzusetzen. Allen Eltern, die disziplinarische Schwierigkeiten mit ihren Kindern haben, empfehle ich, sich mehr Zeit für ihre Kinder zu nehmen. Nicht bei den Hausaufgaben, son-

Nur gemeinsames Erleben schafft Beziehung.

dern bei Aktivitäten, die dem Kind Freude machen und die Beziehung stärken. Jede aufgewendete Minute ist Gold wert und erspart nervenaufreibende Auseinandersetzungen und Strafaktionen.

Sie sprachen oft von der Überforderung vieler Eltern beim Erziehen. Kann es sein, dass manche nicht überfordert sind, sondern eher zu bequem, weil sie nicht bereit sind, zugunsten des Kindes Abstriche bei den eigenen Interessen zu machen?

Das kommt durchaus vor. Aber die meisten Eltern bemühen sich doch sehr, unterschätzen jedoch den Aufwand an Zeit, den sie leisten müssen. Erziehen ist anstrengend, vor allem wegen der ständigen Verfügbarkeit, die das Kind erwartet. Es liegt aber nicht nur an den Eltern, wenn sie überfordert sind. In der Gesellschaft ist die Vorstellung weit verbreitet, dass Eltern die Erziehung ihrer Kinder alleine schaffen müssten. Ich bezweifle die Richtigkeit dieser Vorstellung. Zu zweit oder gar alleine Kinder aufzuziehen ist eine Überforderung. Die meisten Eltern brauchen dabei Unterstützung durch Verwandte und Bekannte, immer mehr durch Institutionen wie Krippen während der Vorschulzeit und Tagesschulen während der Schulzeit. Aus den erwähnten Zahlen über die Verfügbarkeit der Eltern geht klar hervor: Manches Kind verbringt an einem Tag deutlich mehr Zeit mit den Lehrern als mit den Eltern, insbesondere dem Vater. Die familienergänzende Betreuung ist besonders wichtig für Familien, wo die Betreuung aus verschiedensten Gründen, wie beispielsweise hohe soziale und finanzielle Belastungen bei Alleinerziehenden, Arbeitslosigkeit oder psychische und körperliche Beeinträchtigung der Eltern, nur unzureichend geleistet werden kann. In guten Kindertagesstätten werden die Kinder nicht nur betreut, sondern auch erzogen.

Das Wichtigste für die Schule

1. Das Kind gehört nicht den Eltern, sondern nur sich selbst. Es ist nicht auf die Welt gekommen, um die Erwartungen seiner Eltern zu erfüllen, sondern um zu jenem Wesen zu werden, das in ihm angelegt ist. Dies zu ermöglichen, liegt in der Verantwortung der Eltern.

2. Eltern haben heute sehr hohe Erwartungen an das Kind, weil:
   - die meisten Familien nur noch 1 bis 2 Kinder haben;
   - die meisten Kinder Wunschkinder sind.

3. Viele Eltern sind existenziell verunsichert, weil:
   - sie um ihre soziale und wirtschaftliche Sicherheit fürchten;
   - ihr Arbeitsplatz nicht mehr gesichert ist;
   - erhöhte zeitliche und örtliche Flexibilität am Arbeitsplatz verlangt wird;
   - lebenslange Aus- und Weiterbildung von ihnen erwartet wird.

4. Viele Eltern fühlen sich der Schule gegenüber ohnmächtig, weil:
   - ihre eigenen Schulerfahrungen nicht mehr zeitgemäß sind;
   - sie mit dem Fortschritt in Technik und Wissenschaft nicht Schritt halten können;
   - sie ihre Kinder schulisch nicht ausreichend unterstützen können.

5. Eltern sollten den eigenen Druck möglichst wenig an ihr Kind weitergeben, um das Kind nicht der Gefahr einer ständigen schulischen Überforderung auszusetzen. Sie sollten ihre Erwartungen dem Kind anpassen.

6. Eltern sollten sich konsequent auf die Seite des Kindes stellen und ihm das Gefühl geben: Du bist gut, so wie du bist. Wir wissen, dass du dich bemühst, so gut du kannst. Wir lassen dich unter keinen Umständen im Stich.

7. Jedes Kind soll die Schulkarriere machen können, die seinen Fähigkeiten entspricht. Ob das Kind sich seiner Anlage gemäß entwickeln kann, hängt wesentlich von der Einstellung und Erziehungshaltung der Eltern ab.

8. Die meisten Eltern schaffen die Betreuung ihres Kindes nicht allein. Sie sind auf familienergänzende Betreuungsangebote angewiesen.

9. Eine gute familienergänzende Betreuung:
   - befriedigt die körperlichen und psychischen Bedürfnisse der Kinder;
   - bietet ihnen die vielfältigen Erfahrungen, die sie für ihre Entwicklung benötigen.

   Eine Betreuung im Vorschulalter ist die wirksamste Maßnahme, um Kinder aus bildungsfernen Schichten zu fördern.

10. Wenn Eltern die Betreuung ihres Kindes mit anderen Personen teilen, müssen sie akzeptieren, dass sich das Kind an diese Personen binden wird und auch muss, damit es sich geborgen fühlt. Sie müssen auch akzeptieren, dass diese Personen ihr Kind miterziehen.

11. Erziehung ist für Eltern aus den folgenden Gründen anforderungsreicher geworden:
    - verändertes Rollenbild von Mutter und Vater;
    - Erziehungsstil mit erhöhten Anforderungen an die Eltern;
    - unzureichende Unterstützung in der Kinderbetreuung;
    - steigende existenzielle und berufliche Belastungen.

Bildungsinstitutionen

Was gelernt werden soll und was nicht

Eltern, Lehrer und Bildungspolitiker setzen mitunter völlig unterschiedliche Prioritäten bei der Ausgestaltung der Lehrpläne. Man ist sich offensichtlich nicht einig darüber, welche Stoffe die Schule in welchem Umfang vermitteln soll. Wo liegen für Sie die Schwerpunkte?

Für mich hat das Kind erste Priorität. An seinen Bedürfnissen müssen wir die Lehrpläne ausrichten und uns dabei an folgenden Fragen orientieren:

- Was trägt der Lernstoff zur kindlichen Entwicklung und zur Ausbildung der Kompetenzen bei?
- Wird dieser Lernstoff später benötigt?
- Ist dieser Lernstoff nachhaltig oder nur kurzfristig prüfungsrelevant?

Nehmen wir das Beispiel Mengenlehre: Was ist ihr Beitrag zum logischen Denken der Kinder? Wo kommt die Mengenlehre später zur Anwendung? Wie nachhaltig ist sie? Verbessert sie das analytische Denken und die Entscheidungskompetenz bis ins Erwachsenenalter? Die große Zeit der Mengenlehre ist 40 Jahre nach ihrer Einführung vorbei. Offensichtlich hängen Lehrpläne auch von pädagogischen Moden ab. Oder nehmen wir die Sprachen: Geht es hier um theoretisches Wissen über Grammatik und Syntax oder nicht vielmehr um eine möglichst hohe Kompetenz bei der Anwendung der Sprache? Wenn Letzteres zutrifft: Wie muss der Unterricht gestaltet sein? Beispiel Geometrie: Was fördert die Raumvorstellungen mehr und hat einen langfristigen Nutzen: das Auswendiglernen und die Anwendung des Satzes von Pythagoras oder ein kompetenter Umgang mit virtuellen Räumen am PC? Der Schule stehen nur eine beschränkte Anzahl Unterrichtsstunden zur Verfügung, die sie so gut wie möglich nutzen sollte. Lernstoff, der nur den Fachlehrer, aber nicht die Kinder interessiert, der für die kindliche Entwicklung bedeutungslos, langfristig nutzlos und nicht nachhaltig ist, gehört nicht in den Unterricht. Es darf nicht allein den Fachlehrern überlassen bleiben, zu entscheiden, was, wie in welchem Umfang gelehrt wird. Für die Gestaltung der Lehrpläne sind Fachleute verschiedener Disziplinen vonnöten, welche die pädagogische Notwendigkeit von fachlichem Inhalt und zeitlichem Umfang des Stoffes in Bezug auf die kindliche Entwicklung, den zukünftigen Nutzen und die langfristige Nachhaltigkeit einschätzen.

Sie, Herr Largo, zählen ja zu den Verfechtern eines verstärkten musischen wie auch handwerklichen Unterrichts. Wie soll das alles noch Platz im vollgestopften Lehrplan finden, zumal in jenen deutschen Bundesländern, wo sämtliche Schulstunden weiterhin in einen halben Tag hineingepresst werden müssen?

Deshalb befürworte ich die Einführung von Ganztagsschulen mit Betreuung. Wenn die Kinder auch nachmittags in die Schule gingen, gäbe es mehr Raum auch für musischen und handwerklichen Unterricht. Eine weitere Möglichkeit bestünde darin, diese Aktivitäten außerhalb des Unterrichts ohne Zeitdruck anzubieten. Dabei geht es weit weniger darum, dass die Schulen ihr Angebot erweitern. Vielmehr sollten sie eine enge Zusammenarbeit mit Sportvereinen, Musikschulen oder Theaterclubs eingehen. Da gibt es eine große Anzahl gut ausgebildeter Fachpädagogen und Trainer, welche die Kinder in all jenen Bereichen fördern können, die im Unterricht keinen Platz finden.

Warum Integration notwendig ist

Eines der großen pädagogischen Grundprobleme ist jenes des schulischen Umgangs mit der Verschiedenheit der Kinder. Seit mehr als 100 Jahren wird darüber debattiert, ob die Schule teilleistungsschwache, behinderte und verhaltensauffällige Kinder eher in Sonderklassen separieren oder in Regelklassen integrieren soll. Bis in die 1990-er Jahre galt mehrheitlich die Doktrin der Separa-

tion, weil man dadurch einerseits die Regelklassen entlasten und anderseits eine bessere spezifische Schulung der Behinderten ermöglichen wollte. Seit 1968 gibt es allerdings einen wachsenden Druck Richtung Integration, der hauptsächlich von der politischen Linken sowie von betroffenen Eltern ausging, die sich gegen die Abschiebung der Kinder in Heime und Sonderklassen wehrten. 1994 verabschiedete die Uno die »Erklärung von Salamanca«, worin ein klares Bekenntnis zur schulischen Integration anstelle von Separation abgelegt wurde. Heute ist das Prinzip der Integration in der Fachwelt mehr oder weniger unbestritten. Ist die Integration eine pädagogische Mode oder ist die Separation gescheitert?

Ich meine, dass die Separation tatsächlich gescheitert ist. Und zwar deshalb, weil man sie ad absurdum geführt hat, insbesondere in der Schweiz. Auf dem Höhepunkt der Separation wurden 6,2 Prozent der Schulkinder in Sonderklassen, beispielsweise für Kinder mit Sprachstörungen, oder Sonderschulen unterrichtet (Deutschland: 4,5 Prozent; Moser und Lanfranchi 2008). Einzelne Kantone wie Zürich haben der Regelklasse nicht weniger als 5 Typen von Sonderklassen zur Seite gestellt. Zusätzlich wurden mehr als ein Drittel der Kinder in den Regelklassen im Verlauf von 6 Schuljahren mit sonderpädagogischen Maßnahmen unterstützt. Dazu haben nicht nur die Schulen, sondern auch Eltern beigetragen, die nicht akzeptieren wollten, dass ihr Kind etwas langsamer als der Durchschnitt im Lesen oder Rechnen war und daher sonderpädagogische Maßnahmen für ihr Kind verlangten. Wenn bei 4 von 10 Kindern in Regelklassen eine Lernschwäche oder Verhaltensauffälligkeit diagnostiziert wird, dann ist in erster Linie das Schulsystem gestört und nicht die Kinder (in Deutschland sind es 1 bis 3 von 10 Kindern je nach Bundesland). Diese Politik hatte Auswirkungen, die ein kindgerechtes, faires Bildungssystem unbedingt vermeiden sollte: die Ausgrenzung von Kindern aus der Gemeinschaft. Insgesamt war unser Sonderschulsystem ein Ausdruck für die Intoleranz der Gesellschaft gegenüber der Verschiedenartigkeit der Kinder. Es war nicht nur unglaublich teuer – im Fall Zürich verschlang es ein Drittel des gesamten Volksschulbudgets –, sondern erwies sich auch als wenig wirksam, weil es die schulischen Leistungen der Sonderschüler nicht zu verbessern vermochte (Moser 2007). Ein weiterer sehr negativer Punkt war, dass das Selbstwertgefühl des Kindes litt, weil es als Sonderschüler stigmatisiert war, was wiederum von den Eltern als soziale Diskriminierung empfunden wurde. Schließlich fehlten in den Sonderklassen kompetente Schüler als Vorbilder, was die Lernmotivation und Sozialisierung der Kinder beeinträchtigt hat.

In Deutschland und Österreich hat man im Hinblick auf die Förderung der schulischen Integration große Hoffnungen mit der Gesamtschule verbunden. Doch Gesamtschulen blieben seit ihrer Gründung in den späten 1960-er Jahren politisch höchst umstritten, und die Diskussion findet kein Ende, ob diese Schulform zu mehr Chancengerechtigkeit oder zu einer Nivellierung nach unten führt. So meint Salcher (2008): » Seit der Diskussion über die Gefahren und Chancen der Atomenergie wurde keine Diskussion mehr mit so viel Fanatismus, ideologischer Verblendung, intellektueller Selbstfesselung und manipulierten Statistiken geführt wie die Frage, ob eine gemeinsame Schule aller 10- bis 14-Jährigen zu mehr Chancengleichheit oder zu einer noch größeren Nivellierung nach unten führt. «

Wie stehen Sie zur Gesamtschule?

Gesamtschulen sind eine Folge von Bildungspostulaten, die zwar gut gemeint waren, aber von der falschen Prämisse ausgingen, dass die unterschiedlichen schulischen Leistungen nur eine Folge falscher Strukturen seien. Und dass man sozusagen aus jedem Kind einen Gymnasiasten machen könne, wenn nur das Umfeld stimmt. Doch das ist leider eine Illusion. Vielmehr trifft zu, worauf bereits die Lernforscherin Elsbeth Stern hingewiesen hat und was beim erstmaligen Lesen vielleicht paradox anmuten mag: » Den Verfechtern der Gesamtschule muss klar sein, dass die optimale Förderung jedes einzelnen Schülers nicht zu mehr Gleichheit, sondern zu mehr Ungleichheit führt. Denn je größer die Chancengerechtigkeit, desto mehr schlagen die Gene durch. Eine gute Schule, das mag nicht jedem gefallen, produziert Leistungsunterschiede auf hohem Niveau. « (Stern 2005) Verschiedenheit stellt jedoch die Gesamtschule nicht infrage.

Es gibt Gesamtschulen wie die Helene-Lange-Schule in Wiesbaden oder die finnischen Gesamtschulen, die in den PISA-Tests immer hervorragend abschneiden. Anderseits ist der Bildungsforscher Helmut Fend zu einem niederschmetternden Ergebnis über die ausgleichende Langzeitwirkung der Gesamtschulen gelangt: »Selten hat mich das Ergebnis meiner Forschungen so überrascht und enttäuscht wie diesmal: Die Gesamtschule schafft unterm Strich nicht mehr Bildungsgerechtigkeit als die Schulen des gegliederten Schulsystems – entgegen ihrem Anspruch und entgegen den Hoffnungen vieler Schulreformer, denen ich mich verbunden fühle. Die soziale Herkunft, so die bittere Erkenntnis, entscheidet hierzulande noch langfristiger über den Bildungserfolg der Kinder als bislang angenommen.« (Fend 2008)

Welche Schlüsse ziehen Sie aus diesen unterschiedlichen Signalen? Unter welchen Voraussetzungen funktioniert eine Gesamtschule gut?

Die Gegner der Gesamtschule fürchten ja nichts mehr, als dass innerhalb einer Klasse die guten Schüler von den schwächeren hinuntergezogen werden. Doch die Erfahrungen in Finnland zeigen, dass genau dies nicht der Fall sein muss. Von allen OECD-Staaten ist in den finnischen Gesamtschulen die Chancengerechtigkeit am besten gewahrt (OECD 2006). Wahrscheinlich liegt der Erfolg der finnischen Gesamtschulen aber weniger an den Strukturen, sondern vielmehr an einer kindgerechteren pädagogischen Grundhaltung, die dahinter steht. Zum Beispiel in der Frage, warum Kinder überhaupt lernen und was für eine Verbesserung der Lernmotivation nötig ist. Beides beruht unter anderem auf vertrauensvollen Beziehungen, was sich in einem guten Schulklima manifestiert.

Und doch wächst bei vielen Eltern die Skepsis gegenüber der schulischen Integration, weil sie fürchten, die guten Schulkinder würden von den schwächeren leistungsmäßig behindert. Es gibt Studien, die einen klaren Zusammenhang zwischen der Anzahl von Kindern mit Migrationshintergrund und der schulischen Leistung einer Klasse belegen (Moser und Keller 2008, Coradi Vellacott 2007). Übersteigt ihr Anteil 40 Prozent und sitzen mehr als

24 Schüler in der Klasse, sinken die Leistungen aller sowohl in Sprachen wie in Mathematik. Müssen folglich die Leistungsstarken in der Klasse den Preis für die Integration bezahlen?

Grundsätzlich meine ich: Wir können nicht eine Segregation in der Schule betreiben und glauben, die gesellschaftliche Integration werde sich später von selbst einstellen. Die Separation würde nicht nur eine Gettoisierung der Migrantenkinder, sondern sämtlicher leistungsschwacher Kinder bewirken. Richtig ist, dass große und heterogene Klassen es dem Lehrer schwer oder gar unmöglich machen, auf das einzelne Kind situationsgerecht einzugehen (siehe Teil I Lernverhalten und Teil II Beziehungsverhalten). Die Heterogenität einer Klasse muss daher bei der Klassengröße berücksichtigt werden, indem zum Beispiel die Anzahl an Kindern in einer Klasse mit vielen fremdsprachigen Kindern reduziert wird. Doch eine wesentliche Ursache für die schulischen Schwierigkeiten der Migrantenkinder liegt nicht in der Schule selbst, sondern in der mangelnden Integration im Vorschulalter.

Die Alternative zur Gesamtschule ist die 2- oder 3-gliedrige Sekundarstufe I (D: Gymnasium, Realschule, Hauptschule; CH: Gymnasium, Sekundarschule, Realschule; Unterschiede im Bildungssystem siehe Anhang).

Doch dieser gegliederte Schultyp ist genauso umstritten wie die Gesamtschule.

Zu Recht ist die gegliederte Schule umstritten. Sie ist widersinnig, weil sie nicht erreicht, was sie anstrebt, sondern Ungerechtigkeiten schafft. Abbildung 45 zeigt, weshalb: Mit der Dreigliedrigkeit versucht man den Gordischen Knoten der Vielfalt mit zwei Schwerthieben von Noten und Prüfungen zu lösen. Wie aus der Aufteilung ersichtlich wird, ist die Wahrscheinlichkeit groß, dass ein Schüler zufällig dem Gymnasium oder der Realschule zugeteilt wird. Das Gleiche gilt für die Zuteilung zur Real- oder Hauptschule. Die Trennlinien sind in jenen Bereichen angesetzt, wo sich am meisten Schüler befinden. So bestimmt der Zufall für zahlreiche Schüler, ob sie sich links oder rechts von der Trennlinie wiederfinden.

Sowohl deutsche (Bos 2003) wie Schweizer Studien (Moser 2008) haben ergeben, dass rund 10 Prozent der Schüler einer Schule zugeteilt werden, die unter ihrem Leistungsvermögen liegt (Abbildung 46). Sie sind zum Beispiel Hauptschüler, erbringen aber zumindest in einem Fach die gleichen Leistungen wie Real- oder gar Gymnasialschüler. Besonders häufig davon betroffen sind Schüler aus Familien mit Migrationshintergrund (Imdorf 2002). Der Bildungsforscher Wilfried Bos sagt: »Die Übergangsempfehlungen der Lehrer haben oft wenig mit den Fähigkeiten der Schüler zu tun.« (Bos 2003)

Diese Befunde lassen sich aus den oben genannten Überlegungen erklären. Es gibt aber noch einen weiteren wichtigen Aspekt: Die verschiedenen Kompetenzen sind beim einzelnen Schüler nur in Ausnahmefällen gleich ausgebildet. Die meisten Schüler erbringen in den verschiedenen Fächern Leistungen auf ganz unterschiedlichem Niveau. Der eine Schüler ist gut in Mathematik und schwach in den Sprachen – bei einem anderen ist es genau umgekehrt. Nach welcher Leistung soll nun separiert werden? Heute eher nach den sprachlichen Leistungen, was die Jungen diskriminiert, auch wenn sie in Mathematik besser sind. Sehr bedenklich finde ich zudem, wenn sich hinter der Selektion eine soziale Diskriminierung versteckt, weil der Lehrer sich bewusst oder unbewusst vom sozialen Stand der Eltern beeinflussen lässt. Fördert er zum Beispiel den Sohn eines türkischen Hilfsarbeiters weniger als den Sohn eines deutschen Hochschulprofessors, dann fällt dies umso mehr ins Gewicht, weil der Sohn des Hilfsarbeiters ohnehin mit deutlich geringerer familiärer Unterstützung für seine Schulkarriere rechnen kann. Werden diese ausländischen Jungen zu tief eingestuft, sind sie nicht nur unterfordert, sondern beginnen auch zu rebellieren, weil sie ihre Diskriminierung als pseudoschwache Schüler sehr genau realisieren. Chancengerechtigkeit lässt sich nur herstellen durch schulische und soziale Integration sowie einen individualisierten Unterricht.

In Deutschland und Österreich werden Schulkinder im internationalen Vergleich sehr früh auf verschiedene Schultypen aufgeteilt, zumeist bereits nach 4 Schuljahren; in der Schweiz nach 6,

in Finnland jedoch erst nach 9 Schuljahren. Der Grund dafür liegt bei den bürgerlichen Kreisen, die der Einführung der deutschen Volksschule im Jahr 1920 nur unter der Bedingung zustimmten, dass ihre Kinder nicht länger als 4 Jahre »mit Krethi und Plethi in den gleichen Bänken« sitzen müssen, »womöglich Ellbogen an Ellbogen mit den Kindern des eigenen Personals« (Preisendörfer 2008). Welche Folgen hat diese frühe Selektion?

Sie hat eine Reihe von Auswirkungen – ausschließlich negative. Zum Beispiel für die Jungen, die im Alter von 10 Jahren in ihrem Entwicklungsprozess im Durchschnitt eineinhalb Jahre hinter den Mädchen zurückliegen (Teil I, Vielfalt). Es findet Jahr für Jahr ein gigantischer Drill statt, bei dem die bildungsnahen Eltern alles unternehmen, damit ihre Kinder ins Gymnasium eingeteilt werden. Weil man dazu einen bestimmten Notendurchschnitt braucht, wird der Notendruck bereits in die unteren Klassen vorverlegt. Das führt zu einer Förderwut, die nicht nur für das Kind, sondern oft auch für die Eltern einen immensen Stress bedeutet.

Doch worin genau liegt die Ungerechtigkeit eines gegliederten Schulsystems?

Die 3 wichtigsten Gründe sind:

- Es wird aufgrund von Noten und Prüfungen selektioniert, nicht aufgrund von Kompetenzen. Die Zuteilung ist daher oft willkürlich, weil sie von Unterstützungsformen wie Nachhilfeunterricht abhängt, die das eine Kind bekommt und das andere nicht.
- Die unterschiedliche Ausprägung der Kompetenzen wie Sprache oder Mathematik beim einzelnen Kind führt dazu, dass es je nach Kompetenz ins Gymnasium, die Realschule oder Hauptschule gehören würde.
- Die größte Ungerechtigkeit entsteht dadurch, dass Schüler in Gymnasium, Real- und Hauptschule nicht die gleichen Lernerfahrungen machen können.

Die bisherigen Erfahrungen zeigen, dass Schulstrukturen Chancengerechtigkeit erschweren, wenn nicht sogar unmöglich machen, keinesfalls jedoch allein gewährleisten können. Chancengerechtigkeit ist letztlich immer eine Frage des pädagogischen Konzeptes. Erfolgreiche Gesamtschulen beweisen, dass es pädagogisch möglich ist, Chancengerechtigkeit herzustellen. Warum also wehrt man sich dagegen? Letztlich geht es wohl um die Frage, ob in unserem Bildungssystem das Leistungsprinzip und ein elitäres Verständnis der Gesellschaft oder aber der Gedanke einer Solidargemeinschaft bestimmend ist.

Warum Noten wenig über schulische Qualität aussagen

Die Abschaffung beziehungsweise das Fehlen von Noten gilt bei weiten Teilen der Bevölkerung als leistungs- und wettbewerbsfeindlich. Nicht nur viele Eltern und Politiker, sondern auch viele Lehrer glauben nicht, dass Schüler ohne Notendruck lieber und besser lernen. Was macht Sie so sicher, dass es ohne Noten besser geht?

Dass Leistung nicht freiwillig erbracht wird, sondern durch Prüfungen erzwungen werden muss, ist eine weitverbreitete Überzeugung unter Eltern und Lehrern. Sie wird umso häufiger geäußert, je älter die Schüler sind. Denn schließlich basieren Gesellschaft und Wirtschaft ebenfalls auf Druck und Wettbewerb, also sollten sich Schüler frühzeitig an dieses System gewöhnen. Diese Einstellung tritt vermehrt bei jenen Erwachsenen auf, die sich durchgesetzt haben und erfolgreich sind. Doch gerecht ist dieses System in keiner Weise. Das wäre nur dann der Fall, wenn alle die gleichen Voraussetzungen mit sich bringen würden, was – wie wir bezüglich Anlage und Lebensbedingungen gesehen haben – nicht der Fall ist. Wie wirken sich Noten auf die Lernmotivation aus? Ermutigt eine 1 (beziehungsweise eine 6 in der Schweiz) einen Schüler dazu, noch mehr zu lernen, oder verführt sie ihn zur Nachlässigkeit? Entmutigt eine 4 einen Schüler oder spornt sie ihn an? Das hängt nicht von den Noten, sondern von den Lernbedingungen und dem emotionalen und sozialen Klima in der Schule und in der Familie ab. Ungerecht sind Noten auch deshalb, weil sie vorgeben, dass eine präzise Messung schulischer Leistungen möglich sei. In der Realität herrscht jedoch eine beträchtliche Willkür. So belegen Untersuchungen, dass der gleiche Abituraufsatz von 42 verschiedenen Lehrern extrem unterschiedlich benotet wurde – von 1 bis 6. Nicht anders in der Mathematik: Dort wurde eine identische Prüfung mit Zensuren von 1 bis 5 bedacht – je nach Bewertung des Lösungsweges (Brügelmann 2006). Ich bin überzeugt, dass es nicht nur für jeden einzelnen Schüler, sondern auch für die Gemeinschaft insgesamt gerechtere und für alle bessere Formen des Zusammenlebens gibt als ein sozialdarwinistisch konzipiertes Schulsystem.

Warum sind dann gerade viele Eltern derart auf die Benotung ihrer Kinder bedacht?

Weil sie sehr genau wissen, dass Noten für die spätere Karriere ihres Kindes entscheidend sind. Deshalb schicken sie ihre Kinder in den Nachhilfeunterricht und in private Lerninstitute. Dort geht es in erster Linie darum, die Kinder »fit to the test« zu machen. Doch bei all diesen Unterstützungsmaßnahmen geht die Frage verloren, was Kinder wirklich lernen wollen und sollten und was für das einzelne Kind angemessen wäre.

Da würden nun allerdings viele verzweifelte Eltern und auch Lehrer antworten: Die wollen von sich aus leider gar nichts lernen. Liegen sie falsch?

Ob Kinder lernen wollen oder nicht, hängt von den Erwartungen und Anforderungen ab, die Eltern und Lehrer an sie stellen. Ich weiß, es klingt provokativ, doch ich habe noch kein Kind erlebt, das nicht lernen will – sofern es dies seinem Entwicklungsstand entsprechend tun kann. Demotivierte Kinder sind Kinder, die etwas lernen müssen, das sie nicht begreifen. Wenn Eltern und Lehrer also wollen, dass die Kinder von sich aus lernen, dann müssen sie sich auf den individuellen Entwicklungsstand der Kinder einstellen.

Könnte es nicht auch sein, dass viele Schüler gar nicht so unglücklich sind mit den Noten? Denn häufig sind es doch die Schüler, die Noten und Zeugnisse untereinander vergleichen. Da wird

so etwas wie ein natürlicher Wettbewerb unter den Kindern spürbar. Gerade Jungen sagt man nach, sie sähen sich mehr in Konkurrenz zueinander als Mädchen und suchten geradezu den Wettbewerb.

Bereits Kleinkinder spüren sehr genau, wo ihre Stärken und Schwächen liegen und wo die anderer Kinder. Sie stellen sich darauf ein, beispielsweise indem sie die körperliche Überlegenheit oder höhere soziale Kompetenz eines anderen Kindes akzeptieren und sich unterordnen. Jungen sind im Allgemeinen stärker auf Wettbewerb eingestellt als Mädchen, aber eben nicht bezüglich der Noten in der Mittel- und Oberstufe. Unter Jungen ist cool, wer gerade noch eine ausreichende Note hat. Wer darüber liegt, gilt als Streber und handelt sich Probleme mit der Gruppe ein. Manche Jungen sind zwar stärker auf Wettbewerb ausgerichtet, aber diesen Drang wollen sie nicht im Klassenzimmer ausleben, sondern außerhalb, zum Beispiel auf dem Fußballplatz. Der unerträgliche Notendruck geht nicht von den Kindern aus, sondern wird von Schule und Eltern erzeugt. Wenn Leistung über alles geht, dann kann die Belastung so groß werden, dass schließlich die Beziehungen zwischen den Kindern darunter leiden. Denn gute Noten bedeuten ja, besser als die anderen zu sein. Die schulischen Leistungen sollten den sozialen Zusammenhalt unter den Kindern jedoch nicht beeinträchtigen.

Keine Schule der Welt kommt früher oder später um eine Selektion herum. Es stellt sich einfach die Frage: Was ist eine sinnvolle Selektion? Und ist diese überhaupt möglich ohne Noten?

Ich bestreite, dass Selektion in der Schule eine Notwendigkeit ist. Was wir brauchen, ist eine Beurteilungsmethode, die eine zuverlässige Einschätzung des Entwicklungsstandes und der Leistungsfähigkeit eines Kindes erlaubt. Noten, die auf Prüfungen beruhen, erfüllen dieses Kriterium nur sehr bedingt. Sie hängen in einem hohen Maß vom Lernverhalten und vom Arbeitsstil ab und weit weniger von der Kompetenz des Kindes. Eine Gymnasiastin hat mir folgende Episode erzählt: Im Biologieunterricht wird der Blutkreislauf besprochen. Einige Schüler, mehrheitlich Jungen, beteiligen sich lebhaft an der Diskussion, verstehen die hydrodynamischen Aspekte des Kreislaufes offensichtlich besser und stellen auch mehr kluge Fragen als andere. Dann kommt die Prüfung, die darin besteht, dass der Biologielehrer die lateinische Bezeichnung der Blutgefäße abfragt. Resultat: Diejenigen Schüler, welche die Bezeichnungen gründlich auswendig gelernt hatten, erzielten die besten Noten. Das waren aber nicht auch diejenigen, welche die Funktionsweise des Blutkreislaufes am besten verstanden hatten. Auswendig gelerntes Faktenwissen abzufragen ist wesentlich einfacher als herauszufinden, ob jemand etwas wirklich verstanden hat. Zu überprüfen, ob jeder Schüler die Funktion des Kreislaufes tatsächlich begriffen hat, wäre für den Biologielehrer weitaus aufwendiger gewesen. Ein anderes Beispiel aus dem Französischunterricht: Da werden grammatikalische Formen an einem Schweizer Gymnasium abgefragt und zu einem Selektionskriterium erhoben, obwohl die französischsprachige Tagesschau des Westschweizer Fernsehens täglich dagegen verstößt. Das ist zwar absurd, doch die Überprüfung einer speziellen Zeitform ist eben einfacher, als die Kompetenz der Schüler in der Kommunikation in alltagsrelevanten Situationen zu erfassen. Die Noten sagen mehr über die Arbeitshaltung der Schüler sowie über die Prüfmethodik der Schule aus als über die wirkliche Kompetenz der Schüler. Sie geben nur wieder, womit sich der Schüler in den Tagen und Stunden vor dem Test beschäftigt hat. Ein wesentliches Merkmal von Kompetenz jedoch ist Nachhaltigkeit – was weiß der Schüler noch Wochen, Monate und Jahre später? Wenn ein ehemaliger Gymnasialschüler mit 6 Jahren Lateinunterricht nicht fähig ist, bei einem Besuch in Rom die Inschriften an den antiken Denkmälern zu entziffern, zeugt das nicht von einem nachhaltigen Wissen, und damit ist etwas gründlich schiefgelaufen in seiner Schulzeit.

Wie könnte ein Ersatz für das traditionelle Notensystem aussehen?

Eine Alternative zum Notenzeugnis ist beispielsweise ein Kompetenzraster, das beschreibt, wo das Kind in seiner Entwicklung steht und was das Kind zu leisten imstande ist. Kompetenzraster sind weit aussagekräftiger als Noten. Es ist doch sehr bemerkenswert, dass viele Unternehmen den Noten nicht mehr trauen und eigene Prüfungen durchführen. Der Wirtschaft lässt sich ja nun wirklich nicht eine leistungsfeindliche Grundhaltung unterstellen. Aber offensichtlich können viele Personalchefs mit Schulnoten immer weniger anfangen. Bedeutet die Note 2 in Deutsch, dass der Schüler die mehrseitige Gebrauchsanweisung für ein Gerät lesen kann oder nicht? Kann er einen fehlerfreien Brief an einen Kunden abfassen oder nicht? Gerade die leistungsbewusste Wirtschaft will Klarheit darüber haben, was der angehende Mitarbeiter an Fähigkeiten und Wissen mitbringt.

Und wie muss man sich ein Kompetenzraster vorstellen?
Dort ist beispielsweise die Kompetenz im Rechnen bei einem 8-jährigen Kind folgendermaßen beschrieben: Sein Zahlenraum umfasst schriftlich die Zahlen von 1 bis 1000. In diesem Zahlenraum sind die folgenden Zahlenoperationen möglich: Addition, Subtraktion, nicht aber Division und Multiplikation. Mündlich beschränkt sich der Zahlenraum auf 1 bis 100. Das Kind hat Mühe, sich Zahlen zu merken und zu rechnen, wenn es die Zahlen nur gehört hat. Kompetenzraster vermitteln solche Informationen mit differenzierten Abstufungen. Beim Lesen heißt es zum Beispiel: Das Kind kann Vorgabetexte (zum Beispiel Formulare) gut genug verstehen, um mit ihnen umgehen zu können. Es kann kurze, einfache Mitteilungen verstehen. Es kann sehr einfache, bebilderte Texte verstehen. Oder auf einer höheren Stufe: Das Kind kann längere Zeitungs- und Zeitschriftenartikel rasch inhaltlich erfassen. Es kann literarische Prosatexte verstehen (weitere Angaben siehe Anhang).

Eine Beurteilung in Worte, anstatt in Zahlen zu fassen, verhindert allerdings nicht, dass die subjektive Einschätzung des Lehrers mitschwingt. Kritiker wenden zudem ein, dass ein Lehrer seine Worte deutlich abschwächt, wenn er mit seiner Beurteilung die gute Beziehung zum Kind nicht gefährden will.
Eine subjektive Komponente ist auch beim Notensystem vorhanden. Doch Worte beschreiben eine Fähigkeit viel präziser als eine einzige Zahl. Ich war immer wieder beeindruckt, wenn ich die

Zeugnisse meiner Kinder aus der Waldorfschule gelesen habe. Jedes Kind war in seinem Wesen, Entwicklungsstand und Leistungsvermögen nicht nur sehr gut erfasst, sondern die Lehrer gaben in der Art und Weise, wie sie das Kind beschrieben, auch einiges von sich selbst preis. Was die gute Beziehung zum Kind betrifft, die angeblich gefährdet sein soll, so wird das Fundament dafür sehr viel früher gelegt und hoffentlich anders als beim Verteilen von Noten. Das Hauptproblem des Notensystems liegt darin, dass alle Schüler zum gleichen Stoff geprüft werden. Doch wie will man gerecht benoten, wenn alle Kinder unterschiedlich weit sind und jeder Schüler auf seine eigene Weise lernt? Das bisherige Benotungssystem wird endgültig unbrauchbar und muss durch Beurteilungsinstrumente wie Kompetenzraster oder Portfolio ersetzt werden, wenn der Unterricht individualisiert wird. Der Lehrer ist auf ein Raster angewiesen, das ihm auf einem Entwicklungskontinuum angibt, wo der Schüler derzeit steht und was die nächste Etappe an Lerninhalten umfassen soll.

Von Schulnoten halten Sie nichts, die Resultate der PISA-Studien aber finden Sie aufschlussreich. Ist das nicht ein Widerspruch? Fördern nicht gerade die internationalen und nationalen Vergleiche die Qualität, weil erst die Vergleiche auf Mängel im Schulsystem hinweisen?

Ja, ich bin in Bezug auf die Qualitätsmessung tatsächlich ambivalent. Die Resultate der PISA-Studien haben uns einerseits aufgezeigt, dass wir in unserem Bildungssystem Reformbedarf haben. Es drohen anderseits Fehlentwicklungen, die wir unbedingt vermeiden müssen. Eine solche Fehlentwicklung wäre, dass all die Vergleiche zwischen Staaten, Bundesländern und Kantonen, letztlich auch zwischen einzelnen Schulen, Lehrern und nicht zuletzt den Schülern selbst den Wettbewerb noch weiter anheizen. Ein überdrehter bildungspolitischer Wettbewerb verleitet meines Erachtens zu kurzfristigem Denken und Handeln – ähnlich wie wir es von der Börse kennen. Eine andere Fehlentwicklung wäre, dass wir nur noch mit Messen, Vergleichen und dem Festlegen von Standards beschäftigt sind und glauben, damit auch gleich das Bildungssystem verbessert zu haben. Aufgrund der Messungen wissen wir zwar, dass es Unterschiede gibt, aber die genauen Gründe dafür kennen wir nicht. Und das Wesentliche geht dabei leicht verloren: Die Bildungsinhalte und pädagogischen Konzepte, und vor allem die Bedürfnisse der Kinder.

Nicht weniger als 15000 bildungsinteressierte Deutsche sind in den letzen Jahren nach Finnland gepilgert, um das nordische PISA-Wunder näher kennenzulernen. Was war für Sie das Aufschlussreichste an den bisherigen PISA-Studien?

Dass sie der Gesellschaft bewusst gemacht haben, welche enorme Bedeutung die familiäre und die soziale Herkunft für die schulische Laufbahn eines Kindes haben kann; was es heißt, als Kind in einer sogenannt bildungsfernen Familie aufzuwachsen oder aus einer Migrationsfamilie zu stammen. Durch die PISA-Studien sind die sozialen und ökonomischen Rahmenbedingungen in einer Gesellschaft zu wichtigen Faktoren der Bildungsdebatte geworden.

Also helfen die PISA-Erkenntnisse auch, die Schulen zu verbessern.

Da bin ich skeptisch. Ich sehe eine gewisse Gefahr, dass die PISA-Studien die Bildungsministerien dazu verleiten, mithilfe von Standards eine Schulpolitik von oben nach unten zu betreiben. Diese Drohgebärde an die Lehrer sollte unbedingt vermieden werden. Druck auf die Lehrer wird – wie wir gegenwärtig deutlich demonstriert bekommen – postwendend an die Kinder und Eltern weitergegeben. Erfahrene Bildungspolitiker können zudem bestätigen: Wenn die Lehrer nicht mehr kooperieren, können sie mit passiver Verweigerung das ganze Schulsystem lahmlegen. Ich würde mir wünschen, dass man endlich bereit ist anzuerkennen: Die wirkliche Bildungsarbeit wird nicht von Bildungspolitikern und Bildungswissenschaftlern, sondern von den Lehrern geleistet. Es zeugt von einem großen Misstrauen der Lehrerschaft gegenüber, wenn die Bildungsministerien die Lehrer auf dem Verordnungsweg und mit Reformen immer stärker unter Druck setzen, mit dem Anspruch, damit die Qualität im Bildungssystem zu erhöhen oder sicherzustellen. Vielmehr sollten sie den Schulen größere Autonomie gewähren und den Lehrern Vertrauen schenken und mehr Verantwortung übertragen. Ich bin überzeugt davon, dass die Lehrer mit dieser Form der Wertschätzung am meisten zur Qualität der Schule beitragen werden. Bildungsministerien sollten sich weniger als Oberaufsicht, sondern vielmehr als Dienstleister gegenüber den Lehrerinnen und Lehrern verstehen. Zugleich würde ich mir aber von den Lehrkräften wünschen, dass sie deutlicher als bisher für eine kindgerechte Schule einstehen.

Lässt sich die Qualität einer Schule überhaupt messen?

Eine sehr berechtigte Frage. Ich meine, dass in unserem Bildungssystem – an den Schulen wie an den Universitäten – vor allem das gemessen wird, was sich eben messen lässt. Doch das muss nicht unbedingt das Wesentliche sein. In einer Medizinprüfung wird die Dosierung von Medikamenten abgefragt – Informationen, die man jederzeit nachschlagen kann. Solche Fragen werden trotzdem in Prüfungen bevorzugt gestellt, weil die Antworten eindeutig und einfach zu überprüfen sind. Viel schwieriger ist es einzuschätzen, wie ein Medizinstudent einen Patienten untersucht oder wie er mit ihm ein Gespräch über sein Leiden führt. Letzteres ist Qualität und hat wirklich mit der Kompetenz des angehenden Mediziners zu tun. Genauso ist es auch in der Pädagogik: Es ist einfach, eine Multiple-Choice-Frage zu formulieren wie: Was verstehen sie unter Dyskalkulie? Weit schwieriger ist es, das pädagogische Geschick einer Studentin zu beurteilen, mit dem sie ein Kind mit Dyskalkulie beim Rechnen unterstützt. Letzteres wäre ein Ausdruck von pädagogischer Kompetenz.

Die entscheidende Frage ist folglich: Was wollen wir messen? Und was verstehen wir unter Qualität?

Mein Vorschlag ist, weniger die Leistung der Schüler zu messen, als vielmehr die Qualität der Schule. Aus meiner Sicht sollte die Qualitätskontrolle einer kindorientierten Pädagogik folgende Aspekte erfassen:

- Wie sind die Beziehungen zwischen Lehrern, Kindern und Eltern?
- Welcher Stoff wird gelehrt?
- Wie lernen die Kinder?

- Wie wird unterrichtet?
- Wie werden die Kinder sozialisiert?

Ist die Qualität in allen 5 Bereichen hoch, dann darf man davon ausgehen, dass auch die Leistung gut ist.

Gibt es überhaupt Untersuchungsmethoden, die eine so definierte Qualität erfassen können? Nehmen wir einmal den ersten Punkt: Wie wollen Sie die Qualität dieser Beziehungen definieren?

Ich finde es doch seltsam, dass wir – Laien wie Fachleute – im Grunde genommen genau wissen, was mit diesen Fragen gemeint ist. Und doch trauen wir uns eine Beurteilung offenbar nicht zu. Sie haben schon recht: Eine solche Evaluation ist methodisch wesentlich anspruchsvoller und aufwendiger als ein konventioneller Leistungstest. Es wäre aber fatal, deshalb zu kapitulieren und stattdessen weiterhin Dinge zu messen, die einfach zu messen, aber nicht wesentlich sind. Dies würde ja auch bedeuten: Wir wissen in der Praxis nicht so genau, was wir tun, weil wir es nicht evaluieren wollen oder können. Wir machen aber trotzdem wie bisher weiter und werden letztlich nie wissen, was dabei richtig und was falsch ist. Die Qualität eines Bildungssystems misst sich daran, was und wie Qualität gemessen wird. Ist der Qualitätsbegriff falsch – wie beispielsweise beim konventionellen Notensystem – wird sich auch das System in die falsche Richtung entwickeln, weil sich Lehrer und Schüler danach richten.

Neuere Studien von Bildungsforschern belegen, dass nicht nur zwischen den Kindern, sondern auch zwischen den Lehrern und schließlich den Schulen große Unterschiede bestehen (Moser und Tresch 2003). Deshalb plädieren immer mehr Eltern für die freie Schulwahl. Wie stehen Sie dazu?

Mehr Wettbewerb und die freie Schulwahl können in einem Bildungssystem zu einer Verbesserung, gleichzeitig aber auch zu einer Verschlechterung der Schulen führen. Damit beeinträchtigen sie die Bildungsgerechtigkeit. Ich halte wenig davon, die Qualität der Schulen durch freie Schulwahl, das heißt durch Wettbewerb, zu verbessern. Es trifft durchaus zu, dass die Unterschiede zwischen Schulklassen in der Schweiz groß sind (Abbildung 47). In den besten Klassen lösen die Schüler doppelt so viele Aufgaben in Deutsch und auch Mathematik richtig wie in den schwächsten Klassen. Diese Unterschiede sind auf die unterschiedliche Herkunft der Kinder, ihre kognitiven Fähigkeiten und die Erstsprache zurückzuführen, aber auch auf Unterschiede in der Kompetenz der Lehrer und in ihren pädagogischen Konzepten. Es ist erwiesen, dass es motivierten und kompetenten Lehrern gelingt, Klassen, deren Schüler ungünstige Lernvoraussetzungen mitbringen, zu ausgezeichneten Leistungen zu führen (Moser und Tresch 2003). Ich bin überzeugt, dass wir uns vor allem darum bemühen sollten, die Qualität in den Schulen zu verbessern. Das Kerngeschäft des Lehrers ist das Unterrichten von Kindern. Wenn wir die Qualität verbessern wollen, müssen wir im Klassenzimmer Antworten darauf finden, wie Kinder lernen und wie sie unterrichtet werden sollten. Eine verbreitete Strategie ist derzeit, Reformen von oben nach unten anzuordnen – mit ständig neuen Auflagen für Lehrer und Schulen. Ich möchte eine gegenteilige Strategie vorschlagen: Die Lehrer übernehmen die Verantwortung für die Qualität ihrer Schule. Sie verbessern sich selber und ihre Schule in einem ständigen Prozess.

Und wie könnte das konkret umgesetzt werden?
Wir hatten ein vergleichbares Qualitätsproblem in unserer Zürcher Poliklinik. Die Assistenten arbeiten hier selbstständig, das heißt, sie sprechen allein mit den Eltern und untersuchen das Kind. Nach der Konsultation berichten sie dem Oberarzt, was sie von den Eltern gehört haben und wie die Untersuchung verlaufen ist. Diese Berichte der Assistenten waren für den Supervisor oft unbefriedigend, weil sie zu sehr die subjektive Sichtweise des Assistenten wiedergaben. Vor fast 20 Jahren haben wir uns daher entschieden, die Konsultationen mit einer Videokamera aufzuzeichnen. Seither sehen wir uns nach jeder Konsultation die Aufnahme gemeinsam mit den Assistenten an. Nun wissen wir wirklich, wie die Konsultation verlaufen ist, und können dem Assistenten aufzeigen, wie er seine Gesprächsführung und Untersuchungstechnik verbessern kann. Zusätzlich hat sich mit der

Videotechnik unsere Dienstleistung für die Eltern dramatisch verbessert, weil wir uns ein viel besseres Urteil über das Leiden des Kindes bilden können. Die Einführung dieser Form der Supervision führte geradezu zu einem Quantensprung in der Arbeitsqualität. Genauso könnten die Lehrer in der Schule verfahren. Sie montieren eine Videokamera im Klassenzimmer und nehmen ihren Unterricht auf. Von Zeit zu Zeit besprechen sie dann die Aufnahmen mit einem erfahrenen Kollegen oder mit einem Supervisor. War das Arbeitstempo zu hoch? Wie war die Lernbereitschaft der Kinder? Haben sie die Aufgaben verstanden? Wie hat der Lehrer den Konflikt mit jenem Jungen gelöst, der ständig seinen Nachbarn störte? Warum sitzt Eva völlig unbeteiligt da? Ich habe verschiedentlich solche Aufnahmen in Klassenzimmern gemacht und mit Lehrern diskutiert. Es war – ähnlich wie in der Poliklinik – beeindruckend zu sehen, wie überrascht, aber vor allem auch interessiert die Lehrer waren, als sie feststellten, wie viel ihnen während der Schulstunde entgangen ist, was sie in den Videoaufnahmen sofort bemerkt haben. Sie haben das Visionieren ihrer Tätigkeit als eine echte Bereicherung empfunden.

Big Brother im Klassenzimmer – das würde vermutlich einen Aufstand unter den Lehrkräften provozieren. Wie wäre denn Ihr Vorschlag mit dem Datenschutz zu vereinbaren?

In der Poliklinik fragen wir selbstverständlich Eltern und Kind, ob sie mit der Aufnahme einverstanden sind, und sichern ihnen zu, dass sie nur im Interesse des Kindes und der Ausbildung verwendet und anschließend gelöscht wird. Lediglich 1 bis 2 von 1000 Eltern verweigern die Aufnahme. In Schulen könnte man meines Erachtens mit dem Datenschutz ähnlich verfahren. Nicht unwichtig ist übrigens, dass Eltern und Kind während der Konsultation sehr schnell vergessen, dass eine Videokamera läuft.

Was ist mit den Lehrern, die sich nicht vor einer Videokamera exponieren wollen, weil sie vielleicht befürchten, das Video werde von der Schulleitung begutachtet?

Diese Lehrer sollten sich vielleicht überlegen, weshalb sie ihre Schüler ständig dem Notendruck aussetzen, sich selber aber nicht einer konstruktiven Kritik unterziehen wollen. Was die Schulleitung anbelangt, so sollte ein derartiges Misstrauen im Lehrerkollegium ohnehin nicht vorkommen. Unsere Assistenten in der Klinik hatten selbstverständlich anfänglich auch Vorbehalte. Sie haben diese aber rasch aufgegeben, weil ihnen umfassende Diskretion zugesichert wurde, und vor allem auch, weil sie die Erfahrung machten, dass eine solche Supervision ihre Kompetenz im Gespräch und bei der Untersuchung enorm verbessert – mehr als jede andere Form von Teaching. Die Assistenten haben auch angefangen, sich gegenseitig Aufnahmen zu zeigen, um zu erfahren, wie andere mit schwierigen Gesprächs- oder Untersuchungssituationen umgehen. Neben dieser Form des Coachings mit Videoaufnahmen gibt es selbstverständlich noch viele andere konstruktive Vergleichsmöglichkeiten für den Unterricht (siehe Heidemann 2007). In der Schweiz gibt es Projekte wie »Klassencockpit«, wo man den Lernerfolg einer Klasse anhand von Lerntests freiwillig und anonym im Internet überprüfen und daraufhin mit anderen Klassen vergleichen kann, ohne dass die Schulleitung davon erfährt (Klassencockpit).

Gerade die Weiterbildung per Video setzt – wie Sie bereits angedeutet haben – voraus, dass die Lehrkräfte in einem Schulhaus vertrauensvoll miteinander zusammenarbeiten. Die Realität sieht leider oft anders aus.

Aber ohne gegenseitige Unterstützung geht es nun mal nicht. Die Lehrer müssen auch in ihrem eigenen Interesse aufhören, Einzelkämpfer zu sein. In einer teamorientierten Schule ist nicht mehr der einzelne Lehrer Kern der Schule, sondern die Arbeitsgemeinschaft. Genauso wie der Schüler in der Klasse, muss sich auch der Lehrer unter seinen Kolleginnen und Kollegen wohlfühlen. Meines Erachtens kann dies nur gelingen, wenn bereits während der Ausbildung an den Hochschulen das gemeinschaftliche Lernen oberstes Prinzip ist: Gemeinsam beobachten, wie man mit Kindern umgehen kann; lernen, konstruktiv zu kritisieren und mit Kritik konstruktiv umzugehen; Rollenspiele in Gesprächsführung. Und vor allem: sich gegenseitig unterstützen.

Was bei der Ausbildung von Lehrern wichtig ist

Es gibt Untersuchungen, die belegen, dass viele junge Leute vor allem deshalb den Lehrerberuf ergreifen, weil das Studium kurz und wenig wissenschaftlich und der Lehrberuf besonders gut mit der Familie vereinbar ist (Denzler 2008, Schaarschmidt 2005, 2006). Das bedeutet, dass die Berufswahl erst in zweiter Linie etwas mit dem Inhalt des Berufes zu tun hat.

Das Berufsbild des Lehrers ist unscharf geworden. Es fällt manchem Lehrer schwer, sich mit seinem Beruf zu identifizieren. Ich kenne Lehrer, denen es unangenehm ist, wenn sie in privaten Kreisen nach ihrem Beruf gefragt werden. Sie befürchten, sofort in eine unerfreuliche Diskussion verwickelt zu werden. Das soziale Prestige eines Lehrers ist aus seiner Sicht nicht besonders hoch, obwohl die öffentliche Wahrnehmung eine bessere ist. Die Vorstellung, die man früher von einem Lehrer hatte, entspricht nicht dem Bild eines Lehrers, der sich durch sein Fach definiert. Ein echter Lehrer ist Entwicklungsspezialist und Lernbegleiter für das Kind. Dieses Berufsbild muss wiederhergestellt werden. Ich bin überzeugt davon, dass der Lehrberuf, der sich wieder eindeutig am Kind orientiert, für junge Menschen attraktiv ist und auch mit Stolz in der Öffentlichkeit vertreten werden kann.

Für die Berufswahl ist die Motivation entscheidend. Der Psychologe Uwe Schaarschmidt stellt hierzu fest: »Es gibt zu viele Lehramtsstudierende, denen die Basisvoraussetzungen für ihren Beruf fehlen. Das sind neben der psychischen Belastbarkeit vor allem eine optimistische und aktive Lebenseinstellung sowie die erforderlichen sozial-kommunikativen Fähigkeiten. Dazu gehören Geschick und Freude im Umgang mit Kindern und Jugendlichen.« (Schaarschmidt 2006) Liegt das Problem dieses Berufsstandes auch darin, dass ganz einfach die falschen Leute Lehrer werden?

Wenn ein Lehrer kein grundlegendes Interesse an Kindern und dem Umgang mit ihnen hat, werden die Kinder darunter leiden – und der Lehrer ebenso. Irgendwann wird er in Schwierigkeiten geraten oder gar den Beruf aufgeben. Kinder zu lieben und sich wirklich für sie zu interessieren, kann man nicht lernen. Das ist bis zu einem gewissen Grad eine Begabung, die man hat oder eben nicht, genauso wie die manuelle Geschicklichkeit beim Chirurgen. Niemand möchte in die Finger eines Chirurgen mit zwei linken Händen geraten. Es ist also ausschlaggebend, wer sich für den Beruf entscheidet und wie die Hochschule ihre Studenten auswählt.

Die Ausbildung zum Lehrer ist mittlerweile mit einem Hochschulstudium verbunden, sie ist akademischer geworden.

Ja, leider. Damit wurde eine unüberwindliche Hürde für viele Kandidaten errichtet, die sehr wohl über die notwendigen pädagogischen und sozialen Kompetenzen für den Lehrerberuf verfügen. Und zudem garantiert das Abitur in keiner Weise, dass diese beiden Grundkompetenzen eines Lehrers bei Hochschulstudenten auch wirklich vorhanden sind.

Um das sicherzustellen führen die Hochschulen Vorgespräche und Eignungstests wie in Wirtschaftsbetrieben durch. Die beträchtliche Zahl von Studienabbrechern und Berufsaussteigern nach wenigen Jahren Lehrtätigkeit sprechen allerdings nicht dafür, dass es sich dabei um einen geeigneten Selektionsmodus handelt.

Nach meiner Erfahrung ist nur ein ausreichend langes Praktikum ein zuverlässiges Auswahlkriterium, um die wirklich Interessierten herauszufiltern und jene mit falscher oder fehlender Motivation von einem solchen Studium abzuhalten. In der Schweiz müssen Interessenten für das Medizinstudium zuerst ein Praktikum als Hilfskraft im Pflegedienst bestehen, ehe sie sich für einen Studienplatz bewerben können. In Finnland, wo sich 10 Personen auf einen Studienplatz an den Pädagogischen Hochschulen bewerben, müssen die Kandidaten ein halbjähriges Vorpraktikum ablegen, um sich zum Studium anmelden zu dürfen. Nur beim praktischen und längeren Umgang mit Kindern stellt sich heraus, ob jemand wirklich als Lehrer geeignet oder dieser anspruchsvollen Aufgabe nicht gewachsen ist und den Beruf daher im Interesse aller lieber nicht ergreifen sollte.

Welche Schwerpunkte würden Sie in der Ausbildung setzen?
Eigentlich die gleichen wie in der Schule. Es geht dabei um Beziehung und die Frage, wie gelernt und gelehrt wird. Als Lehrbeauftragter der Medizinischen Fakultät Zürich ist mir die Rolle des Vorbildes sehr bewusst geworden. Wie ich mit den Studenten umgehe, ob ich ihre Meinung wertschätze, ob wir eine dialogische Beziehung pflegen, welche Wertvorstellungen ich vermittle, wie ich mit den Patienten umgehe und wie ich sie untersuche, all das hat einen großen Einfluss auf die Studenten und ihre zukünftige Arbeitsweise. Wenn die angehenden Lehrer im Studium weiterhin zu Einzelkämpfern ausgebildet werden, darf man jedoch nicht erwarten, dass sie in der Schule plötzlich teamfähig werden. Wie man zusammenarbeitet, Lernmaterial austauscht, sich gegenseitig beim Unterrichten unterstützt, konstruktive Kritik äußern und auch akzeptieren kann, das müssen die Studenten in der Ausbildung lernen – doch das geschieht an vielen Hochschulen leider noch immer zu wenig.

Sie bedauern, dass die Lehrerausbildung akademischer geworden ist. Doch wenn Lehrer Spezialisten für die Entwicklung von Kindern werden sollen, genügt es doch sicher nicht, wenn sie eine gute Sozialkompetenz und Interesse am Kind vorweisen können.
Pädagogik ist kein abstraktes Fach wie theoretische Physik, sondern eine Erfahrungswissenschaft. Vorlesungen sind gut, aber praktische Erfahrungen sind besser. Das gilt auch in Bezug auf das Kind und seine Entwicklung. Selbstverständlich sollten Pädagogikstudenten Vorlesungen über Entwicklungspsychologie hören, damit sie eine Vorstellung davon bekommen, wie sich Kinder entwickeln und wie groß die Vielfalt unter ihnen ist. Es wäre aber eine Illusion zu erwarten, dass Vorlesungen über das Stufenmodell der psychosozialen Entwicklung von Erik Erikson oder über die Moralentwicklung nach Lawrence Kohlberg die Studenten in irgendeiner Weise dazu befähigen, mit Kindern kompetent umzugehen. Niemand würde ernsthaft behaupten, dass selbst 1000 Vorlesungsstunden über Tanz aus einer Studentin eine Balletttänzerin machen. Ein Medizinstudent lernt die Anatomie und Funk-

tionsweisen des menschlichen Körpers im Detail kennen, ist aber nach dem Studium nicht im Entferntesten in der Lage, auch nur eine einfache Operation wie eine Blinddarmentfernung durchzuführen. Ebenso wenig befähigen auch beliebig viele Vorlesungsstunden über die Individualisierung des Unterrichts angehende Lehrer, den Unterricht für die Kinder auch entsprechend zu gestalten. Die Elevin muss jahrelang tanzen, um Balletttänzerin zu werden, der Assistent muss unter Aufsicht eines erfahrenen Chirurgen mindestens 5 Jahre lang operieren, um zu einem Chirurgen zu werden, dem wir uns anvertrauen würden. Und ein Pädagogikstudent? Wie viel Begleitung braucht er, um ein kompetenter Lehrer zu werden, der mit Überzeugung vor seinen Schülern steht und sie im Griff hat? Der über ein Konzept verfügt, wie er mit Konflikten umgehen will? Dem es Freude bereitet, einem Kind mit Teilleistungsschwäche auf die Sprünge zu helfen, weil er praktisch angeleitet wurde, wie er es anstellen muss? Wie viele Stunden Rollenspiel und Supervision in Gesprächsführung sind nötig, damit der Lehrer kompetent und glaubwürdig mit Eltern über die Lernschwierigkeiten ihres Kindes sprechen kann? Ich weiß nicht, wie viel Unterstützung ein angehender Lehrer in den Praktika während des Studiums und vor allem im Referendariat braucht, um kompetent zu unterrichten. Ich gehe aber davon aus, dass er genauso wie eine angehende Balletttänzerin oder ein angehender Chirurg dafür mehr Praxis als theoretischen Unterricht benötigt.

Haben die Hochschulen nicht bereits deutliche Korrekturen in diese Richtung eingeleitet?

Dabei sind sie jedoch nie so weit gegangen, die praktische Erfahrung zum Schwerpunkt der Ausbildung zu machen. Die Einführung in die Schulpraxis muss derzeit noch völlig unzureichend sein, sonst würden nicht so viele Lehrer sagen, sie hätten sich das Unterrichten gewissermaßen autodidaktisch oder durch Learning by Doing beigebracht. Und es gäbe nicht so viele Hochschulabsolventen, die nie eine Klasse unterrichten, weil sie es sich nicht zutrauen und fürchten, dabei unterzugehen.

Professoren sind in erster Linie wissenschaftlich ambitioniert. Ein hervorragender Wissenschaftler braucht aber noch lange kein guter Dozent zu sein.

Darin liegt eine zusätzliche Schwierigkeit aller Hochschulen, nicht nur der pädagogischen: Die Dozenten sind häufig weniger der Lehre, als vielmehr der wissenschaftlichen Forschung verpflichtet. Akademische Karrieren honorieren nicht eine gute Lehrtätigkeit, sondern den wissenschaftlichen Erfolg. So werden an den Hochschulen bevorzugt Dozenten angestellt, die eine wissenschaftliche Befähigung haben und wissenschaftlich tätig sein wollen. Diese Dozenten sind jedoch nicht unbedingt geeignet für den Unterricht. Sie haben oft kaum oder nie Schule gegeben. Das ist etwa so, als würden Medizinstudenten von Dozenten unterrichtet, die selber kaum oder überhaupt keine Erfahrung mit Patienten haben. Solche Dozenten sind für die Studenten nicht glaubwürdig. Ich bin der festen Meinung, dass Dozenten, die Lehrer ausbilden, zu regelmäßigem Unterricht in einer Schule verpflichtet werden müssen. Denn nach einigen Jahren ausschließlicher Lehrtätigkeit an der Hochschule kommt jedem Dozenten der Realitätsbezug abhanden, sei er nun Pädagoge oder Mediziner. Wie bei den Pädagogen gibt es auch bei den Medizinern bestens ausgewiesene Wissenschaftler, die als Dozenten nichts taugen. Ihnen sollte man die Lehrtätigkeit ersparen, denn sie machen nicht nur die Studenten unglücklich, sondern auch sich selbst. Dies setzt allerdings voraus, dass man die längst überholte, traditionelle Vorstellung vom Dozenten, der Wissenschaft und Lehrerberuf in Personalunion vereint, endlich aufgibt. Was die Hochschulen noch weit dringender als die Schulen brauchen, sind Qualitätskontrollen. Im Interesse der Ausbildung sollten sie sich eine hochkarätige Qualitätskontrolle verschreiben. Als ich in den 70-er Jahren an der University of California in Los Angeles als Research Fellow tätig war, verfügte diese Institution bereits über ein rigoroses Evaluationssystem – nicht nur von oben nach unten, sondern auch von unten nach oben. Studenten und Mitarbeiter hatten regelmäßig die Lehrtätigkeit ihrer Professoren zu beurteilen. Nur Kliniken und Institute, welche die Qualitätskriterien der Lehre erfüllten, durften Studenten unterrichten. Und nur Professoren, die diesen Anforderungen genügten, erhielten auch einen Lehrauftrag.

Sie waren selbst jahrzehntelang ein Teil dieses Hochschulsystems. Ist Ihre Kritik nun eine späte persönliche Abrechnung?

Tatsächlich kenne ich die Hochschulen aus 30-jähriger Erfahrung, und meine Skepsis gilt – wie gesagt – nicht nur den pädagogischen Hochschulen. Auch der Unterricht an den Universitäten ist mitunter reichlich akademisch abgehoben. Was in der Medizin gilt, trifft wohl – im übertragenen Sinne – auch auf die Pädagogik zu: Die Qualität der Schulen ist immer nur so gut wie diejenige der Ausbildungsstätten. Die Studenten werden später so Schule halten, wie sie unterrichtet worden sind. Vorausgesetzt, es stimmt, was wir über die Qualität der Schule gesagt haben, dann muss sich auch eine pädagogische Hochschule an den folgenden Kriterien messen lassen:

- Wie sind die Beziehungen zwischen den Dozenten und Studenten? Kennen sie sich gegenseitig? Sind persönliche Beziehungen möglich?
- Welcher Stoff wird gelehrt? Dominieren Vorlesungen mit Didaktik und Methodik der Fächer oder der konkrete Umgang mit Kindern und Eltern, der Zusammenarbeit mit anderen Fachleuten wie Heilpädagogen?
- Wie wird unterrichtet? Wie lernen die Studenten? Liegt der Schwerpunkt auf den Vorlesungen und Seminaren oder auf praktischen Erfahrungen in Schulen?
- Lernen die Studenten auf eine individualisierte und selbstbestimmte Weise?
- Wie werden die Studenten auf ihre Lehrtätigkeit hin sozialisiert? Werden sie zu Einzelkämpfern ausgebildet oder stehen Teamwork, Coaching, gemeinsames Lernen und Austausch von Erfahrungen im Vordergrund?

Sollten größere strukturelle und personelle Veränderungen an den Hochschulen notwendig sein, um diesen Kriterien zu genügen, spricht dies für die Dringlichkeit von Reformen.

Das Wichtigste für die Schule

1. Der Lernstoff sollte so ausgewählt sein, dass er:
   - den Kindern und ihrem Entwicklungsstand entspricht;
   - von langfristigem Nutzen ist;
   - nachhaltig ist.

2. Schulische Separation hatte die folgenden negativen Auswirkungen:
   - soziale Ausgrenzung der Kinder;
   - keine Verbesserung der schulischen Leistungen für die schwachen Kinder;
   - fehlende Vorbilder für Lernmotivation und Sozialisierung;
   - Beeinträchtigung des Selbstwertgefühls der Kinder.

3. Schulische Integration von ehemaligen Sonderschülern in den Regelklassen kann gelingen, wenn die Kinder:
   - sozial integriert werden, das heißt die anderen Kinder sich solidarisch zu ihnen verhalten;
   - schulisch integriert, also nicht aufgrund ihrer Leistungsdefizite ausgegrenzt werden;
   - nicht überfordert werden, das heißt die schulischen Anforderungen ihrem Leistungsvermögen angepasst werden.

4. Gesamtschulen sind dann erfolgreich, wenn sie auf einer kindgerechten Pädagogik basieren, die sich an Lernverhalten und Lernmotivation der Kinder orientiert, und wenn die Rahmenbedingungen den Lehrern eine solche pädagogische Haltung ermöglichen.

5. Gegliederte Schulsysteme werden den Kindern nicht gerecht, weil:
   - sie nach Noten und Prüfungen und nicht nach Kompetenzen selektionieren;
   - sie die unterschiedliche Ausprägung der Kompetenzen beim einzelnen Kind zu wenig berücksichtigen, sodass die Kinder unterfordert und überfordert werden;
   - die Schüler im Gymnasium, in der Realschule und in der Hauptschule nicht die gleichen Lernerfahrungen machen können.

6. Ob eine Gesellschaft die Gesamtschule befürwortet oder nicht, ist keine pädagogische, sondern eine sozialpolitische Frage. Was bedeutet ihr mehr: die Solidargemeinschaft oder das Leistungsprinzip und eine elitäre Gesellschaftsstruktur?

7. Noten, die auf Prüfungen beruhen, hängen in hohem Maß von der Art des Unterrichts sowie von Lernverhalten und Arbeitsstil des Kindes ab, aber weniger von seiner Kompetenz. Beurteilungsmethoden wie Kompetenzraster oder Portfolio erlauben eine zuverlässige Einschätzung des Entwicklungsstandes und der Leistungsfähigkeit eines Kindes.

8. Die Qualität eines Bildungssystems misst sich daran, wie Qualität definiert und gemessen wird. Ist der Qualitätsbegriff falsch – wie beim konventionellen Notensystem –, wird sich auch die Schule in die falsche Richtung entwickeln, weil sich Lehrer und Schüler danach richten.

9. Eine Qualitätskontrolle für eine kindorientierte Pädagogik sollte die folgenden Aspekte einer Schule erfassen:
   - Wie sind die Beziehungen zwischen Lehrern, Kindern und Eltern?
   - Welcher Stoff wird gelehrt?
   - Wie wird unterrichtet?
   - Wie lernen die Kinder?
   - Wie werden die Kinder sozialisiert?

   Ist die Qualität in allen 5 Bereichen hoch, darf man davon ausgehen, dass auch die Leistung gut ist.

10. Das Kerngeschäft des Lehrers ist das Unterrichten von Kindern. Wenn wir Schulen verbessern wollen, dann muss eine hohe Qualität im Klassenzimmer angestrebt werden. Dazu braucht es die Bereitschaft der Lehrer zu mehr Transparenz im Klassenzimmer.

11. In einer teamorientierten Schule ist weniger der einzelne Lehrer Herzstück der Schule als vielmehr die Arbeitsgemeinschaft. Das setzt die Bereitschaft voraus, sich gegenseitig zu unterstützen.

12. Die Attraktivität und soziale Wertschätzung des Lehrerberufes lässt sich durch eine strengere Auswahl der Studenten verbessern sowie durch eine Ausbildung, die sich weniger an Fächern und vermehrt am Kind orientiert.

13. Die Pädagogik ist eine Erfahrungswissenschaft, und so sollte auch ihre Ausbildung sein. Vorlesungen sind gut, praktische Erfahrungen sind besser. Kompetenz im Umgang mit Kindern und in der Gestaltung des Unterrichts lässt sich nur durch praktische Erfahrungen mit qualitativ hoch stehendem Coaching erwerben.

Bildungspolitik

Wie (un)gerecht die schulischen Chancen verteilt sind

Warum ziehen Sie es vor, von Chancengerechtigkeit anstatt von Chancengleichheit zu sprechen?

Weil der Begriff der Chancengleichheit missverständlich ist. Er suggeriert nämlich, alle Kinder hätten die gleichen Chancen, was allein schon deshalb nicht stimmt, weil die Kinder höchst unterschiedliche Voraussetzungen mitbringen. Deshalb halte ich es für besser, von Chancengerechtigkeit oder Bildungsgerechtigkeit zu sprechen, und damit meine ich, dass es unser Bildungssystem schaffen muss, allen Kindern gemäß ihren individuellen Voraussetzungen zum jeweils größtmöglichen schulischen Erfolg zu verhelfen und insofern Gerechtigkeit herzustellen. Chancengerechtigkeit heißt also nicht, dass alle Schüler die gleichen – guten – Leistungen erbringen und letztlich die gleich hohen Kompetenzen erwerben, sondern dass jedes Kind sein individuelles Potenzial möglichst gut ausschöpfen kann.

Kulturelle Vielfalt im Klassenzimmer.

Davon sind wir allerdings noch weit entfernt. Sowohl in Deutschland als auch der Schweiz und Österreich wird der Schulerfolg entscheidend durch die soziale Herkunft des Kindes geprägt. Die einschlägigen Studien über die deutschsprachigen Länder zeigen sehr deutlich, dass es die bildungsfernen Schichten sind, welche die größte Benachteiligung erfahren, also vorwiegend Kinder und Jugendliche mit Migrationshintergrund, in zunehmendem Maß aber auch einheimische Kinder aus unteren sozialen Schichten (Konsortium Bildungsberichterstattung 2006; Moser 2007).

Deren Benachteiligung ist für mich aber nicht nur eine Folge der Schule oder mangelnder Unterrichtsqualität, sondern es ist auch das Resultat einer ungenügenden Integration dieser Kinder bereits während der Vorschulzeit und einer oftmals fehlenden Unterstützung durch die Eltern während der Schulzeit. Die ersten 5 Lebensjahre sind von großer Bedeutung für die Entwicklung und Sozialisierung eines Kindes. Finden soziale Integration und Entwicklungsförderung nicht oder nur ungenügend statt, fehlen dem Kind wichtige Grundvoraussetzungen, die es in der Schule im schlimmsten Fall nie mehr vollständig aufholen kann. Ein naheliegendes Beispiel ist die Sprache. Wächst ein Kind in den ersten Jahren in einer sozial kaum integrierten fremdsprachigen Migrationsfamilie auf, läuft es im Kindergarten rasch Gefahr, wegen fehlender Sprachkompetenz und ungenügender Sozialisierung in die Rolle eines Außenseiters abgedrängt zu werden.

Das muss für viele Lehrkräfte entmutigend klingen. Was haben sie überhaupt noch für Einfluss- oder Korrekturmöglichkeiten, wenn in den ersten 5 Lebensjahren oft schon derart viel schiefläuft? Müssen sie sich damit begnügen, die Defizite bestenfalls nicht noch größer werden zu lassen?

Es ist nicht nur für die Lehrer frustrierend, für die Kinder und deren Eltern ist es dies noch viel mehr. Bildungspolitik ist immer auch Sozialpolitik. Je länger die Einführung breit angelegter und wirksamer familienergänzender Tagesstrukturen hinausgezögert wird, desto länger bleibt die Schule eine nacherzieherische Nothilfestation, und das ist im Grunde nicht ihre Funktion. Es ist so: »Bildung beginnt am Wickeltisch« (Moser und Lanfranchi, 2008), und das bedeutet, dass die finanziellen und personellen Ressourcen verstärkt in die Vorschul- und ersten Grundschuljahre gelenkt werden müssen.

Der Autor Bruno Preisendörfer, der sich selber als »Bif« bezeichnet, als Kind aus einer bildungsfernen Familie, kommt zu der harten Einsicht: »Eine chancengerechte Schule ist unausweichlich auch eine zerstörerische. Die Bildungsemanzipation von Benachteiligten ist ohne vorübergehende, meist sogar endgültige Loslösung von der familiären Herkunftskultur nicht zu haben. (...) Um bildungsfernen Kindern eine Chance geben zu können, müssen sie ihren Eltern weggenommen werden: in geistiger, mentaler und in der Folge oft auch in emotionaler Hinsicht. Das ist der bittere Kern des Versprechens auf Bildung: Diejenigen unter den Bildungsfernen, denen diese Chance gegeben wird, können sie nur wahrnehmen, indem sie ihre Herkunft der Zukunft opfern.« (Preisendörfer 2008) Ist die familiäre Entfremdung der Preis für eine gute Schulkarriere?

Auf keinen Fall. Denn es kann keine gute Schulkarriere geben bei emotionaler Entfremdung. Das Kind ist emotional an seine Eltern gebunden; niemand kann die Eltern als Hauptbezugspersonen ersetzen. Gleichzeitig müssen sich aber die Eltern bewusst sein, dass die Entwicklung ihrer Kinder umso besser gelingt, je stärker die Kinder und sie selbst in die Gesellschaft integriert sind. Eine gute Integration der Kinder muss langfristig auch im Interesse der Eltern sein, denn die große Mehrheit der Kinder wird hierbleiben und nie mehr in das Herkunftsland der Eltern zurückkehren.

Und wenn die Eltern der Meinung sind, dass die Integration der Kinder gegen ihre sozialen, kulturellen und religiösen Traditionen verstößt?

Dann geht das Recht des hier geborenen Kindes vor, sein eigenes Leben zu leben. Und das heißt, hierzubleiben und sich in diese Gesellschaft zu integrieren. Die Rückkehrträume der Eltern in die alte Heimat sind gewiss verständlich, aber die Kinder dürfen durch diese Träume nicht behindert oder gar erdrückt werden. Die gesellschaftliche Integration ist jahrelang kaum eingefordert worden, und meines Erachtens hat die falsch verstandene Toleranz der 90-er Jahre gegenüber den Einwanderern in erster Linie deren hier geborenen Kindern geschadet. In klassischen Einwanderungsländern wie Kanada haben die Immigrantenkinder deutlich bessere schulische Chancen, weil die Eltern sich selbst und ihre Kinder integrieren wollen (OECD 2007). Der Wille zur Integration ist dort viel stärker, weil die große Mehrheit der Eltern nicht daran denkt, in ihr Herkunftsland zurückzukehren. Ihr Wunschland ist nicht mehr das Herkunftsland, sondern das Land, in dem sie jetzt leben. Das ist psychologisch ein großer Unterschied zu vielen Immigranten in Westeuropa, die nur zum Arbeiten nach Europa gezogen sind und irgendwann wieder in ihr Heimatland zurückkehren möchten. Dass ihre Kinder nicht mitgehen werden, verdrängen – aus verständlichen Gründen – viele dieser Eltern und erschweren oder verhindern damit, dass ihre Kinder und Enkel ausreichend integriert werden. Bei keiner anderen Schicht lässt sich die schulische Chancengleichheit ähnlich stark verbessern wie bei den Kindern mit Migrationshintergrund, indem man die Rahmenbedingungen für die familiäre Integration verbessert (Wössmann, 2007; Stamm 2008).

Als eine der ersten Städte im deutschsprachigen Raum schickt Basel jene Kinder, die entweder ungenügend oder überhaupt nicht Deutsch sprechen, bereits im Alter von 3 Jahren in Spielgruppen oder Tagesheime, wo sie zusammen mit anderen deutschsprachigen Kindern ganzheitlich gefördert werden (*Basler Zeitung* 2008). Auch die Mütter werden verbindlich in diese Integrationsprogramme eingebunden. Ist das ein sinnvoller Weg?

Ein solcher Ansatz geht in die Richtung des sogenannten immersiven Spracherwerbs, wie er bereits in Kanada mit Erfolg praktiziert wird. Das ist die natürliche Art, wie Kinder eine Sprache lernen, und für alle Beteiligten deutlich einfacher, als wenn das betreffende Kind später in der Schule Grammatik und Vokabeln auswendig lernen muss. Es geht aber nicht nur um die Sprache, sondern auch um die soziale Kompetenz und die Gesamtentwicklung, die oft einer vermehrten Förderung bedarf. Was bei der familiären Integration oft erschwerend hinzukommt, ist eine ablehnende Haltung des Ehemannes. Er fürchtet um seine Kontrolle, wenn das Kind in einer Krippe betreut und erzogen wird und die Frau – oft mit großem Engagement – einen Sprachkurs besucht und dabei auch kulturell und sozial eingebunden wird. Aus diesem Grund sollten sich Integrationsprogramme vermehrt darum bemühen, den Ehemann miteinzubeziehen.

Offiziell wird das Postulat der schulischen Chancengerechtigkeit zwar von keiner Seite bestritten, doch es gibt Stimmen, die das nur für »schöne Sonntagsreden des Bürgertums« halten. Dem akademischen Mittelstand gehe es in Wahrheit »um bloße Besitzstandswahrung des Bildungsprivilegs für den eigenen Nachwuchs«. Die akademische Mittelschicht habe »vor nichts mehr Angst als vor dem Abstieg und sucht sich mit allen Mitteln die Konkurrenz von unten vom Leib zu halten«. (Preisendörfer 2008) Sehen Sie das ähnlich pessimistisch?

Bourdien (1983) hat nachgewiesen, dass das Bildungssystem wesentlich zur Reproduktion der Sozialhierarchie beiträgt. Es ist zusätzlich zu befürchten, dass der existenzielle Kampf aus wirtschaftlichen Gründen in Zukunft noch härter wird. Es gibt einerseits die Frustration der Menschen in der Unterschicht, wenn ihnen der Aufstieg verwehrt bleibt und sich ihre Arbeitsbedingungen zusätzlich verschlechtern. Andererseits wächst die erwähnte Abstiegsangst in der Ober- und vor allem der Mittelschicht. Deren Bildungsprivilegien sind immer weniger gesichert. Die Auswirkungen sind vermehrter Prüfungsstress, noch mehr Nachhilfeunterricht und überfordernde Turbogymnasien. Auf der politischen Ebene geht es um freie Schulwahl, Privatschulen und letztlich um die Verteilung der finanziellen Ressourcen und die Solidarität in der Gesellschaft. Ohne vermehrte Bildungsgerechtigkeit werden nicht nur die schulischen, sondern auch die sozialen Probleme zunehmen.

Bei allen Verbesserungsmöglichkeiten an unseren Schulen sind wir mit dem Bildungswesen in den westeuropäischen Ländern insgesamt doch auf einem vergleichsweise sehr hohen Standard angelangt. Wie weit lässt sich der Bildungsstand unserer Gesellschaft noch weiter anheben?

Vielleicht stehen wir bereits näher an der unüberwindbaren Obergrenze des Bildungspotenzials, als wir wahrhaben wollen. Verbesserungen sind vor allem bei Kindern der sozial benachteiligten Schichten noch zu erzielen, kaum mehr bei denjenigen der Mittel- und Oberschicht. Das Bildungspotenzial einer Gesellschaft, worunter ich sämtliche in der Bevölkerung vorhandenen Fähigkeiten verstehe, ist vorgegeben. Es lässt sich nicht beliebig vermehren, sondern nur optimal nutzen. Ich vermute, dass die westeuropäische Gesellschaft im Vergleich zu den Entwicklungsländern ihr Bildungspotenzial weitgehend ausgeschöpft hat (Abbildung 10). Die meisten asiatischen, afrikanischen und südamerikanischen Länder haben hingegen noch einen großen Aufholbedarf, weil die Menschen dort im Durchschnitt schulisch sehr viel weniger gefördert werden als in hoch entwickelten Gesellschaften. Dies zeigt sich deutlich in den PISA-Studien.

Das lässt sich als beruhigende und ebenso als höchst beunruhigende Aussage interpretieren. Wenn unsere Länder ihr Bildungspotenzial mehr oder weniger ausgeschöpft haben, wo also gibt es noch Verbesserungsmöglichkeiten?

Ich sehe zwei Möglichkeiten. Die eine ist, dass die Schule nicht mehr sosehr auf Quantität im Sinne von Wissen setzt, sondern vielmehr auf Qualität, indem sie die Eigenständigkeit, Initiativebereitschaft und Kreativität der Kinder fördert. Unsere Aufmerksamkeit sollte zukünftig weniger dem Lernstoff als vielmehr den Lernprozessen gelten. Wie lernen die Kinder? Wie bleibt ihre Lernbereitschaft erhalten? Die zweite Verbesserungsmöglichkeit ist, dass wir die Vielfalt an Begabungen möglichst optimal nützen. Aber noch einmal: Niemand sollte sich der Illusion hingeben, wir würden es mit irgendwelchen Lernprogrammen schaffen, dass es keine schwachen Schüler mehr geben wird. Elsbeth Stern hat bereits darauf hingewiesen, dass mehr Chancengerechtigkeit die Unterschiede zwischen den Schülern nicht zum Verschwinden bringt. Selbst beim PISA-Weltmeister Finnland gibt es Analphabeten. Man kann nun mal nicht aus jedem Jugendlichen einen Informatiker oder eine Wirtschaftsjuristin machen. In Deutschland und in der Schweiz gibt es 10 bis 20 Prozent Schulabgänger, deren schulisches Leistungsniveau nur für eine sehr beschränkte berufliche Ausbildung und leider nicht immer für eine gesicherte wirtschaftliche Existenz ausreicht. Für die Schule heißt das, die Talente der Kinder in der ganzen Breite zu fördern, und für die Gesellschaft bedeutet es, jedem Menschen zu einem existenziellen Auskommen zu verhelfen.

Warum Mädchen schulisch erfolgreicher sind als Jungen

In den letzten 20 Jahren hat sich gezeigt, dass Mädchen eindeutig bessere Schulerfolge aufweisen als Jungen. Das deutsche Bildungsministerium stellt fest, dass dies vor allem für die Haupt- und Realschule gilt. Hier ist nicht nur der Anteil der Jungen, die schlechtere Leistungen bringen, höher, sondern Jungen müssen auch häufiger eine Klasse wiederholen oder auf eine Sonderschule wechseln. Besonders ungünstig ist der Bildungsverlauf bei Jungen mit Migrationshintergrund (Budde 2006). Zu ähnlichen Ergebnissen kommt man in der Schweiz: Im Kanton Zürich zum Beispiel sind mittlerweile 60 Prozent der Gymnasiasten Mädchen und 40 Prozent Jungen (Abbildung 48). Auf jeder Schulstufe machen die Jungen zwei Drittel aller Sonderschüler aus (Bildungsdirektion des Kantons Zürich) Woran liegt es, dass Jungen schulisch immer stärker ins Hintertreffen geraten?

Eine Gymnasialklasse: 14 Mädchen und 6 Jungen.

Für mich offenbart sich hier eine krasse Chancenungerechtigkeit. Die Mädchen werden bevorzugt, die Jungen diskriminiert, was bildungs- wie gesellschaftspolitisch hochbrisant ist. Manche Bildungsfachleute beschwichtigen und sehen wenig Grund zur Aufregung über die heutige Situation. Doch drehen wir die Zahlen einmal um: Wären im Jahr 2008 60 Prozent aller Gymnasiasten Jungen, aber nur 40 Prozent Mädchen, würde mit Sicherheit vehement dagegen protestiert – zu Recht!

Warum bleiben Reaktionen in der Öffentlichkeit weitgehend aus?
Den Jungen fehlt eine politische Lobby. Der Feminismus hat sich 40 Jahre lang für die Rechte der Mädchen eingesetzt, während den Männern immer noch schlicht das Bewusstsein für die Krise fehlt, in der ihr Geschlecht steckt. Gut möglich, dass die Unterstützung auch deshalb fehlt, weil sich Männer grundsätzlich eher mit dem Stärkeren solidarisieren, und das sind oft nicht mehr die Söhne. Wenn jemand in der Schule mit den Jungen leidet und sich für sie einsetzt, dann sind es die Mütter, weniger die Väter.

Bevor wir hier fortfahren, sollten wir vielleicht eines kurz klarstellen: Ich bin Vater zweier Töchter im Alter von 12 und 15 Jahren. Wie viele Söhne haben Sie?
Keinen. Ich habe 3 erwachsene Töchter und rede also nicht aus persönlicher Betroffenheit. Die Diskriminierung der Jungen erfolgt aus meiner Sicht nicht absichtlich, sondern fahrlässig. Sie ist ein ungewollter Nebeneffekt von veränderten Rahmenbedingungen, den man bislang einfach mehr oder weniger hingenommen hat. Bis in die 1970-er Jahre hieß es in vielen Familien, die Ausbildung der Töchter sei nicht so wichtig, weil sie nach den obligatorischen Schuljahren ohnehin bald heiraten und eine Familie gründen würden. Eine Bildungskarriere war für junge Frauen kaum vorgesehen. Universitätskarrieren waren erst recht Männersache. Diese Formen der sozialen Diskriminierung sind im Zeichen der Frauenemanzipation deutlich abgebaut und die schulischen Chancen der Mädchen erheblich verbessert worden. Ich empfinde die Mädchen heutzutage mindestens so interessiert und ehrgeizig wie die Jungen.

Immerhin liegen in der Schweiz die Jungen bei der Berufsmatura noch mit 55 Prozent vorne. Und je höher der Abschluss im tertiären Sektor ist, umso geringer wird der Frauenanteil. Unter den Professoren sind ohnehin wesentlich mehr Männer als Frauen zu finden. Kann man da wirklich von einer krassen Chancenungerechtigkeit sprechen?

Wie wir alle wissen, sind Frauen weit seltener in Spitzenpositionen in der Wirtschaft und an Universitäten anzutreffen. Zudem verdienen sie etwa 20 Prozent weniger als Männer, auch in höheren Stellungen. Dies ist jedoch ein Blick in die Vergangenheit, die Zukunft sieht anders aus. Was die Berufsmatura angeht, so ist es in der Schweiz tatsächlich so, dass Jungen häufiger als Mädchen über diesen Umweg an Fachhochschulen oder Universitäten gelangen, wobei die Frauen auch hier kräftig am Aufholen sind. Ermöglicht wird dieser Umweg in der Schweiz durch ein sehr gut ausgebautes duales Bildungssystem. Die Mehrheit der jungen Erwachsenen macht kein Abitur, sondern eine Berufslehre und hat dann im Anschluss die Möglichkeit, über eine Berufsmaturität an einer Hochschule zu studieren. Deutschland hat eine mehr als doppelt so hohe Abiturquote wie die Schweiz – 38 Prozent gegen 18 Prozent –, aber ein vergleichsweise wesentlich weniger ausgebautes Berufsbildungssystem.

Die entscheidende Frage ist wohl, woran man Chancengerechtigkeit überhaupt misst. Sind die Chancen dann gerecht verteilt, wenn einfach die Besten weiterkommen? Oder wenn gleich viele Jungen wie Mädchen schulischen Erfolg haben?

Diese ungleiche Behandlung wäre gerechtfertigt, wenn Jungen schlicht dümmer wären als die Mädchen, was keineswegs der Fall ist. Ausschlaggebend ist, dass die Mädchen mittlerweile ebenso zu Bildung ermuntert werden wie die Jungen. Hinzu kommen 3 weitere Faktoren, die Mädchen schulisch bevorteilen. Erstens sind Mädchen im Alter von 12 Jahren den Jungen in der Reifung und damit auch leistungsmäßig durchschnittlich um eineinhalb Jahre voraus. Zweitens ist die Schule in den letzten zwei Jahrzehnten sprachlastiger geworden, vor allem auch in den Prüfungen, was den Mädchen hilft, weil sie sprachbegabter als Jungen sind. Der dritte Punkt fällt besonders stark ins Gewicht, und das ist die bessere Arbeitshaltung: Mädchen sind zuverlässiger, fleißiger und angepasster. Sie begehren weniger auf, während Jungen erzieherisch aufwendiger sind. Je höher Sekundärtugenden wie Ordnung, Fleiß und Pünktlichkeit gewichtet werden, umso schlechter stehen die Chancen der Jungen. Als Folge davon werden die Jungen schleichend aus den Gymnasien verdrängt.

Man kann den Mädchen kaum vorwerfen, dass sie fleißiger und zuverlässiger sind als die Jungen.

Nein. Es darf aber auch nicht sein, dass heimlich zu einem karrierebestimmenden schulischen Selektionskriterium erhoben wird, ob ein Kind gehorcht und dem Lehrer möglichst wenig Ärger bereitet. Ich finde es nicht gut, dass ein Mädchen bei gleicher Qualifikation eindeutig bessere schulische Chancen hat als ein Junge, weil der Lehrer von vornherein annimmt, mit Jungen werde es mehr Schwierigkeiten in der Klasse geben. Genau dies passiert aber heute. Ein durchschnittlich intelligentes, aber braves Schweizer Mädchen hat bessere schulische Chancen als ein intelligenterer, aber aufmüpfiger ausländischer Junge. Und zwar mehr als 3-mal bessere (Imdorf 2002) bei gleicher schulischer Leistung. Der gute Schüler von heute ist offensichtlich ein Mädchen. Das liegt nicht in erster Linie an einer höheren Kompetenz, sondern an einem anderen Verhalten. Dass Mädchen schulverträglicher sind als Jungen, darf kein Selektionskriterium sein.

Müsste nicht das dringende Gebot der Stunde heißen, die Sekundärtugenden und die Sozialkompetenz der Jungen so gut wie möglich zu verbessern?

Jungen sozusagen zu Mädchen machen, damit sie schulkompatibler werden? Ich wüsste nicht, wie! Jungen sind nun mal anders als Mädchen (Bischof-Köhler 2002). Die Mütter hätten es doch in der Hand, die Jungen anders werden zu lassen, weil noch immer sie es sind, die in erster Linie erziehen. Doch sie schaffen es genauso wenig wie später die Lehrerinnen und Lehrer – wenn sie es überhaupt anstreben. Die Unterschiede zwischen den Geschlechtern offenbaren sich im Laufe der Kindheit immer mehr, obwohl Jungen und Mädchen in die gleiche Schule gehen. Ich bleibe bei meiner Auffassung, dass die heutige Schule die Jungen oftmals ausgrenzt, weil sie nicht so pflegeleicht sind wie die Mädchen. Die Jungen werden benachteiligt, weil wir sie nicht so haben wollen, wie sie nun mal sind. Mit der starken Fokussierung auf Sprache und Sekundärtugenden wie Ordnungsliebe und Fleiß wird man den speziellen Bedürfnissen von Jungen nicht gerecht. Ließe man sie endlich wieder mehr Jungen sein, wäre auch ihr Wohlbefinden wieder besser, sie wären weniger verhaltensauffällig und litten weniger an psychosomatischen Störungen.

Was heißt das, Jungen endlich wieder Jungen sein lassen? Soll ein Lehrer einfach darüber hinwegsehen, wenn Jungen dauernd den Unterricht stören oder ihre Hausaufgaben nicht machen?

Für mein Empfinden sind viele Mädchen überangepasst. Jungen dagegen schlucken nun mal nicht alles vorbehaltlos, was ihnen vorgesetzt wird, und das würde ich ihnen auch nicht verübeln. Ich habe den Eindruck, dass Jungen weniger bereit sind, für die Eltern und Lehrer zu lernen. Sie wollen auf ihre Weise lernen, und werden sie daran gehindert, dann fehlt ihnen die Motivation. Fragen, die wir uns stellen müssen, sind: Warum machen Jungen die Hausaufgaben nicht? Gibt es Schulen, wo Jungen kein Ärgernis sind und warum?

Kommt das nicht einer Generalentschuldigung für sämtliche verhaltensauffälligen Jungen in den Schulen gleich?

Das ist keine Generalentschuldigung, sondern eine freundliche Einladung, bei den Jungen genauer hinzuschauen. Nehmen wir den Vorwurf, Jungen seien weniger fleißig. Fleiß ist keine Eigenschaft an sich, sondern hängt von einer Reihe von Faktoren ab, unter anderem vom Interesse an der Sache. Warum ist es eine so positive Eigenschaft, wenn ein Mädchen fleißig Vokabeln auswendig lernt? Den Jungen interessiert das weniger, er sitzt jedoch mit größtem Interesse und viel Ausdauer vor dem PC, um eine knifflige räumliche Aufgabe zu lösen, eine Webseite zu entwerfen oder um die Elektronik eines Gerätes richtig einzustellen; alles Tätigkeiten, bei denen es zumindest einem Teil der Mädchen an Konzentration und Durchhaltewillen fehlen würde. Ich sehe zwei große Ungerechtigkeiten: Die eine liegt im Stoff, der an der Schule unterrichtet wird, und darin, wie er vermittelt wird. Die andere besteht in der Art und Weise von Prüfungen und Benotungen, die über die Schulkarriere entscheiden (siehe Qualitätsmessung). Letzteres liegt den Mädchen eindeutig besser, wird aber den Kompetenzen, die langfristig entscheidend sind, nur bedingt gerecht. Es stellt sich also dringend die Frage nach einer Schule, die dem Wesen der Jungen besser entspricht.

Welche Art von Unterricht brauchen demnach Jungen?

Wir sollten die Jungen ernst nehmen und sie endlich fragen, was sie denn lernen wollen. Ich bekam beispielsweise von ihnen Folgendes zu hören: Wir wollen nicht einfach für Noten und Prüfungen auswendig lernen. Es muss Sinn machen, was wir lernen. Wir wollen dabei etwas erfahren, ausprobieren, entdecken und letztlich begreifen. Es hat beispielsweise Spaß gemacht, eine Balkenwaage zu entwerfen und zu konstruieren. Wir lernten dabei das Hebelgesetz und das Definieren von Gewichtsstandards kennen. Beim Wiegen unterschiedlicher Materialien kamen wir darauf, dass das Gewicht eines Gegenstandes nicht nur durch sein Volumen, sondern auch durch seine Dichte bestimmt wird.

Insbesondere an den Grundschulen unterrichten fast nur noch Frauen. Ist die »Feminisierung der Schule« ein Problem für

Katapult. Gebaut von einem 9-jährigen Jungen. Er war sehr stolz auf seine Konstruktion; die 11-jährige Schwester hatte dafür nur ein Kopfschütteln übrig.

Jungen? Kann es sein, dass Lehrerinnen empfindlicher auf die typischen Verhaltensweisen von jungen Machos reagieren als Lehrer?

Lehrer haben die gleichen erzieherischen Probleme mit Jungen wie Lehrerinnen. Es liegt auch nicht daran, dass sich Frauen zu wenig durchsetzen könnten. Frauen haben sogar einen Vorteil: Ihre soziale Kompetenz ist im Durchschnitt höher als bei Männern. Weil eine gute Beziehung zum Schüler eine wichtige Voraussetzung für Lernerfolg ist, erscheint es mir wünschenswert, dass der Lehrberuf ein Frauenberuf geworden ist. Andererseits scheinen gerade diese Stärken auch dazu zu führen, dass Frauen eher bereit sind, sich dem Druck des Schulsystems zu fügen und es weniger zu hinterfragen. Männer, die nicht nur ausführen, sondern mitgestalten und mitbestimmen wollen, verlassen ein zu rigide strukturiertes und fremdbestimmtes Schulsystem. Eine weitere Schwierigkeit der feminisierten Schule liegt schließlich darin, dass in diesem Klima jedes körperlich aggressive Verhalten sofort unter Generalverdacht steht: »Gewalt hat ein Geschlecht: Es ist männlich!«, hat es Guggenbühl (2002) einmal in kritischem Sinne genannt und zu Recht gefordert, dass es auch »das weibliche Aggressionsprofil zu erkennen gilt, ohne deshalb in einen platten Sexismus zurückzufallen oder das Aggressionspotenzial der Geschlechter gegeneinander aufzurechnen«. Es gibt eine subtile Form der sozialen Aggression, die Mädchen weit besser beherrschen und unter der die Jungen oft auch leiden.

Körperliche Aggression ist nun einmal negativ belegt. Wie soll man da positiv mit ihr umgehen können?

Motorische Energie verschwindet nicht, wenn man sie negiert. Eine hohe motorische Aktivität ist im Schulalter biologisch vorgegeben. Warum also nicht den Umgang mit diesen Energien als eine pädagogische Aufgabe ansehen: Wie können Jungen ihre motorische Aktivität am sinnvollsten ausleben und ihre motorischen Kompetenzen am besten entwickeln? Bei welcher Art von Tätigkeit lernen sie ihre körperliche Kraft sozial sinnvoll zu verwenden? Jungen müssen lernen, verantwortungsvoll damit umzugehen.

Neuerdings hat die Seedukation, also die nach Geschlechtern getrennte Schule, wieder Auftrieb erhalten, nachdem sie in den letzten Jahrzehnten zugunsten der Koedukation weitgehend aus dem Schulalltag verdrängt worden war. Damals war sie als Instrument der Gleichstellung eingeführt worden, heute preisen private Schulen Seedukation mit dem Argument, Mädchen und Jungen würden sich so nicht durch ihr geschlechtsspezifisches Verhalten gegenseitig beim Lernen behindern. Nur geschlechtergetrennter Unterricht könne dem unterschiedlichen Lernverhalten von Jungen und Mädchen gerecht werden. Halten Sie Seedukation für eine Mode oder für ein Modell der Zukunft?

Interessanterweise wird vor allem darüber geschrieben, wie Mädchen durch Jungen in ihrem Lernverhalten behindert werden, z. B. in naturwissenschaftlichen Fächern; das Umgekehrte kommt offenbar weit weniger vor. Es könnte aber durchaus sein, dass Jungen bessere sprachliche Leistungen erbringen, wenn sie nicht in Konkurrenz zu Mädchen stehen. In gewissen Fächern scheint der geschlechtergetrennte Unterricht sinnvoll zu sein, doch insgesamt liefert die wissenschaftliche Überprüfung der bisherigen Versuche mit Seedukation eher widersprüchliche Resultate (Budde 2008). Auf diese Weise ist das Problem wohl nicht zu lösen. Der Lerninhalt wie auch die Formen des Lernens müssen ebenfalls hinterfragt werden. Sind Jungen im Unterricht mehr bei der Sache, wenn sie auch intensiven Mannschaftssport betreiben und sich ausreichend motorisch betätigen können? Brauchen andererseits Mädchen nicht mehr Lernsituationen, die ihre sozialen Kompetenzen herausfordern, beispielsweise bei der Mitarbeit in einer Krippe oder einem Altersheim? Wir müssen uns auch die Frage stellen, welches Beziehungsverhalten Jungen und Mädchen entwickeln, wenn sie getrennt oder zusammen die Schule besuchen. In Bezug auf die Sozialisierung beider Geschlechter halte ich ein gewisses Maß an Koedukation nach wie vor für wünschenswert. In Gesellschaft und Wirtschaft gibt es ja auch keine Geschlechtertrennung mehr.

Warum die berufstätigen Frauen mehr Unterstützung benötigen

Umfragen zufolge (Annabelle 2006) ziehen bis zu 30 Prozent der jungen Frauen das Leben in der Kleinfamilie gegenüber dem Erwerbsleben vor. Ist das eine gute Nachricht für die Gesellschaft?

Das kommt auf die Perspektive an. Grundsätzlich zeigen solche Umfragen, dass Berufstätigkeit nicht für jede Frau das einzige glückselig machende Ziel ist. Es gibt Frauen, denen die Fürsorge für die Kinder und die Familie wichtiger ist als eine Berufstätigkeit. Sie dürfen – was leider immer häufiger geschieht – nicht diskriminiert werden. Manche Frauen wie übrigens auch Männer empfinden die Berufstätigkeit als eine große Belastung und ziehen es vor, sich um Haus und Kinder zu kümmern.

Aber für die Gesellschaft wird es zu einem wirtschaftlichen Problem, wenn Frauen zwar immer besser ausgebildet werden, aber nicht zu einer beruflichen Karriere bereit sind.

Allerdings. Ein Beispiel aus meinem Arbeitsbereich: 80 Prozent der Schweizer Kinderärzte in Ausbildung sind heute weiblich. Das Gesundheitssystem würde – wie das Schulsystem auch – in diesem Bereich ohne Frauen zusammenbrechen. Die medizinische Ausbildung einer Ärztin kostet den Staat etwa eine halbe Million Euro. Kein Staat kann es sich auf Dauer leisten, wenn die teuer ausgebildeten Ärztinnen nicht arbeiten. Die Doppelbelastung der Frauen führt auch dazu, dass immer weniger Kinder geboren werden. 40 Prozent der Akademikerinnen haben keine Kinder, weil sie glauben, dass sie den Spagat zwischen Familie und Beruf nicht schaffen. Gesellschaft und Wirtschaft werden in Zukunft immer weniger auf die Arbeitskraft gut ausgebildeter Frauen verzichten können. Sie sollten daher so rasch wie möglich ein gut ausgebautes familienergänzendes Betreuungssystem aufbauen, wie es in den skandinavischen Ländern bereits seit Langem besteht und in Deutschland neuerdings angestrebt wird. Unter besseren gesellschaftlichen Rahmenbedingungen wird die Gründung einer Familie wieder mehr Freude machen, die Berufstätigkeit weniger Stress bedeuten, und es wird künftig – hoffentlich – auch wieder mehr Kinder geben.

Die kanadische Psychologin Susan Pinker sagt: »Würde man die Zukunft allein aufgrund schulischer Leistungen voraussagen, wäre die Welt ein Matriarchat.« Doch dem ist offensichtlich nicht so. Nach wie vor werden insbesondere die gut bezahlten, macht- und prestigeträchtigen Berufe von Männern dominiert. Woran liegt es, dass Frauen nicht häufiger Karriere machen? Werden sie von den Männern und einem familienfeindlichen Umfeld daran gehindert oder haben sie ganz einfach keine Lust auf das männliche Karrieremodell, weil sie andere Wertvorstellungen haben, wie Susan Pinker in ihrem Buch »Das Geschlechter-Paradox« (2008) behauptet?

Natürlich spielt hier die Belastung durch Beruf und Familie eine enorme Rolle, und es gibt viele Frauen, die aufgrund dieser Doppelbelastung resignieren. Sie können nicht mit einem Mann konkurrieren, der sich Tag und Nacht beruflich engagiert und an seiner Karriere arbeitet. Gleichwohl würde ich der These von Susan Pinker zustimmen. Feministinnen mögen das vielleicht als perfides Argument empfinden, doch ich schätze es nur als gesunde Reaktion der Frauen ein, dass sie eine andere Kosten-Nutzen-Analyse machen als Männer. Denn sie haben bei ihren Vätern erlebt, dass sich zu viel Berufsstress nicht lohnt. Sie haben schlicht keine Lust auf 80-Stunden-Wochen im Büro und mögen sich nicht auf Gedeih und Verderb an eine berufliche Karriere ketten wie so viele Männer. Das erklärt übrigens mit, warum Frauen oft geisteswissenschaftliche Studienrichtungen wählen, die wenig Macht und Einkommen versprechen. Frauen fühlen sich wohler, wenn sie sozial eingebunden und akzeptiert sind und einen sinnvollen Beitrag für die Gemeinschaft leisten können. Während Männer tendenziell nach mehr Macht und Status trachten, auch wenn sie dabei sozial sehr einsam werden. Diese Problematik werden wir in den kommenden Jahren nicht nur in der Wirtschaft und Politik austragen müssen, sondern auch in den Zielsetzungen des Bildungssystems, insbesondere in der Frage, wie chancengerecht die Lernbedingungen für Jungen und Mädchen sind.

Das Wichtigste für die Schule

1. Das Bildungspotenzial in unserer Gesellschaft ist von Mensch zu Mensch unterschiedlich angelegt. Es lässt sich am besten nutzen, wenn:
   - den Lernprozessen vermehrte Aufmerksamkeit geschenkt wird;
   - die Vielfalt an Begabungen möglichst optimal zur Entfaltung gebracht wird.

2. Chancengerechtigkeit im Bildungssystem ist dann erreicht, wenn jedes Kind sein individuelles Entwicklungspotenzial möglichst gut ausschöpfen kann.

3. Chancengerechtigkeit lässt sich bei den Kindern aus bildungsfernen Familien und Migrationsfamilien am besten herstellen, wenn Kind und Familie möglichst frühzeitig sozial integriert werden.

4. An den Gymnasien besteht eine deutliche Chancenungerechtigkeit zuungunsten der Jungen. Jungen werden benachteiligt, weil:
   - ihre Reifung langsamer verläuft und damit ihre Leistungsfähigkeit niedriger ist als bei den Mädchen;
   - die Schule zu sprachlastig ist;
   - sie weniger zuverlässig, fleißig und angepasst sind als Mädchen und deshalb in Prüfungen weniger erfolgreich sind;
   - sie häufiger ein erzieherisch schwieriges und gelegentlich auch aggressives Verhalten zeigen als Mädchen.

5. Jungen haben andere Interessen und lernen anders. Sie müssen daher anders motiviert werden als Mädchen.

6. Geschlechtergetrennter Unterricht mag in gewissen Fächern gerechtfertigt sein. Doch für die Sozialisierung von Jungen und Mädchen ist Koedukation notwendig, denn auch im Erwachsenenleben besteht keine Geschlechtertrennung mehr.

7. Gesellschaft und Wirtschaft werden zukünftig immer weniger auf die Arbeitskraft gut ausgebildeter Frauen verzichten können. Es liegt daher in ihrem eigenen Interesse, zur Entlastung der Frauen ein möglichst gut ausgebautes familienergänzendes Betreuungssystem aufzubauen.

8. Wenn neue gesellschaftliche Rahmenbedingungen dafür sorgen, dass sich Berufstätigkeit und Familiengründung besser vereinbaren lassen und weniger Stress bedeuten, wird es künftig auch wieder mehr Kinder geben.

Nachwort

Warum sich ein Kinderarzt für die Schule engagiert

Sie haben sich ein ganzes Berufsleben lang mit Kindern und deren Entwicklung beschäftigt und darüber die beiden Standardwerke »Babyjahre« und »Kinderjahre« geschrieben. Woher kommt Ihr Interesse an Kindern?

Vielleicht daher, dass ich bis heute neugierig wie ein Kind bin? Kinder haben mich jedenfalls schon früh interessiert. Im Alter von 12 bis 16 Jahren wollte ich Lehrer werden. Mit 19 Jahren entschied ich mich für den Arztberuf, weil ich hoffte, dass mir die Medizin am meisten Aufschluss darüber geben würde, was der Mensch ist und damit, was ich selber bin. Diese Hoffnung hat sich allerdings nur sehr beschränkt erfüllt. Nach dem Medizinstudium wollte ich Kinderchirurg werden, was mir aber aus gesundheitlichen Gründen verwehrt blieb. So habe ich mich in den USA, England und Holland zum Spezialarzt für Entwicklung und kindliches Verhalten ausgebildet. Danach habe ich mich einige Jahre intensiv mit dem Spielverhalten, dem symbolischen Denken und der Sprachentwicklung wissenschaftlich beschäftigt.

Sie haben 30 Jahre lang am Kinderspital in Zürich geforscht und waren maßgeblich an den sogenannten Zürcher Longitudinalstudien beteiligt. Worum ging es bei diesem Projekt?

Das war ein Forschungsprojekt, das lange vor meiner Zeit, nämlich 1954, begann und mich von 1974 bis zu meinem letzten Arbeitstag Ende 2005 fasziniert hat. Ziel dieser wissenschaftlichen Bemühungen war es, unser Wissen über die normale kindliche Entwicklung zu vertiefen. Dahinter steckte die Überzeugung, dass für einen entwicklungsorientierten Umgang mit Kindern profunde Kenntnisse der normalen Entwicklung notwendig sind. Dazu wurden in den Zürcher Longitudinalstudien 50 Jahre lang etwa 800 gesunde, normal entwickelte Kinder von der Geburt bis ins Erwachsenenalter über 2 Generationen hinweg wissenschaftlich begleitet. Insgesamt haben uns die Familien im Verlauf von 20 Jahren 25-mal besucht. Bei jedem Besuch, der jeweils einen halben Tag dauerte, wurden alle wesentlichen Entwicklungsbereiche des Kindes untersucht, wie Sprache, Motorik, Kognition, Sozialverhalten, Schlaf, Ernährung und Wachstum. Zusätzlich haben wir die Entwicklung von Hunderten von Kindern mit Entwicklungsrisiken, beispielsweise von Frühgeborenen, in der gleichen Weise wissenschaftlich verfolgt (Largo 2005).

Wie wurden Sie als Kinderarzt mit dem Thema Schule konfrontiert? Welche Erfahrungen haben Sie mit Kindern im Schulalter gemacht?

Ich habe mehr als 20 Jahre lang eine Poliklinik für Kinder mit Entwicklungs- und Verhaltensauffälligkeiten am Kinderspital Zürich geleitet. Jedes Jahr wurden 1500 Kinder zu uns überwiesen, davon waren etwa 1000 Kinder im Schulalter. Die Kinder litten an einer Vielzahl von Störungen wie Sprachverzögerung, motorischer Ungeschicklichkeit, Auffälligkeit des Sozialverhaltens oder Teilleistungsschwäche. Es war uns immer ein großes Anliegen, die Kinder ganzheitlich abzuklären, also insbesondere nicht nur ihre Schwächen, sondern auch ihre Stärken zu erfassen. Die Eltern waren immer während der ganzen Untersuchung anwesend. So konnten wir uns gemeinsam eine Vorstellung von der Leistungsfähigkeit und dem Verhalten ihres Kindes machen. In den Gesprächen mit Kind und Eltern war oft auch die Lehrerin dabei. So habe ich mich über viele Jahre hinweg mit den Sorgen und Nöten der Kinder, Eltern wie auch der Lehrer auseinandergesetzt. In den letzten 3 Jahren habe ich mich überdies intensiv mit der Schule beschäftigt sowie zahlreiche Reformprojekte und alternative Schulformen näher kennengelernt.

Wie waren Ihre eigenen Schulerfahrungen?

Ich bin überwiegend gerne zur Schule gegangen. Bestimmte Ereignisse sind mir besonders nachhaltig in Erinnerung geblieben, der Grund dafür wurde mir allerdings erst viel später klar. Hier vier besonders nachhaltige Erinnerungen: Einer meiner Schulkameraden in der Grundschule war Stefan, ein munterer Lausbub, der allerdings größte Schwierigkeiten beim Lesen und Schreiben hatte und deshalb vom Lehrer schikaniert wurde. Einsicht Nummer 1: Wenn du als Schüler den Erwartungen nicht entsprichst, ergeht es dir schlecht. (Nachtrag: Jahre später habe ich in der Zeitung gelesen, dass Stefan Schweizer Meister im Boxen geworden ist.) In der 6. Klasse teilte mir mein bester Freund mit, dass er aufs Gymnasium gehen würde. Da wollte ich ebenfalls hin, aber mein Vater, ein Secondo mit italienischen Wurzeln, hat es verhindert. Er befürchtete, dass ich als Studierter seine mechanische Werkstatt nicht weiterführen würde. Einsicht Nummer 2: Die familiäre Herkunft bestimmt die Schulkarriere mit. Beim Übertritt von der Mittel- in die Oberstufe waren wir 42 Kinder, davon gingen 35 in die Realschule. 6 Kinder, darunter ich, kamen in die Sekundarschule und mein Freund aufs Gymnasium. In der Probezeit fielen wir alle 7 durch. Es stellte sich heraus, dass wir in den vergangenen 3 Jahren nichts gelernt hatten. Mit einer Ausnahmeregelung wurde für uns die Probezeit verlängert, die wir dann auch bestanden. Der Lehrer wurde vorzeitig in den Ruhestand versetzt. Einsicht Nummer 3: Gute Lehrer sind wichtig. (Nachtrag: Wir haben von unserem Lehrer doch etwas gelernt, nämlich den Schulterhochstand am Barren, den er uns in Anzug und Krawatte vorturnte.) Nach der Sekundarschule besuchte ich das naturwissenschaftliche Kurzzeitgymnasium, das meinem Vater weniger verdächtig war als das humanistische. Der Französischlehrer begriff rasch, dass die Sprache Napoleons nicht meine Stärke war. Er rief mich im mündlichen Unterricht im Laufe von 4 Jahren nur wenige Male auf und vertraute auf meine Stärken in anderen Fächern. Einsicht Nummer 4: Lehrer, die für die Schwächen der Schüler Verständnis zeigen, sind ein Segen.

Sie haben Ihre 3 Kinder in eine Waldorfschule geschickt. Was hat Sie von der Einschulung in die öffentliche Schule abgehalten?

Ich wollte ursprünglich die Kinder in die öffentliche Schule schicken, doch die Mutter traf letztlich die Entscheidung. Im Nachhinein bin ich glücklich darüber, und zwar aus folgenden Gründen: Die Pädagogik von Rudolf Steiner orientiert sich an der kindlichen

Entwicklung. Es war eine Gesamtschule bis zur 10. Klasse mit dem gleichen Klassenlehrer. Die Lehrer waren engagiert und zeigten Interesse für die Eltern und Familien. Zudem bestand kein Noten- und Prüfungsdruck. Das Wichtigste aber war: Unsere Kinder haben mit Freude gelernt und sind 10 Jahre lang gerne zur Schule gegangen. Nach diesem Lob muss ich zwei Einschränkungen anbringen. Waldorfschule ist kein Qualitätslabel. Auch in einer Waldorfschule kommt es auf die pädagogische Kompetenz der Lehrer an. Und: In der öffentlichen Schule ist eine positive Schulkarriere sehr wohl möglich – unter der Bedingung, dass die Lehrer gut sind.

Sie dürften wohl schon dem einen oder anderen Pädagogen und Bildungsforscher begegnet sein, der sich gefragt hat: Was berechtigt einen Professor für Kinderheilkunde, sich so dezidiert in die Belange der Schule einzumischen?

Dieser Vorbehalt ist durchaus berechtigt. Eine langjährige kinderärztliche Tätigkeit qualifiziert dazu nicht. Ich habe während meines Medizinstudiums an einer Schweizer Realschule unterrichtet, um etwas Geld zu verdienen. Seither habe ich großen Respekt vor dem Lehrerberuf. 25 Schülern mehreren Stunden pro Tag beim Lernen beizustehen und dabei nicht die Kontrolle zu verlieren ist sehr anspruchsvoll. Auch diese Erfahrung berechtigt aber noch nicht, mich in die Schuldebatte einzumischen. Ich beteilige mich deshalb an dieser Debatte, weil ich überzeugt bin, dass sich eine gute Schule an den Gesetzmäßigkeiten der Entwicklung und den Bedürfnissen der Kinder orientieren muss. Und davon verstehe ich etwas. Ein Beispiel: Die sogenannten hyperaktiven Kinder sind für Eltern und Lehrer ein Ärgernis. Kinder werden bestraft, wenn sie auf dem Stuhl schaukeln. Entwicklungsstudien zeigen, dass die motorische Aktivität unter Kindern jeden Alters sehr unterschiedlich groß ist. Es gibt Kinder, die weisen ein Mehrfaches an Aktivität auf im Vergleich zu anderen Kindern. 45 Minuten still zu sitzen ist für manche Jungen schlicht eine Tortur und keine kindgerechte Anforderung. Wie also geht die Schule mit diesen verhaltensbiologischen Gegebenheiten um? Mein Anliegen ist es, einen Beitrag zu einer kindorientierten Schule zu leisten.

Anhang

Interindividuelle Variabilität

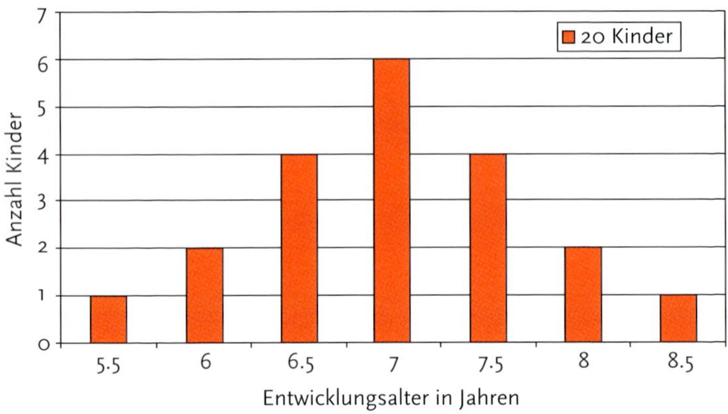

1) Variabilität des Entwicklungsalters bei 20 Kindern im chronologischen Alter von 7 Jahren. Ein Entwicklungsalter von 8 Jahren bedeutet beispielsweise, dass ein 7-jähriges Kind bereits über die durchschnittliche Lesekompetenz eines 8-jährigen Kindes verfügt (schematische Darstellung).

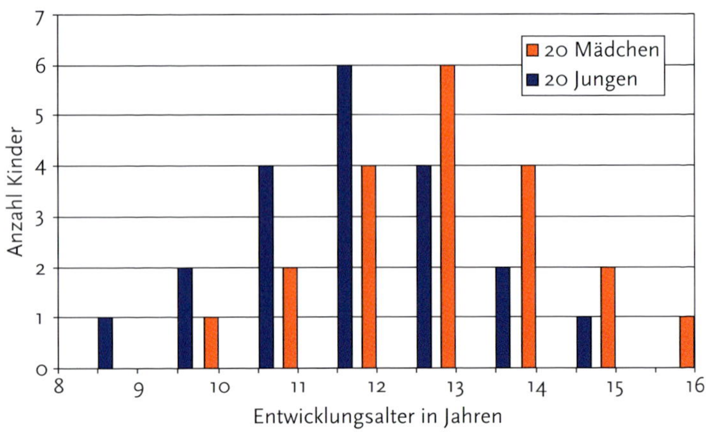

2) Variabilität des Entwicklungsalters bei 20 Jungen und 20 Mädchen im chronologischen Alter von 13 Jahren. Ein Entwicklungsalter von 9 Jahren bedeutet beispielsweise, dass ein 13-jähriges Kind erst über die durchschnittliche Lesekompetenz eines 9-jährigen Kindes verfügt (schematische Darstellung).

Kompetenzprofile von 4 Kindern im Alter von 10 Jahren. Die Säulen geben das Entwicklungsalter an, die der durchschnittlichen Leistung in einem bestimmten Alter entspricht. Beispiel: Melissa erreicht in der Sprache ein Entwicklungsalter von 12 Jahren und im logischen Denken ein Entwicklungsalter von 8 Jahren.

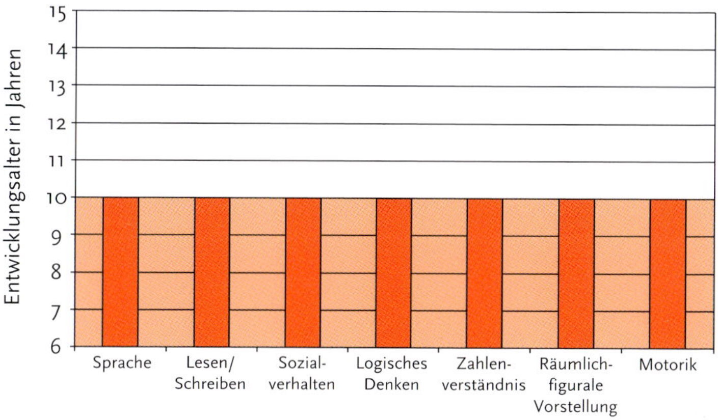

3) Anna erbringt in allen Kompetenzen altersentsprechende Leistungen, was höchst ungewöhnlich ist.

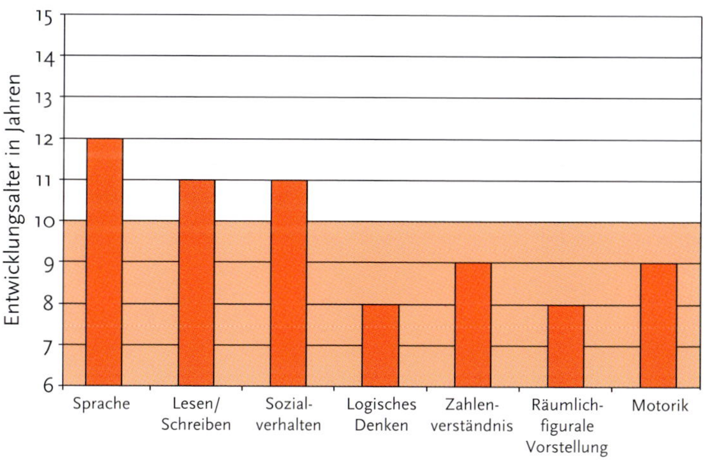

4) Melissa ist sprachbegabt und sozial kompetent. Sie hat Schwächen im logischen Denken, Zahlenverständnis und in der räumlich-figuralen Vorstellung. Sie ist motorisch etwas ungeschickt.

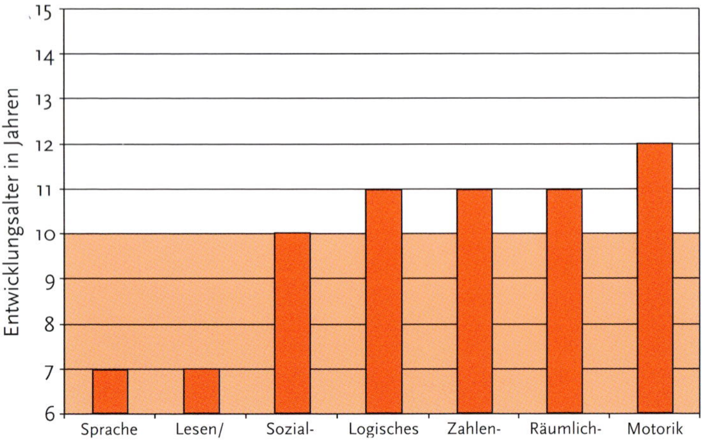

5) Philipp ist motorisch sehr geschickt, hat jedoch große Schwächen im sprachlichen Bereich. Seine anderen Kompetenzen sind etwa altersentsprechend entwickelt.

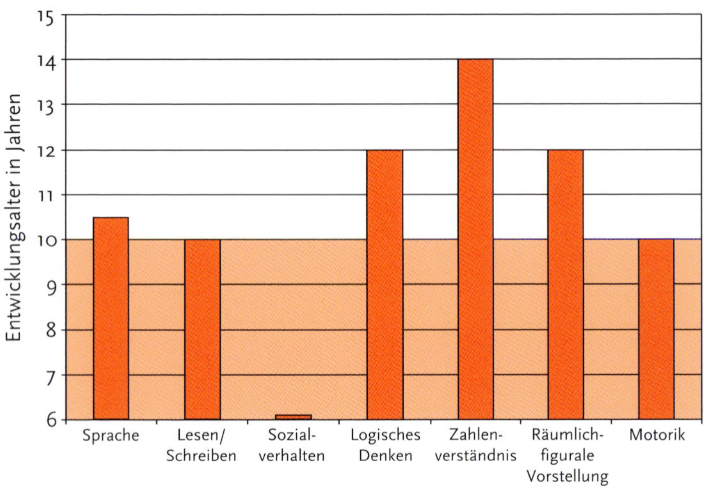

6) Joachim ist sehr begabt im logischen Denken, Zahlenverständnis und in der räumlich-figuralen Vorstellung. Er hat eine Schwäche im Sozialverhalten. Sprache und Motorik sind altersentsprechend entwickelt.

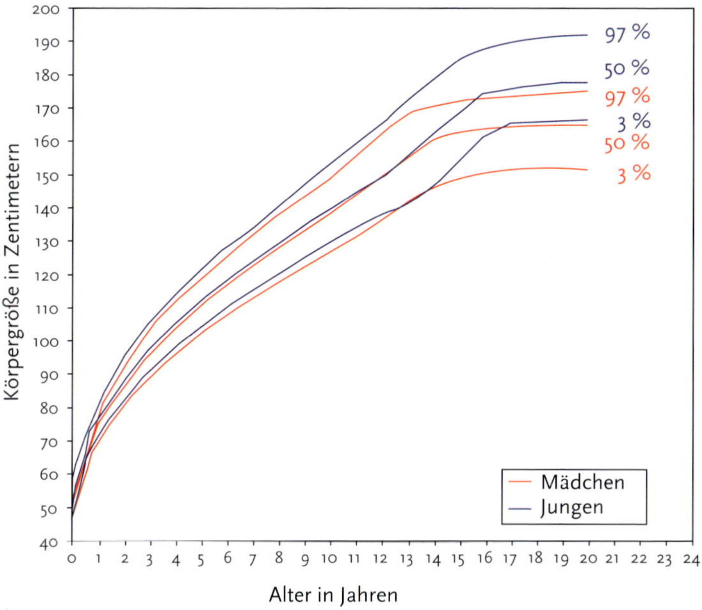

7) Entwicklung der Körpergröße von 0 bis 20 Jahre bei Jungen und Mädchen. Der Geschlechtsunterschied stellt sich hauptsächlich in der Pubertät ein. 50 %: Mittelwert; 97 %: obere Grenze des Normalbereiches; 3 %: untere Grenze des Normalbereiches; je 3 % der Kinder liegen über 97 % beziehungsweise unter 3 % (Prader et al. 1989).

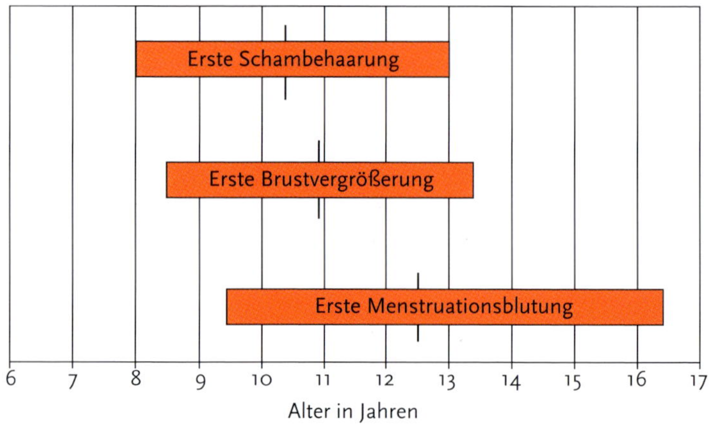

8) Interindividuelle Variabilität im Auftreten von Pubertätsmerkmalen bei Mädchen. Die Balken geben den Altersbereich an, in welchem ein Pubertätsmerkmal auftreten kann. Strich: mittleres Auftreten eines Pubertätsmerkmals (Largo et al. 1983 a, b).

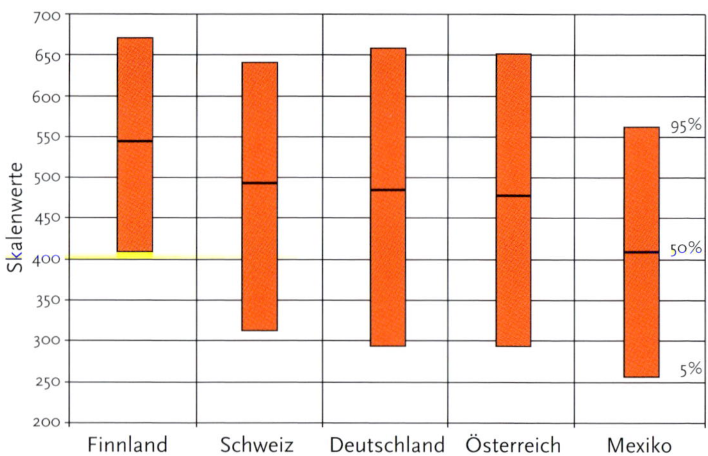

9) Lesekompetenz von Jugendlichen im Alter von 15 Jahren in 5 Ländern gemessen im Rahmen der PISA-Studie 2006. Je höher der Skalenwert, desto größer die Lesekompetenz. Die Balken beschreiben die Streubreite zwischen 5% und 95%; 5% der Probanden liegen darüber bzw. darunter; der dicke Strich entspricht dem Mittelwert (50%).

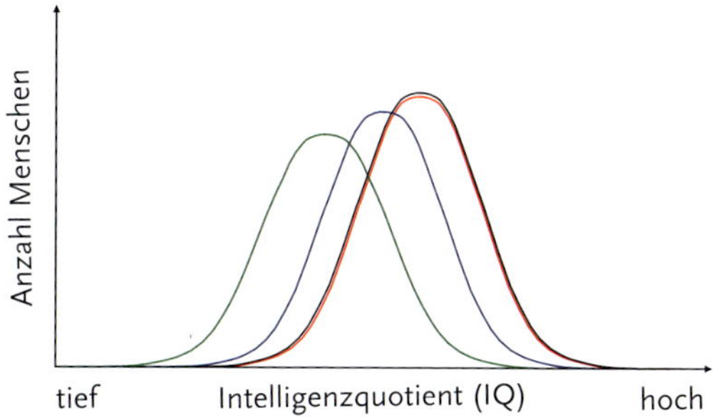

10) IQ-Verteilung in Abhängigkeit von den sozio-ökonomischen Bedingungen (SÖB) und der Qualität des Bildungssystems (BS). Grün: IQ-Verteilung bei tiefen SÖB und wenig entwickeltem BS. Blau: bei mäßigen SÖB und mäßig entwickeltem BS. Rot: bei optimalen SÖB und optimal entwickeltem BS. Das Bildungspotenzial der Bevölkerung (schwarz) wird weitgehend realisiert. Unabhängig von SÖB und BS stellt sich immer eine große Streuung der intellektuellen Leistungsfähigkeit ein (Hypothetisches Modell).

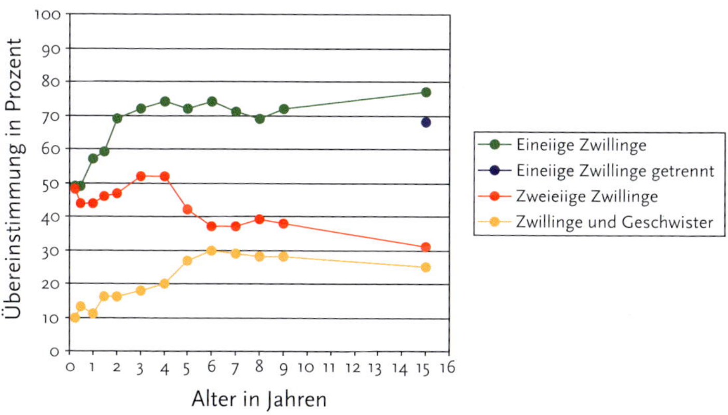

11) Übereinstimmung der intellektuellen Entwicklung bei ein- und zweieiigen Zwillingen sowie Geschwistern. Die Übereinstimmung der Entwicklungs-/Intelligenzquotienten wird in Prozenten angegeben. Je höher ein Prozentwert ausfällt, desto größer ist die Übereinstimmung zwischen den Kindern (Berechnung siehe Glossar »Korrelationen«). Für eineiige Zwillinge, die getrennt aufwachsen, liegt nur ein Wert vor (nach Wilson 1983, Scarr 1992).

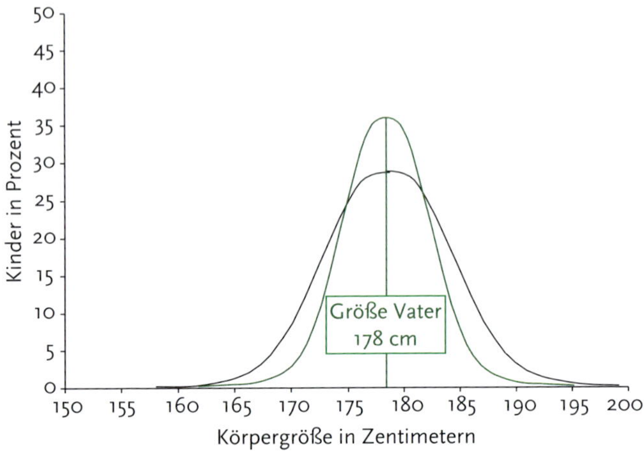

12) Körpergröße der Söhne bei durchschnittlicher Körpergröße des Vaters. Schwarz: Verteilung der Körpergröße in der Bevölkerung. Grün: Verteilung der Körpergröße bei den Söhnen. Berechnung siehe Glossar »Regression to the mean«.

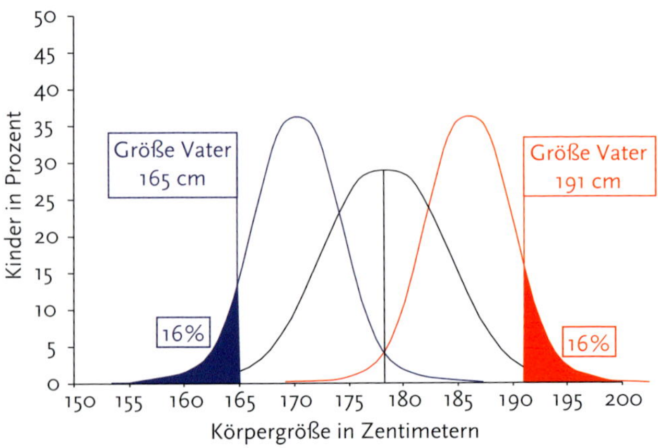

13) Körpergröße der Söhne in Abhängigkeit von der Körpergröße des Vaters. Schwarz: Verteilung der Körpergröße in der Bevölkerung. Blau: Körpergröße der Söhne, wenn der Vater 165 cm groß ist; nur 16 % der Söhne sind gleich groß oder kleiner als der Vater. Rot: Körpergröße der Söhne, wenn der Vater 191 cm groß ist; nur 16 % der Söhne sind gleich groß oder größer als der Vater.

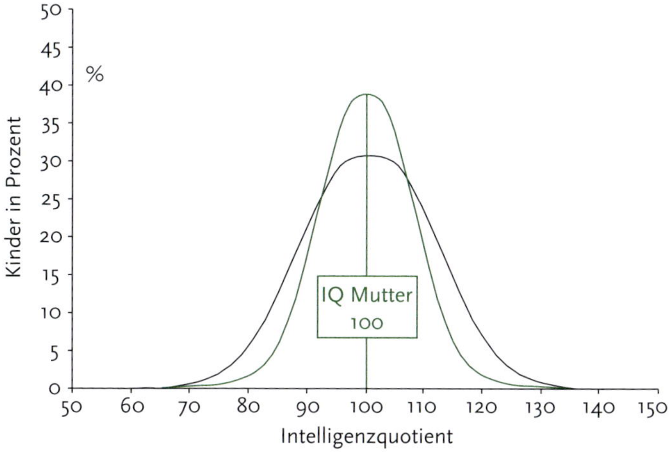

14) IQ der Töchter bei durchschnittlichem IQ der Mutter. Schwarz: IQ-Verteilung in der Bevölkerung. Grün: IQ-Verteilung bei den Töchtern. Berechnung siehe Glossar » Regression to the mean «.

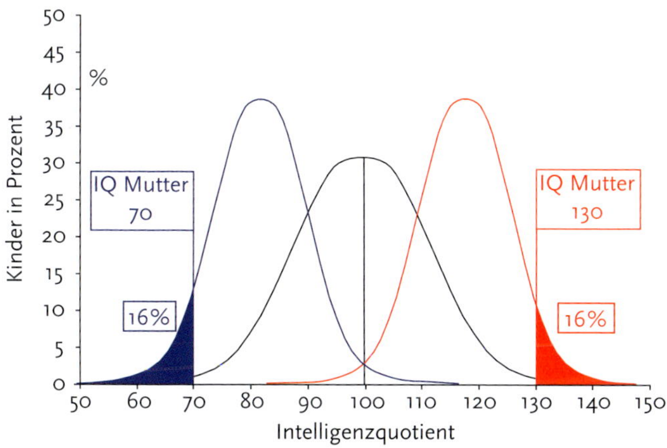

15) IQ der Töchter in Abhängigkeit vom IQ der Mutter. Schwarz: IQ-Verteilung in der Bevölkerung. Blau: IQ-Verteilung der Töchter, wenn der IQ der Mutter 70 beträgt; nur 16 % der Töchter haben gleichen oder niedrigeren IQ als Mutter. Rot: IQ-Verteilung der Töchter, wenn der IQ der Mutter 130 beträgt; nur 16 % der Töchter haben gleichen oder höheren IQ als Mutter.

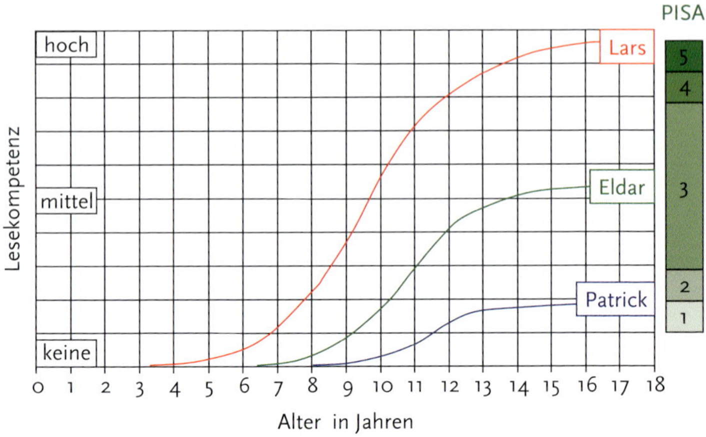

16) Unterschiedliche Entwicklung der Lesekompetenz bei 3 Jungen. Grüne Säule: Lesekompetenz im Alter von 15 Jahren (PISA-Studie 2006). 1 entspricht einer sehr niedrigen, 3 einer mittleren und 5 einer sehr hohen Lesekompetenz.

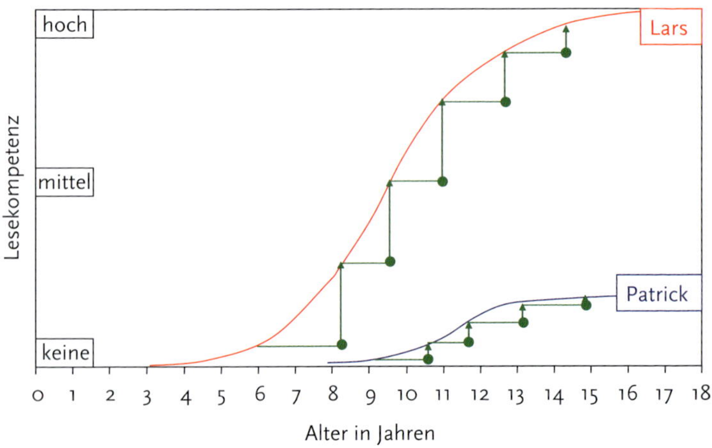

17) Neugierde (Pfeil) entsteht aus der Spannung zwischen aktuellem Entwicklungsstand (o) und neurobiologischer Reifung (rot). Die Neugierde wird durch Erfahrung immer wieder aufs Neue abgebaut. Beachte den großen Unterschied im Ausmaß der Neugierde zwischen Lars und Patrick.

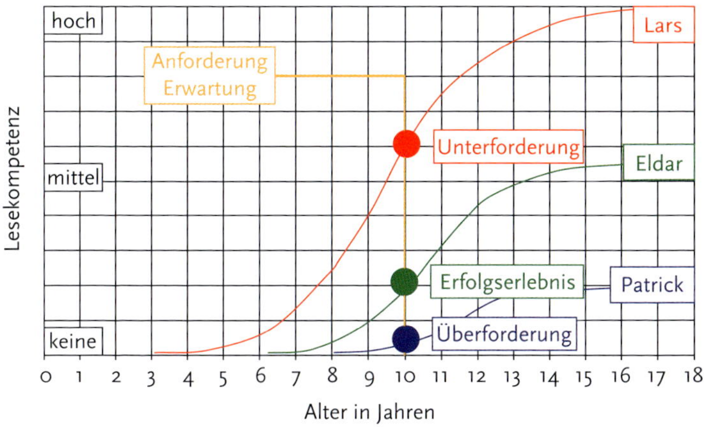

18) Übereinstimmung zwischen Anforderung und Kompetenz: Die Anforderungen, die sich an den durchschnittlichen 10-jährigen Schüler richten, verhelfen Eldar zu einem Erfolgserlebnis. Patrick wird über- und Lars unterfordert.

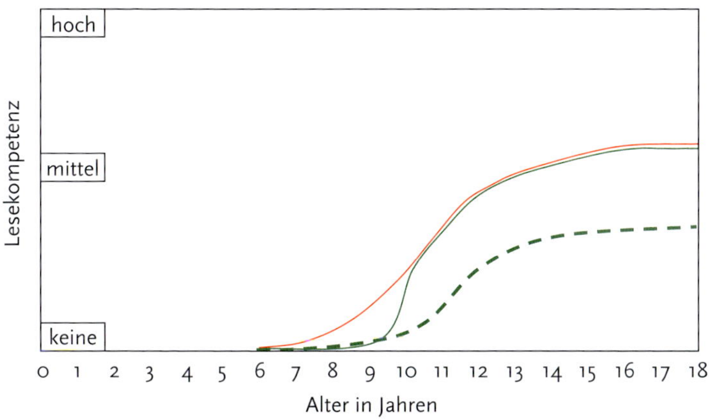

19) Entwicklung der Lesekompetenz bei Eldar in Abhängigkeit von Erfahrungsmöglichkeiten. Rot: Entwicklungspotenzial (neurobiologische Reifung). Grün ausgezogen: Eldar zeigt anfänglich eine verzögerte Entwicklung wegen fehlenden Leseerfahrungen, dann holt er auf. Grün gestrichelt: Eldar kann seine Lesekompetenz nur ungenügend entwickeln wegen bleibender unzureichender Erfahrungsmöglichkeiten.

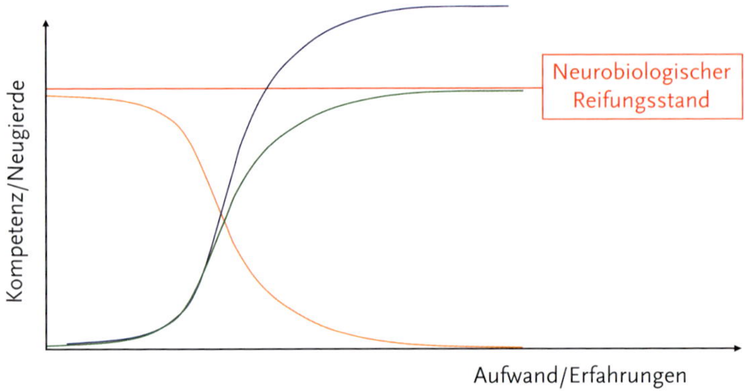

20) Lernkurve bei einem bestimmten Entwicklungsstand. Grün: Die Kompetenz nimmt mit wenigen Erfahrungen zunächst rasch zu, wächst jedoch auch mit großem Aufwand nicht über den Reifungsstand hinaus (rote Linie). Gelb: Neugierde und Flow-Gefühl nehmen spiegelbildlich mit der Zunahme der Kompetenz ab. Blau: Das Erreichen einer Kompetenz, die über den neurobiologischen Reifungsstand hinausgeht, ist nicht möglich.

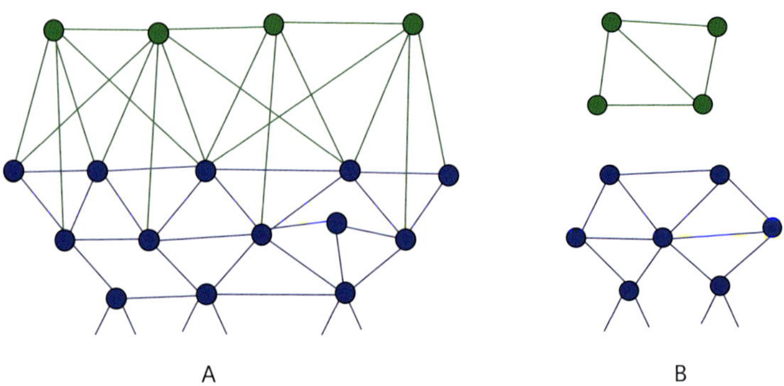

21) Entwicklungsorientiertes, vernetztes Lernen. A: Neues Wissen und neue Erfahrungen (grün) werden mit bestehendem Wissen und bestehenden Fähigkeiten (blau) vernetzt. B: Auswendiglernen und Üben ohne Bezug zu bestehendem Wissen und bestehenden Fähigkeiten.

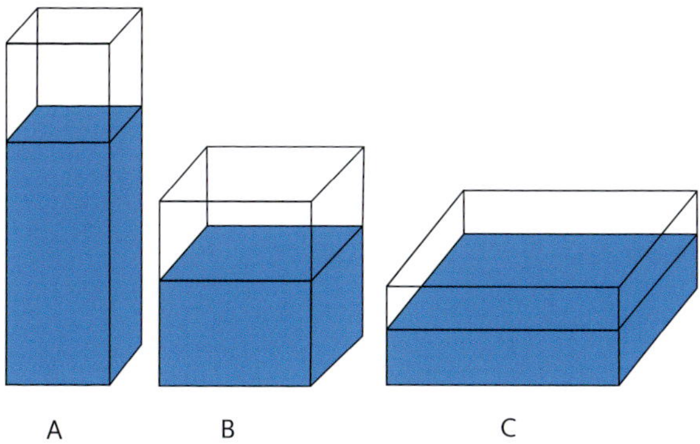

22) Konstanz (Invarianz) von Mengen und Volumina. Alle 3 Gefäße enthalten gleich viel Flüssigkeit. Kinder im Vorschulalter meinen, in Gefäß A sei am meisten Flüssigkeit enthalten, weil hier der Flüssigkeitsspiegel am höchsten ist, und in Gefäß C am wenigsten, weil er hier am niedrigsten ausfällt (nach Piaget 1975).

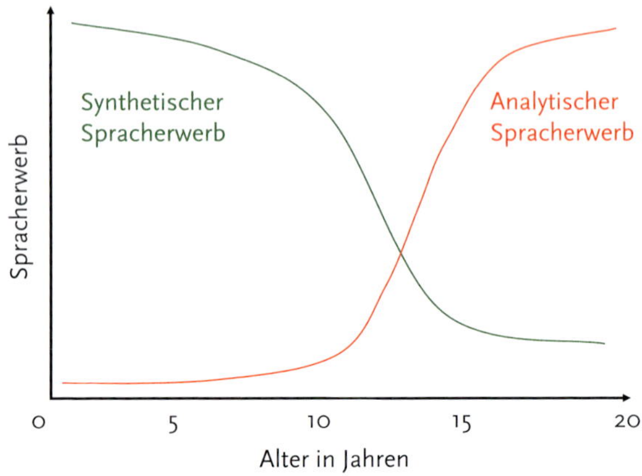

23) Formen des Spracherwerbs. Synthetisch: Das Kind eignet sich eine Sprache unbewusst an, indem es Gehörtes mit den Erfahrungen verbindet, die es mit Personen, Gegenständen und Handlungen macht. Analytisch: Der Erwachsene eignet sich Sprache bewusst an, indem er Wortschatz und formale Elemente der Sprache wie Grammatik und Syntax auswendig lernt.

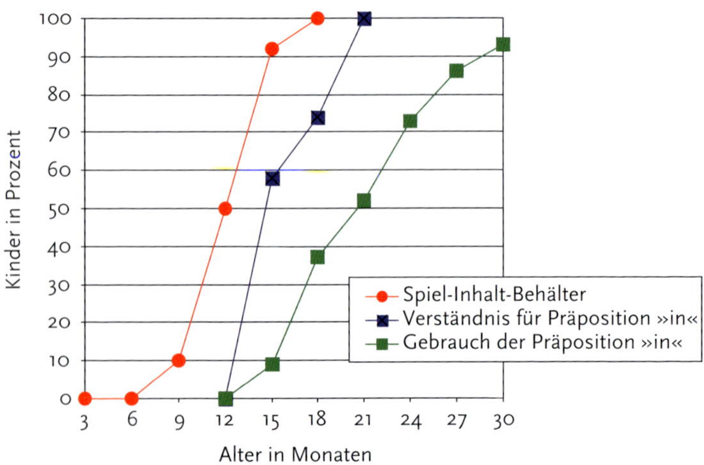

24) Verständnis und Anwendung der Präposition »in«. Als Erstes begreift das Kind im Spiel, dass ein Gegenstand in einem anderen Gegenstand sein kann. Als Nächstes versteht es die Präposition »in«, und schließlich kann es die Präposition auch anwenden (Largo 1979).

Alter in Jahren	1	2	3	4	5	6
	einzelne Worte Apfel					
		Zwei-Wort-Sätze Apfel essen				
			Mehrwort-Sätze Peter Apfel essen.			
				Einfache Sätze Peter isst den Apfel.		
					Haupt- und Nebensätze Peter isst den Apfel, weil er lecker ist.	

25) Entwicklung des Satzbaus (Syntax) zwischen 2 und 6 Jahren.

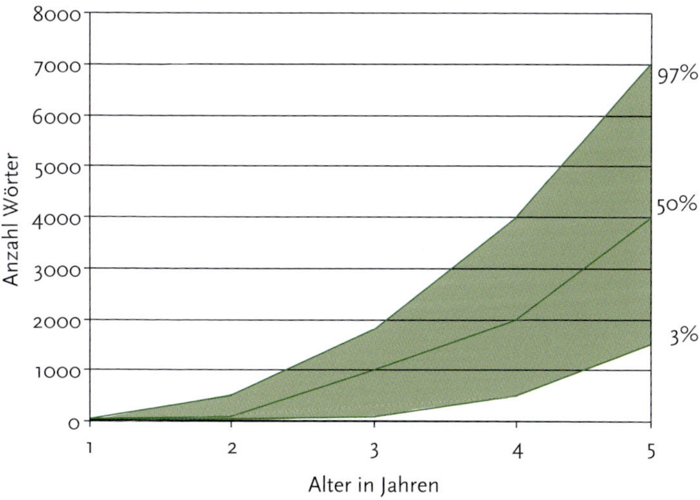

26) Entwicklung des Wortschatzes zwischen 2 und 5 Jahren. 50% entspricht dem Mittelwert; 3% der Kinder liegen über 97% bzw. unter 3% (Angaben aus verschiedenen Quellen).

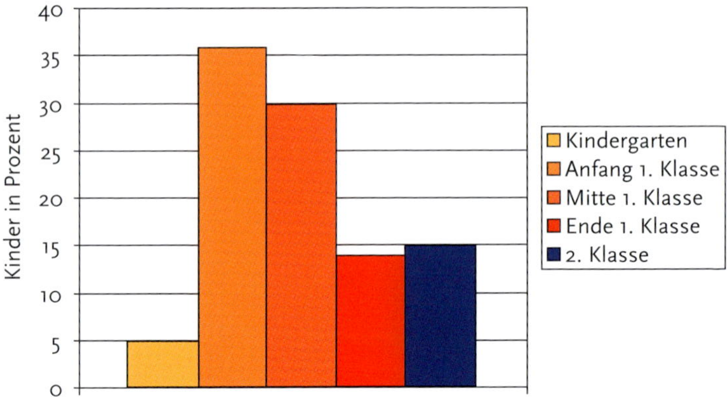

27) Lesekompetenz bei Schweizer Schulanfängern im Alter von 7 Jahren. Die Lesekompetenz variiert zwischen Kindergarten- und 2.-Klasse-Niveau (Moser et al. 2005).

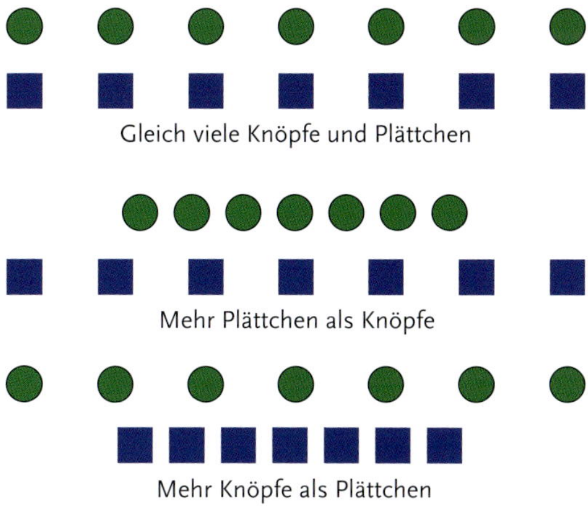

28) Frühes Zahlenverständnis. Vor den Augen des Kindes werden die Reihen der Knöpfe und Plättchen zusammengeschoben und auseinander gezogen. Kinder jünger als 7 Jahre schätzen die Mengen aufgrund der räumlichen Ausdehnung und nicht der Quantität ein (Piaget 1975).

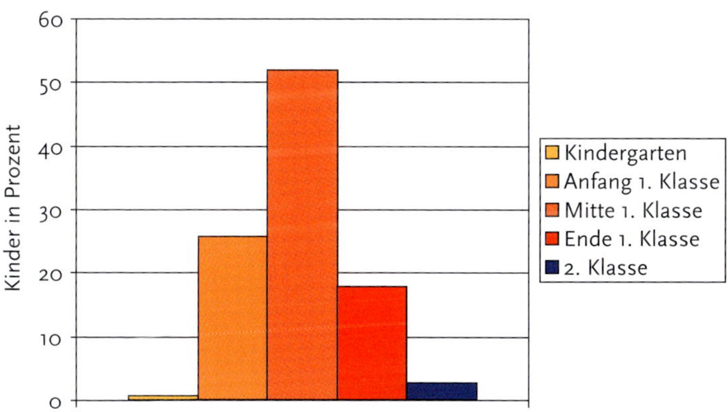

29) Mathekompetenz bei Schweizer Schulanfängern im Alter von 7 Jahren. Die Kompetenz variiert zwischen Kindergarten- und 2.-Klasse-Niveau (Moser et al. 2005).

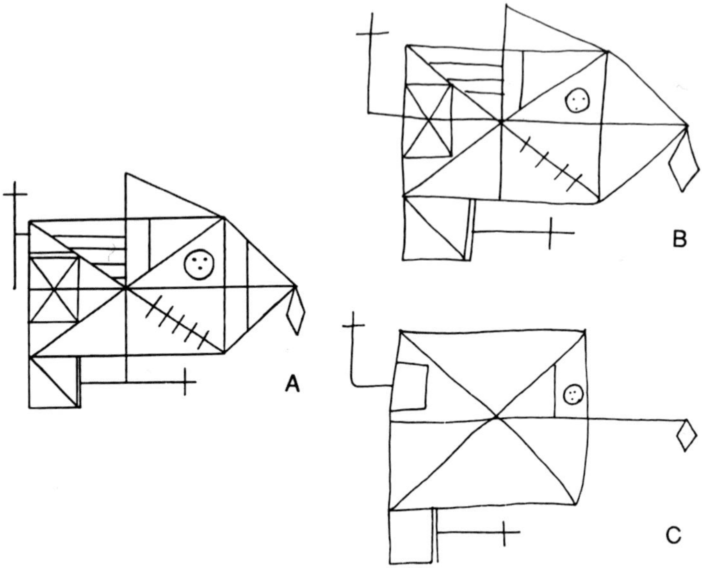

30) Reyfigur. 40 Akademiker kopierten die Figur A. 15 Minuten später haben sie die Figur aus dem Gedächtnis gezeichnet. B: Beste Wiedergabe; C: schwächste Wiedergabe, entspricht der durchschnittlichen Leistung eines 10-jährigen Kindes (Largo, nicht publiziert).

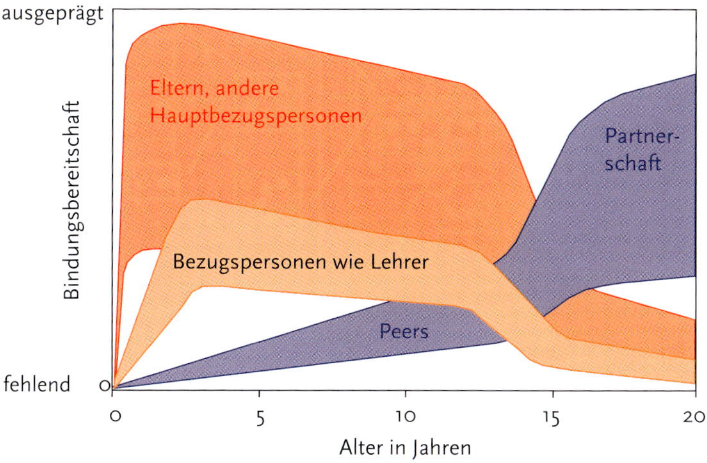

31) Entwicklung des Bindungsverhaltens. Die Bindungsbereitschaft für Bezugspersonen ist in den ersten Lebensjahren am größten und nimmt danach langsam ab. Sie schwindet weitgehend im Verlauf der Pubertät, während die Bindungsbereitschaft zu den Peers stark zunimmt. Die Flächen bezeichnen die interindividuelle Variabilität der Bindungsbereitschaft (schematische Darstellung).

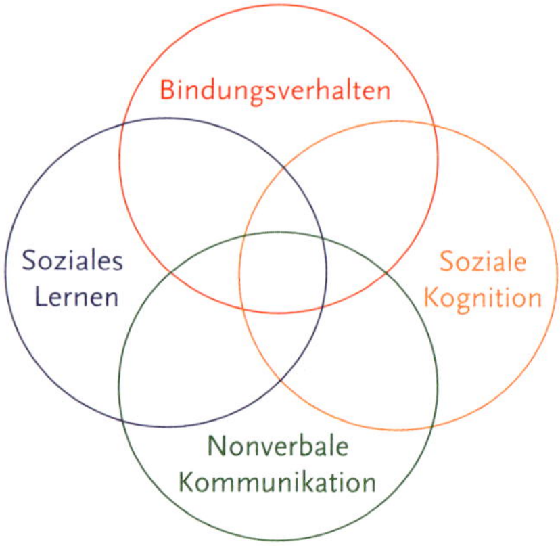

35) Die 4 Hauptbereiche des Sozialverhaltens.

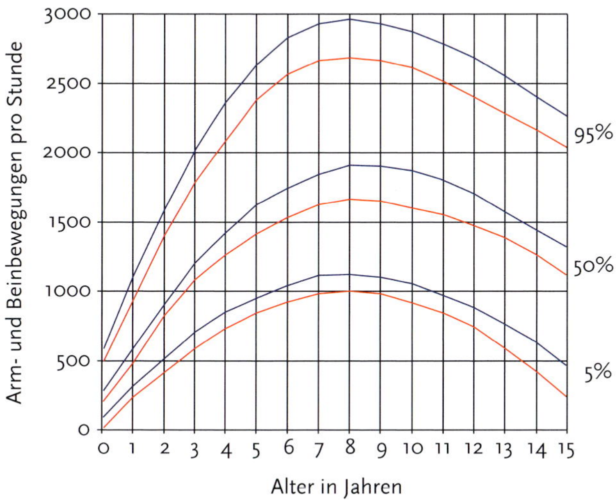

36) Motorische Aktivität von 1 bis 15 Jahre. Die Häufigkeit von Arm- und Beinbewegungen wurde mit einem Actometer objektiv erfasst. Rot: Mädchen; blau: Jungen. 50% entspricht dem Mittelwert; 5% der Kinder liegen über 95% bzw. unter 5% (modifiziert nach Eaton 2001).

37) Entwicklung der Fertigkeit, einen Ball zu fangen und zu werfen (nach Gallahue 1989).

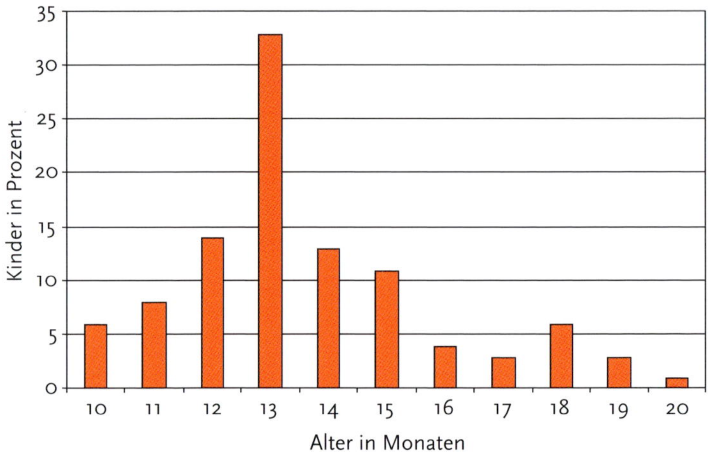

38) Zeitliches Auftreten des Laufens. Kinder in Prozent, die in einem bestimmten Alter die ersten Schritte machen (Largo et al. 1985).

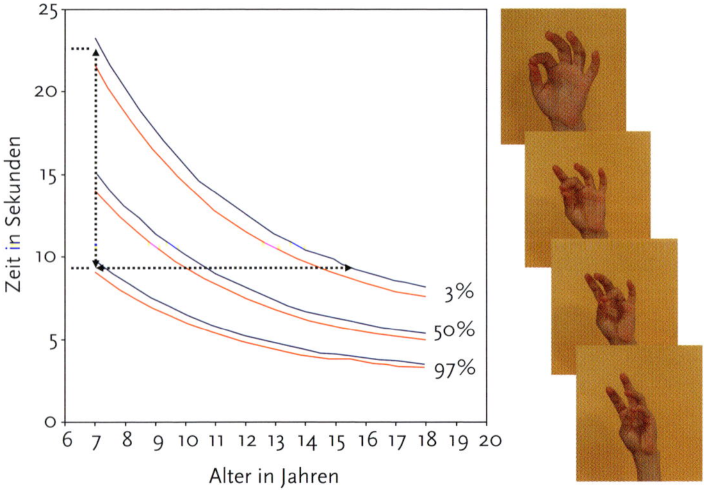

39) Sequenzielle Fingerbewegungen. Der Daumen berührt nacheinander Zeige- bis Kleinfinger. Gemessen wird die Zeit, die das Kind für 5 Durchgänge braucht. Mit 7 Jahren sind die schnellsten Kinder 3-mal rascher als die langsamsten. Erstere sind bereits so rasch wie die langsamsten Kinder mit 16 Jahren. 50% bezeichnet den Mittelwert; 3% der Kinder liegen über 3% bzw. unter 97% (Largo et al. 2001).

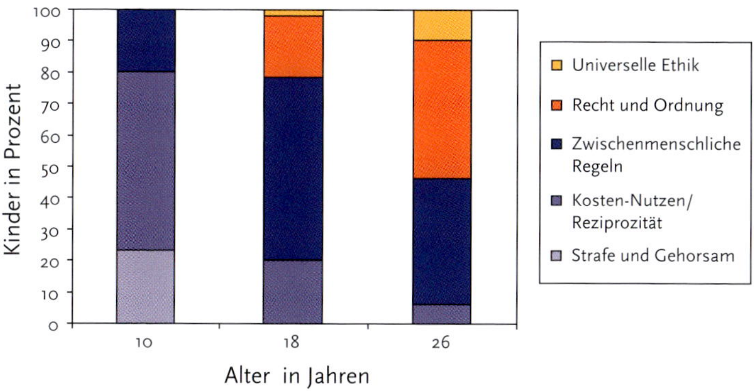

40) Moralentwicklung. Strafe und Gehorsam: Das Kind orientiert sich an erzieherischen Vorgaben. Reziprozität: Das Kind realisiert, dass sein Verhalten auf andere einwirkt und deren Verhalten wieder zurückwirkt. Zwischenmenschliche Regeln: Das Kind begreift einfache Verhaltensregeln in der Gemeinschaft. Recht und Ordnung: Der Jugendliche begreift die Regeln, die in der Gesellschaft Gültigkeit haben. Universelle Ethik: Der Jugendliche vertritt eine Ethik, die für die ganze Menschheit Gültigkeit hat (Kohlberg 1976).

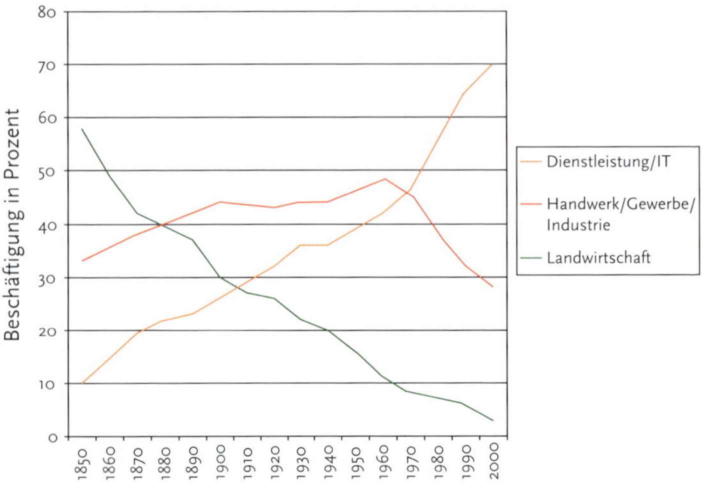

41) Entwicklung der Erwerbstätigkeit in den 3 großen Wirtschaftssektoren von 1850 bis 2000. Anteil der Beschäftigten an der Schweizer Gesamtwirtschaft wird in Prozent angegeben. In Deutschland und Österreich verlief die Entwicklung der Erwerbstätigkeit im Wesentlichen gleich.

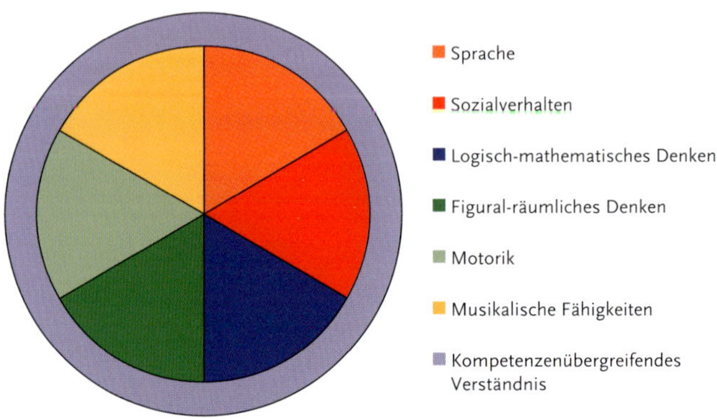

42) Ganzheitliche Sicht des Kindes. Kompetenzen und kompetenzenübergreifendes Verständnis.

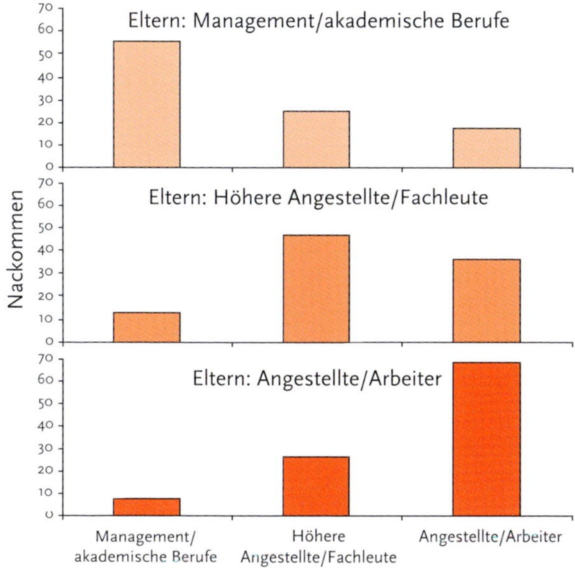

43) Sozio-professionelle Mobilität zwischen Generationen. Die Säulen geben an, in welche Berufskategorien die Nachkommen auf- oder absteigen. Die Nachkommen sind zum Zeitpunkt der Erhebung 45 Jahre alt (N = 485) (Ley et al. 1997).

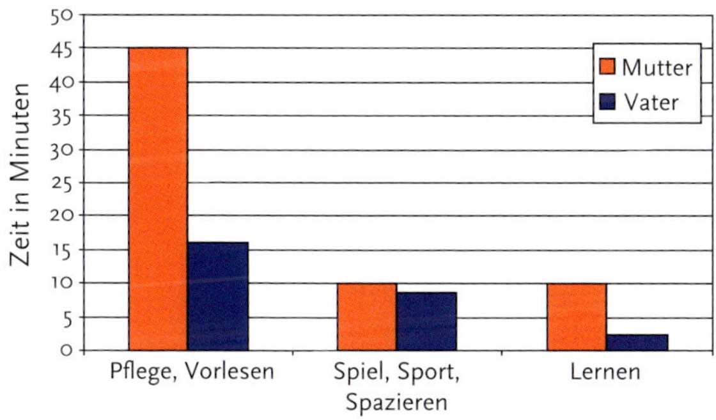

44) Gemeinsame Tätigkeit von Eltern und Kindern. Zeit, die Mutter und Vater mit 6- bis 12-jährigen Kindern pro Tag verbringen (Bundesministerium für Familie).

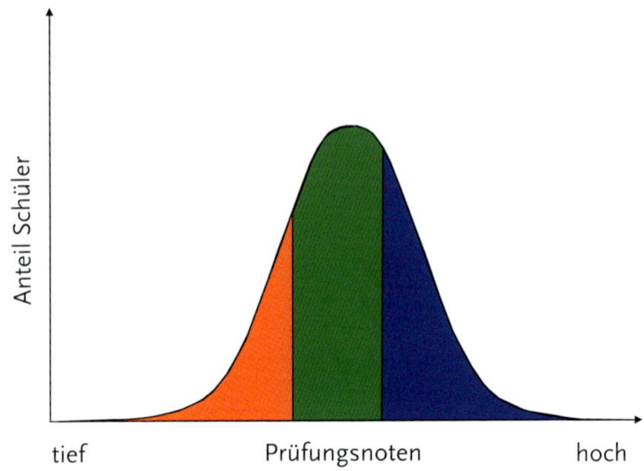

45) Selektion für eine dreigliedrige Oberschule. Schwarze Kurve: Verteilung der Prüfungsnoten. Zuteilung für Deutschland: blau: Gymnasium; grün: Realschule; rot: Hauptschule. Prozentual sind die Anteile der Schultypen in Deutschland, Österreich und in der Schweiz unterschiedlich groß.

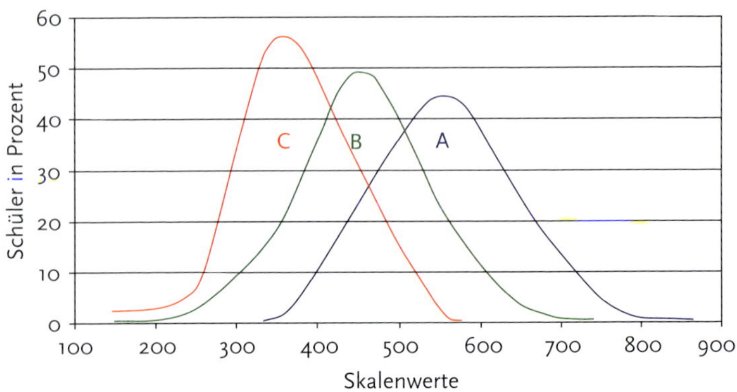

46) Überlappen der Sprachkompetenz in dreiteiligen Oberstufenschulen. Die Schüler hatten einen Aufsatz zu schreiben. Je höher der Skalenwert, desto größer wurde die Textkompetenz eingeschätzt. Beachte die großen Überlappungen zwischen den 3 Schultypen (Moser 2008).

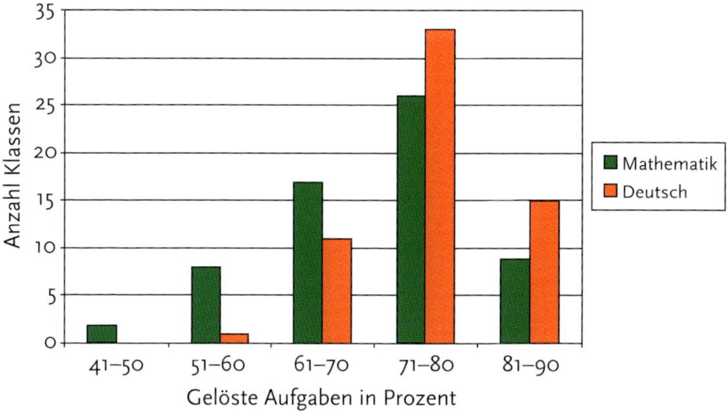

47) Leistungsunterschiede zwischen Schweizer Klassen der Dritten Primarschule. Der Mittelwert der richtig gelösten Aufgaben in Deutsch und Mathematik bei 61 Schulklassen wird in Prozent angegeben (z. B. 50%: die Hälfte der Aufgaben wurde richtig gelöst) (modifiziert nach Moser und Tresch 2003).

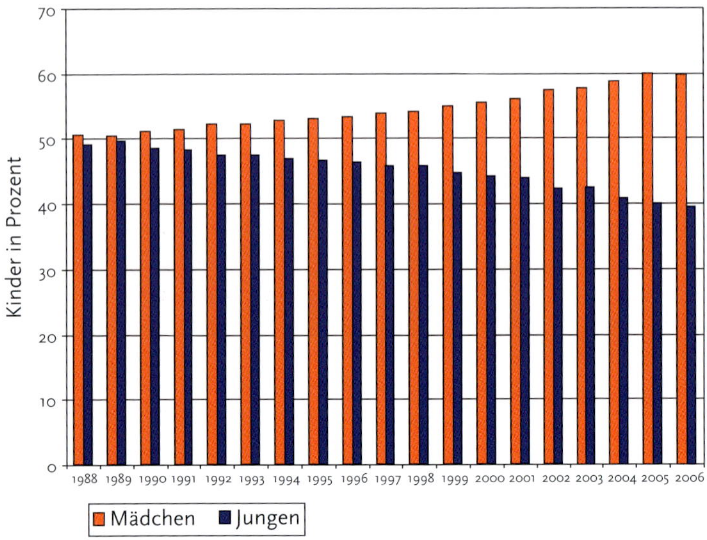

48) Matura-Abschlussquote im Kanton Zürich 1988 bis 2006 (Bildungsdirektion Kanton Zürich).

Glossar

Anlage und Umwelt bestimmen gemeinsam die kindliche Entwicklung.

Anlage: Organische und funktionelle Strukturen, die bei der Geburt vorliegen und die die Grundlagen für die weitere Entwicklung bilden. Sie werden weitgehend durch die Erbanlagen bestimmt, können aber auch durch vorgeburtliche Ereignisse beeinflusst sein.

Umwelt: In wissenschaftlichen Studien werden die Lebens- und Entwicklungsbedingungen der Kinder anhand von Faktoren wie schulische und berufliche Ausbildung der Eltern, Berufsstand, Einkommen, Wohnort und Eigentumsverhältnisse erfasst. Die Bedeutung dieser Faktoren kann je nach den gesellschaftlichen, wirtschaftlichen und kulturellen Gegebenheiten, unter denen das Kind aufwächst, unterschiedlich groß sein. In den meisten Gesellschaften kommt dem Bildungsstand der Mutter die größte Bedeutung zu. In den Zürcher Longitudinalststudien wurde der sogenannte sozioökonomische Status wie folgt definiert: SÖS = schulische Ausbildung der Mutter + Berufsstand des Vaters.

Als bildungsfern werden Familien bezeichnet, die über geringe kulturelle, soziale und finanzielle Ressourcen verfügen (zum Beispiel Familien mit Migrationshintergrund). Kinder aus bildungsfernen Familien sind bei der Verteilung der Bildungschancen und beim Erreichen eines Bildungserfolges häufig benachteiligt.

Intelligenz ist im weitesten Sinne die Fähigkeit, Eigenschaften und Zusammenhänge in der physischen und sozialen Umwelt zu erkennen und darauf in einer für den Organismus vorteilhaften Weise zu reagieren. Diese Fähigkeit beruht unter anderem auf der Wahrnehmung, der Merkfähigkeit, dem Gedächtnis und den Symbolfunktionen. Im engeren Sinne wird unter Intelligenz die Fähigkeit verstanden, anschauliche und abstrakte Beziehungen zu erfassen und herzustellen sowie neuartige Situationen durch problemlösendes Verhalten zu bewältigen.

Unter *fluider Intelligenz* werden kognitive Fähigkeiten wie mathematisches Denken und figural-räumliches Vorstellungsvermögen zusammengefasst, die im Wesentlichen anlagebedingt sind und deren Entwicklung in der Adoleszenz weitgehend abgeschlossen ist. Als *kristalline Intelligenz* werden Wissen und Fähigkeiten wie Kenntnisse über Geschichte oder Führungseigenschaften in der Wirtschaft bezeichnet, die durch Erfahrungen entstehen. Die kristalline Intelligenz kann sich bis ins hohe Alter weiter entwickeln.

Intelligenzquotient (IQ) ist ein Maß für die intellektuelle Leistungsfähigkeit. Der IQ kann für kleinere Kinder aus dem Verhältnis von Intelligenzalter und Lebensalter wie folgt errechnet werden: IQ = (Intelligenzalter/Lebensalter) × 100. Beispiel: IQ eines 5-jährigen Jungen mit dem Entwicklungsstand eines 6-Jährigen: 6/5 × 100 = 120. In Intelligenztests entsprechen 100 IQ-Punkte dem Mittelwert der Testpopulation und die Standardabweichung ist mit 15 IQ-Punkten festgelegt. Die intellektuelle Leistungsfähigkeit korreliert mit zunehmendem Alter immer stärker mit der schulischen Leistungsfähigkeit. Die Leistungsfähigkeit von Kindern kann durch sozioökonomische Chancenungleichheit innerhalb einer Gesellschaft erheblich beeinträchtigen werden.

Kompetenzraster beschreiben die Entwicklungsschritte, die Schüler in einem bestimmten Kompetenzbereich durchlaufen. Die Sprachkompetenz beispielsweise wird in die folgenden Bereiche aufgeteilt:

Verstehen: Hören, lesen
Sprechen: An Gesprächen teilnehmen, zusammenhängendes Sprechen
Schreiben: Formal, inhaltlich
Wissen: Grammatik, Etymologie, Geschichte

Jeder Bereich ist in differenzierte Entwicklungsschritte aufgeteilt, was einerseits erlaubt, den Entwicklungsstand des Kindes genau zu erfassen, und andererseits das Lernmaterial seinem Entwicklungsstand anzupassen, sodass es weder zur Über- noch zur Unterforderung kommt. Beispiele für Kompetenzraster können auf der folgenden Homepage eingesehen und heruntergeladen werden: http://www.lerndesign.ch/lernmaterialien/ (Institut Beatenberg).

Korrelationen dienen dazu festzustellen, ob zwischen 2 Merkmalen, beispielsweise zwischen Körpergröße und Gewicht, eine statistische Beziehung besteht und wie stark dieser Zusammenhang ist. Stärke und Richtung des Zusammenhangs wird durch die Berechnung des sogenannten Korrelationskoeffizienten r bestimmt. Die Stärke von r kann zwischen 1 und –1 variieren. Je näher der errechnete Wert bei 1 oder –1 liegt, desto stärker ist der Zusammenhang. Je mehr sich der Wert 0 nähert, desto schwächer ist der Zusammenhang. Das Vorzeichen gibt die Richtung der Beziehung an. Ein positives Vorzeichen bedeutet, dass, wenn der eine Wert zunimmt, der andere ebenfalls größer wird. Ist das Vorzeichen negativ, heißt das, dass der eine Wert abnimmt, wenn der andere zunimmt. Der Grad der Übereinstimmung kann – anschaulicher als mit dem Kor-

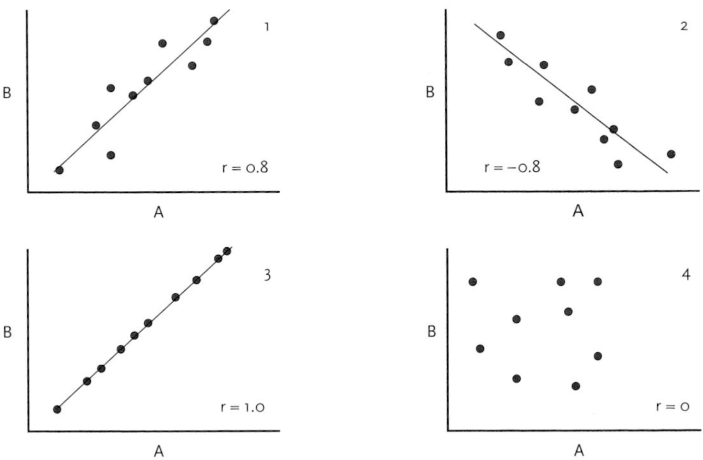

Korrelationen. 1: Positive Korrelation: B nimmt mit A zu. 2: Negative Korrelation: B nimmt mit der Zunahme von A ab. 3: Vollständige Übereinstimmung: r = 1.0. 4: Keine Übereinstimmung zwischen A und B: r = 0.

relationskoeffizienten – auch als Prozentwert der Varianz wie folgt ausgedrückt werden: $r^2 \times 100$. Ein Korrelationskoeffizient von 0.7 entspricht einer Übereinstimmung von 49 Prozent.

PISA-Studien. Die PISA-Studien der OECD (Organisation for Economic Cooperation and Development) sind internationale Schulleistungsuntersuchungen, die seit dem Jahr 2000 in 3-jährigem Turnus in den meisten Mitgliedsstaaten der OECD und einer zunehmenden Anzahl von Partnerstaaten durchgeführt werden. Sie haben zum Ziel, alltags- und berufsrelevante Kenntnisse und Fähigkeiten der Schüler im Alter von 15 Jahren zu messen. Die Abkürzung PISA steht für Programme for International Student Assessment (Programm zur internationalen Schülerbewertung). Jede PISA-Studie umfasst die 3 Bereiche Lesekompetenz, Mathematik und Naturwissenschaften. Zusätzlich wurden in größeren Zeitintervallen untersucht: Lernstrategien und selbst reguliertes Lernen, Problemlösung und informationstechnische Grundbildung. In jedem Bereich werden die Leistungen, die von den Schülern erbracht worden sind, auf einer Skala von 1 bis 5 angegeben; die niedrigsten Leistungen entsprechen der Kompetenzstufe 1 und die höchsten der Kompetenzstufe 5.

Leserinnen und Leser, die sich für die Testaufgaben interessieren, können die von der OECD freigegebenen Aufgaben auf den folgenden Internetseiten nachlesen:
Deutschland: http://pisa.ipn.uni-kiel.de/
Österreich: http://www.bifie.at/freigegebene-aufgaben-aus-den-pisa-tests
Schweiz: http://www.pisa.admin.ch/bfs/pisa/de/index/05/02/01.html

Portfolio. Bei einem Portfolio handelt es sich um ein Instrument zur Selbstbeurteilung durch den Schüler. Das Portfolio ist eine Sammlung von eigenen Arbeiten, die der Schüler im Verlauf des Schuljahres zusammenstellt. Das Portfolio ist Teil einer umfassenden Beurteilung bezüglich Leistung und Entwicklungsstand, kann zur Gestaltung des Unterrichts und des individuellen Lernprozesses sowie zur Beurteilung über die Promotion genutzt werden (Vögeli-Mantovani 1999; Kanton Luzern 2008).

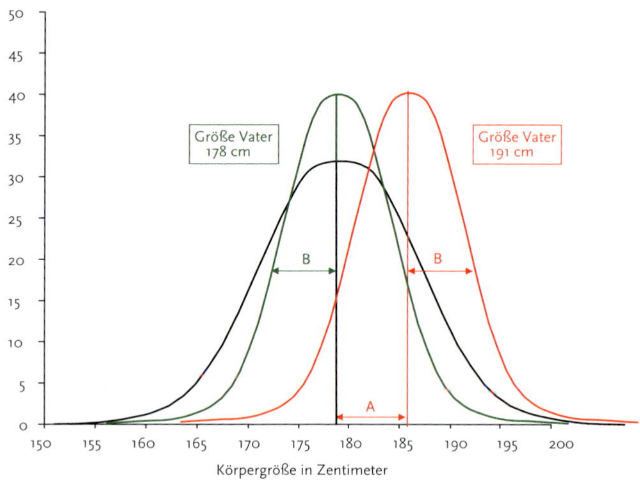

Regression to the Mean. A: Abstand vom Mittelwert der Bevölkerung (schwarz) = r × Körpergröße des Vaters (in Standardabweichungen (SA)). B: Variabilität der Verteilungskurve: Kind (SA) = Körpergröße des Vaters (in SA) x $(1 - r^2)^{-2}$. Beispiel: Korrelation zwischen Körpergröße der Väter und derjenigen der Söhne: r = 0.6. Mittelwert der Körpergröße der Väter in der Bevölkerung: 178 cm; Standardabweichung (SA): 6.5 cm.
Rot: Körpergröße des Vaters: + 2 SA (191) cm. A: 1.2 SA; B: 0.8 SA.
Grün: Körpergröße des Vaters: 0 SA (178 cm). A: 0 SA; B: 0.8 SA.

Regression to the Mean bedeutet Rückentwicklung zum Durchschnitt. Darunter wird das Phänomen verstanden, dass Kinder in Bezug auf ein bestimmtes Merkmal umso stärker von den Eltern abweichen und sich dem Mittelwert der Population annähern, je mehr die Eltern vom Mittelwert entfernt sind. Sind die Eltern beispielsweise durchschnittlich groß, so werden ihre Kinder auch eine durchschnittliche Körpergröße aufweisen. Sind die Eltern aber ausgesprochene groß oder besonders klein, werden die Kinder deutlich weniger groß (klein) oder deutlich größer (kleiner) als die Eltern werden (Beispiele für Körpergröße und IQ siehe Abbildungen 12–15).

Variabilität. Vielfalt und Verschiedenheit finden sich einerseits zwischen den Kindern (interindividuelle Variabilität) und andererseits beim einzelnen Kind selbst (intraindividuelle Variabilität).
Interindividuell: Unterschiedliche Ausprägung eines bestimmten Merkmals (zum Beispiel der Körpergröße) oder unterschiedliches Auftreten eines Merkmals (zum Beispiel des Geh-Alters). Gewisse Entwicklungsmerkmale wie die Körpergröße, nicht aber das Körpergewicht, weisen weitgehend eine Normalverteilung nach Gauss auf. Eine Normalverteilung zeichnet sich dadurch aus, dass die Messdaten einer Zufallsverteilung entsprechen und symmetrisch um den Mittelwert verteilt sind. Sie lässt sich durch den Mittelwert und die Standardabweichung charakterisieren. Eine verbreitete Methode, um die Variabilität eines Entwicklungsmerkmals zu beschreiben, sind die sogenannten Perzentilenwerte (Prozentwerte). Je 50 Prozent der Kinder liegen über beziehungsweise unter der 50. Perzentile. Je 3 Prozent der Kinder liegen unterhalb der 3. beziehungsweise oberhalb der 97. Perzentile. Die ganze Streubreite der Variabilität, die 100 Prozent der Kinder umfasst, wird durch den kleinsten und größten Merkmalswert begrenzt. Nicht normverteilte Daten wie das Auftreten der Lesekompetenz, werden durch sogenannte empirische Perzentilen dargestellt. Diese geben beispielsweise an, wie viel Prozent der Kinder im Alter von 8 Jahren lesen.
Intraindividuell: Verschiedene Entwicklungsmerkmale sind bei ein und demselben Kind unterschiedlich ausgeprägt, beispielsweise ist die Motorik weiter fortgeschritten als die Sprachentwicklung oder das Zahlenverständnis besser entwickelt als die Lesefähigkeit.

Zielgröße ist eine prognostische Aussage für ein kindliches Merkmal im Erwachsenenalter anhand der elterlichen Merkmale.

- Voraussichtliche Körpergröße des Kindes im Erwachsenenalter =

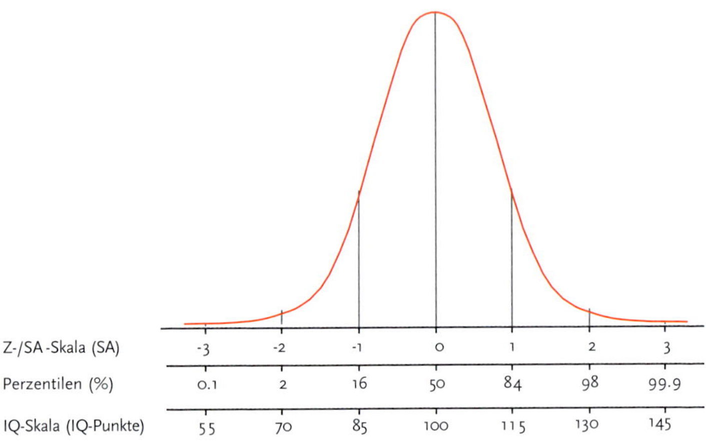

Normalverteilung nach Gauss. Z-/SA-Skala: Einteilung mit Einheit Standardabweichung (SA). Perzentilen: Einteilung in Prozent. IQ-Skala: 100 IQ-Punkte entspricht dem Mittelwert der Testpopulation, eine Standardabweichung beträgt 15 IQ-Punkte.

(Körpergröße Vater + Körpergröße Mutter)/2 – 6.5 cm für Mädchen/+ 6.5 cm für Knaben. Beispiel: Vater 178 cm, Mutter 162 cm. Zielgröße für Mädchen: 163.5 cm; für Jungen: 176.5 cm. 90 Prozent der Kinder liegen innerhalb der errechneten Körpergröße ± 8.5 cm. (Annahme: Die Körpergröße des Kindes korreliert mit derjenigen der Eltern mit r = 0.6).

- Voraussichtlicher IQ des Kindes im Erwachsenenalter = (IQ Mutter + IQ Vater)/2. Beispiel: IQ der Mutter beträgt 130, IQ des Vaters 110. Voraussichtlicher IQ des Kindes: 120. 90 Prozent der Kinder liegen innerhalb des errechneten IQ-Wertes ± 20 IQ-Punkte (Annahme: IQ des Kindes korreliert mit IQ der Eltern mit r = 0.5).

Bildungssysteme

In den nachstehenden Graphiken sind die Schulsysteme von Deutschland, Finnland, Österreich und der Schweiz vereinfacht dargestellt. Nicht berücksichtigt ist, dass in den deutschen Bundesländern wie auch in den Schweizer Kantonen die Schulen unterschiedlich gestaltet sein können. Da derzeit die Schulsysteme in vielen Ländern reformiert werden, kann es durchaus sein, dass die Darstellungen nicht mehr dem neuesten Stand entsprechen. Die Größe der Felder geben nicht den prozentualen Anteil der Schüler in den verschiedenen Schultypen wieder. So variiert der prozentuale Anteil der Schüler, die das Abitur (Schweiz: Matur) machen, in den deutschen Bundesländern, in den Schweizer Kantonen wie auch zwischen den Ländern erheblich. Die Maturquote beträgt in der Schweiz 15 bis 20 Prozent, in Finnland etwa 80 Prozent.

In Deutschland und Österreich ist die beste Schulnote eine 1 und die schwächste eine 6. In der Schweiz ist das Notensystem genau umgekehrt.

Bildungssystem Deutschland

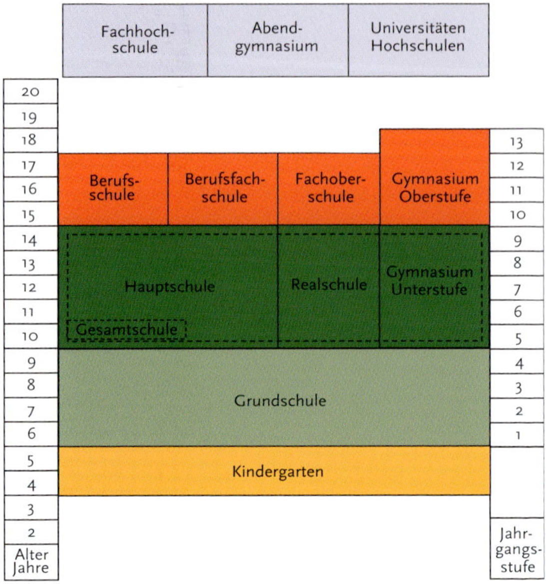

Bildungssystem Finnland

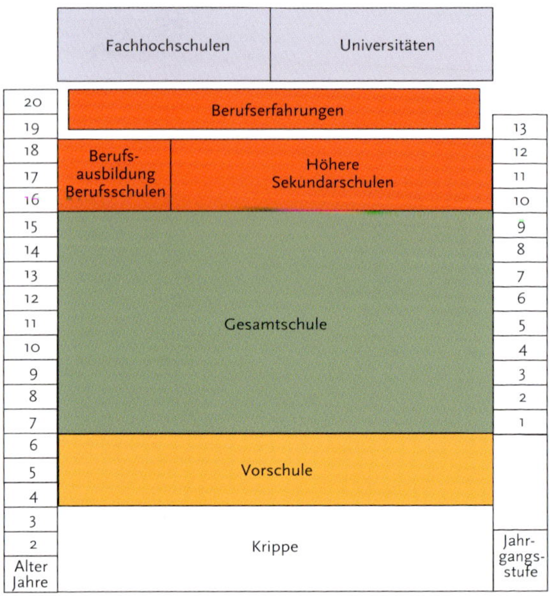

Bildungssystem Österreich

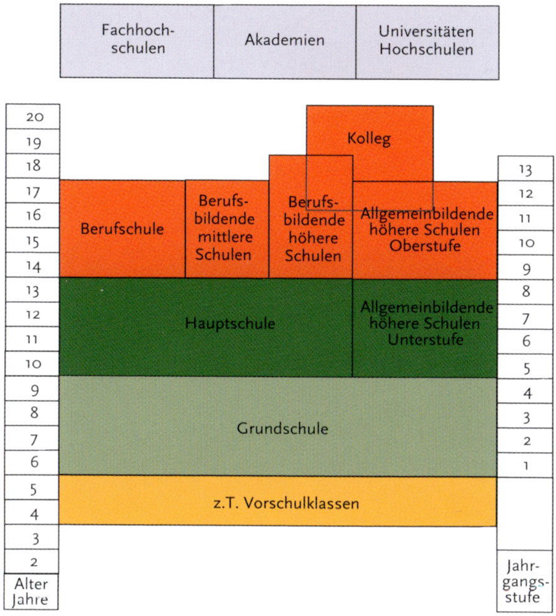

Bildungssystem Schweiz

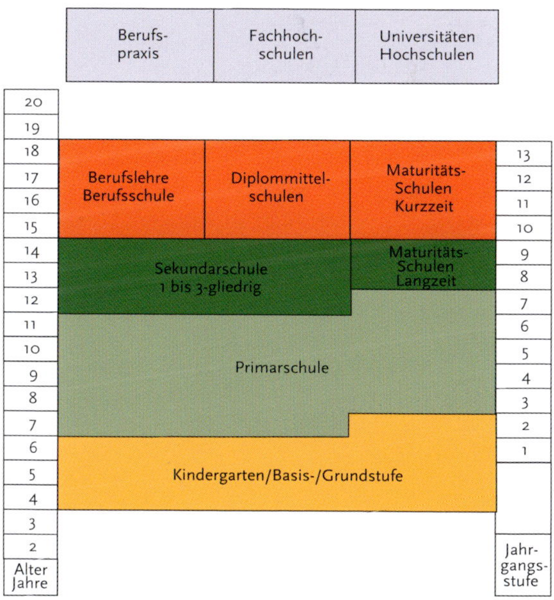

Literatur

Abbott, A.: »Mozart doesn't make you clever«, in: *Nature Online*, 13. April 2007

Annabelle: »Mutter sein – Glück allein?«, in: *Annabelle* 18/2006, S. 58

Baltes, P. B., Mayer, K. U., Delius, J.: *The Berlin Aging Study: Aging from 70 to 100*. Cambridge 2001

Bandura, A.: *Lernen am Modell*. Stuttgart 1976

Basler Zeitung: »Dreijährige müssen Deutsch lernen. Der Kanton Basel-Stadt startet ein Frühförderprojekt für Kinder mit sprachlichen Defiziten«, in: *Basler Zeitung*, 26. Februar 2008

Bauer, J.: *Warum ich fühle, was du fühlst. Intuitive Kommunikation und das Geheimnis der Spiegelneurone*. München 2006

Becker, N.: *Die neurowissenschaftliche Herausforderung der Pädagogik*. Bad Heilbrunn 2005

Bildungsdirektion des Kantons Zürich: www.bildungsdirektion.zh.ch/internet/bi/de/home.html

Bischof-Köhler, D.: *Spiegelbild und Empathie*. Bern 1989

Bischof-Köhler, D.: *Kinder auf Zeitreise. Theory of Mind, Zeitverständnis und Handlungsorganisation*. Bern 2000

Bischof-Köhler, D.: *Von Natur aus anders. Die Psychologie der Geschlechtsunterschiede*. Stuttgart 2002

Bos, W.: »Note: zwei minus«, in: *Die Zeit* 16/2003, S. 36

Bourdieu, P.: *Die feinen Unterschiede: Kritik der gesellschaftlichen Urteilskraft*. Frankfurt 1983

Bowlby, J.: *Attachment and Loss, Vol. 1: Attachment*. New York 1969

Bowlby, J.: *Attachment and Loss, Vol. 2: Separation*. New York 1975

Brisch, K. H., Grossman, K. E., Grossmann, K., Köhler, L.: *Bindung und seelische Entwicklungswege*. Stuttgart 2002

Brooks-Gunn, J., Lewis, M.: »The development of early visual self-recognition«, in: *Developmental Review*, 4/1984, S. 215–239

Brügelmann, H.: »Misstraut allen Noten!«, in: *Die Zeit*, 29/2006, S. 52

Buccino, G., Vogt, S., Ritzl, A., Fink, G. R., Zilles, K., Freund, H. J., Rizzolatti, G.: »Neural circuits underlying imitation learning of hand actions: an event related fMRI study«, in: *Neuron*, 42/2004, S. 323–334

Budde, J.: »Bildungs(miss)erfolge von Jungen und Berufswahlverhalten bei männlichen Jugendlichen«, in: Bundesministerium für Bildung und Forschung (BMBF) (Hrsg.): *Bildungsforschung* Band 23, Bonn 2006

Chomsky, N.: *Aspects of the Theory of Syntax*. Cambridge/Mass. 1967

Coradi Vellacott, M.: *Bildungschancen Jugendlicher in der Schweiz: eine Untersuchung familiärer, schulischer, und sozial-räumlicher Einflüsse auf Leistungsunterschiede am Ende der obligatorischen Schulzeit*. Zürich 2007

Coradi Vellacott, M., Wolter, S.C.: *Chancengleichheit im schweizerischen Bildungswesen*. Aarau 2005

Csikszentmihalyi, M.: *Flow*. New York 1990

de Beauvoir, S.: *Das andere Geschlecht. Sexus und Sitte der Frau*. Reinbek 2000

Denzler, S., Wolter, S.: *Unsere zukünftigen Lehrerinnen und Lehrer – Institutionelle Faktoren bei der Wahl eines Studiums an einer Pädagogischen Hochschule*. Zürich 2008

Der Spiegel: Horrortrip Schule. 46/2003, S. 46–70

Dewey, J.: *Demokratie und Erziehung. Eine Einleitung in die philosophische Pädagogik*. Weinheim 1993

DiPietro, J.: »Rough and tumble play: A function of gender«, in: *Developmental Psychology*, 17/1981, S. 50–58

Döbert, M., Hubertus, P.: *Ihr Kreuz mit der Schrift. Analphabetismus und Alphabetisierung in Deutschland*. Stuttgart 2000

Dohmen, D.: *Was wissen wir über Nachhilfe? Sachstand und Auswertung der Forschungsliteratur zu Angebot, Nachfrage und Wirkungen*. Berlin 2008

Dolto, F.: *Von den Schwierigkeiten erwachsen zu werden*. Stuttgart 2005

Eaton, W.O., Enns, L.R.: »Sex differences in human activitity level«, in: *Psychological Bullletin*, 100/1986, S. 19–28

Eaton, W.O., McKeen, N.A., Campbell, D.W.: »The waxing and waning of movement: Implications for psychological development«, in: *Developmental Review*, 21/2001, S. 205–223

Effe: *32. Effe-Konferenz: Von frühkindlicher Neugierde bis zur Schulverweigerung*. 2008. http://ec.europa.eu/employment_social/esf.

Fantz, R.L.: »Visual perception from birth as shown by pattern selectivity«, in: *Annals of New York Academic Science*, 118/1965, S. 793–814

Fend, H.: *Neue Theorie der Schule*. Wiesbaden 2006

Fend, H.: »Schwerer Weg nach oben«, in: *Die Zeit*, 2/2008, S. 57

Flavell, J.H., Green, F.L., Flavell, E.R., Grossman, J.B.: »The development of children's knowlegde about inner speech«, in: *Child Development* 68/1997, S. 39–47

Flynn, J.R.: »The mean IQ of Americans: Massive gains 1932 to 1978«, in: *Psychological Bulletin*, 95/1984, S. 29–51

Fritschi, T., Oesch, T.: *Volkswirtschaftlicher Nutzen von frühkindlicher Bildung in Deutschland. Eine ökonomische Bewertung langfristiger Bildungseffekte bei Krippenkindern.* Bertelsmann Stiftung Deutschland 2008. www.bertelsmann-stiftung.de/bst/de/media/xcms_bst_dms_23 966_23 968_2.pdf

Frühe Mehrsprachigkeit: www.fruehe-mehrsprachigkeit.info

Gallahue, D. L.: *Understanding Motor Development. Infants, Children, Adolescents.* Indianapolis 1989

Gardiner, M. F., Fox, A., Knowle, F., Jeffre, D.: »Learning improved by arts training«, in: *Nature*, 381/1996, S. 284–291

Gardner, H.: *Abschied vom IQ. Die Rahmentheorie der vielfachen Intelligenz.* Stuttgart 1985

Geary, D. C.: *Male, female: The evolution of human sex differences.* Washington, D. C., 1998

GEW-Stellungnahme zu Jugendgewalt – Vorbeugen und resozialisieren (2008). www.gew.de/Vorbeugen_und_resozialisieren_-_GEW-Stellungnahme_zu_Jugendgewalt.html

Grossenbacher, S., Oberdorfer, G.: Vom erfolgreichen Umgang mit Heterogenität. Positionspapier der Pädagogischen Kommission des LCH (2006). www.lch.ch/dms-static/8e22dcad-c9a7-425a-bf73-4dbafc9e9f12/060 830_papier_heterogenitaet.pdf,

Guggenbühl, A.: *Die Pisa-Falle.* Freiburg 2002

Guiso, L., Monte, F., Sapienza, P., Zingales, L.: »Culture, gender and math«, in: *Science*, 320/2008, S. 1164–1165

Harris, J. R.: *Ist Erziehung sinnlos? Die Ohnmacht der Eltern.* Reinbek 2000

Heidemann, R.: *Körpersprache im Unterricht. Ein Ratgeber für Lehrende.* Wiebelsheim 2007

Huwiler, K.: *Herausforderung Mutterschaft.* Bern 2001

Imdorf, C.: »Schulische Formalqualifikation als Leistungsmesser auf der Sekundarstufe I: Verzerrung nach Geschlecht und nationaler Herkunft«, in: *Kongress ADMEE/SGBF*, Genf 2002

Institut für Demoskopie Allensbach (ifD): »Die Allensbacher Berufsprestige-Skala 2008«, in: *Allensbacher Berichte* 2/2008

Jäncke, L.: *Macht Musik schlau? Neue Erkenntnisse aus den Neurowissenschaften und der kognitiven Psychologie.* Frauenfeld 2008

Kalberer, U.: *Rate of L2 acquisition and the influence of instruction time on achievement.* Manchester 2007

Kalberer, U.: »Wann platzt die Seifenblase?«, in: *Neue Züricher Zeitung*, 64/2008, S. 51

Kanaya, T., Scullin, M.H., Ceci, S.J.: »The Flynn effect and U.S. policies. The impact of rising IQ scores on American society via mental retardation diagnosis«, in: *American Psychologist*, 58/2003, S. 778–790

Kanton Luzern. Ganzheitlich Beurteilen und Fördern (GBF) (2008). http://www.volksschulbildung.lu.ch/index/ganzheitlich-beurteilen-foerdern.htm,

Kasten, H.: *Einzelkinder und ihre Familien*. Göttingen 2007

Klassencockpit: www.klassencockpit.ch

Kohlberg, L.: »Moral stage and moralization. The cognitive-developmental approach«, in: Lickona, T. (Ed.): *Moral development and behavior: Theory, research and social issues*. New York 1976, S. 84–107

KONSORTIUM Bildungsberichterstattung: *Bildung in Deutschland. Ein indikatorengestützter Bericht mit einer Analyse zu Migration und Bildung*. Frankfurt a.M. 2006

Korczak, J.: *Das Recht des Kindes auf Achtung*. Göttingen 1970

Korczak, J.: *Wie man Kinder lieben soll*. Göttingen 1989

Kronig, W.: *Die systematische Zufälligkeit des Bildungserfolgs: Theoretische Erklärungen und empirische Untersuchungen und Leistungsbewertung von leistungsschwachem Lernen*. Bern 2007

Laging, R.: *Altersgemischtes Lernen an der Schule. Grundlagen – Schulmodelle – Unterrichtspraxis*. Baltsmannweiler 2003

Largo, R.H.: *Kinderjahre*, München 1999

Largo, R.H.: *Babyjahre*, München 2007

Largo, R.H., Caflisch, J.A., Hug, F., Muggli, K., Molnar, A., Molinari, L., Sheehy, A., Gasser, T.: »Neuromotor development from 5 to 18 years. Part 1: Timed performance«, in: *Developmental Medicine and Child Neurology*, 43/2001a, S. 436–443

Largo, R.H., Caflisch, J.A., Hug, F., Muggli, K., Molnar, A., Molinari, L.: »Neuromotor development from 5 to 18 years. Part 2: Associated movements«, in: *Developmental Medicine and Child Neurology*, 43/2001b, S. 444–453

Largo, R.H., Comenale-Pinto, L., Weber, M. Molinari, L., Duc, G.: »Language development during the first five years of life in term and preterm children. Significance of pre-, peri- and postnatal events«, in: *Developmental Medicine and Child Neurology*, 28/1986, S. 333–350

Largo, R.H., Howard, J.A.: »Developmental progression in play behavior of children between nine and thirty months. II. Spontaneous play and language development«, in: *Developmental Medicine and Child Neurology*, 21/1979, S. 492–503

Largo, R.H., Jenni, O.G.: »50 Jahre Forschung in den Zürcher Longitudinalstudien. Was haben wir daraus gelernt?«, in: Arbeitsstelle Frühförderung Bayern (Hrsg): *Forschung für die Praxis – Wie funktioniert kindliche Entwicklung?* München 2005, S. 47–56

Largo, R. H., Prader, A.: »Pubertal development in Swiss boys«, in: *Helvetica Paediatrica Acta,* 38/1983a, S. 211–228

Largo, R. H., Prader, A.: »Pubertal development in Swiss girls«, in: *Helvetica Paediatrica Acta* 38/1983b, S. 229–243

Largo, R. H., Weber, M., Comenale-Pinto, L., Duc, G.: »Early development of locomotion: Significance of prematurity, cerebral palsy and sex«, in: *Developmental Medicine and Child Neurology,* 27/1985, S. 183–191

Lenneberg, E. H.: *Biological Foundation of Language.* New York 1967

Levy, R., Joyce, D., Guye, O., Kaufmann, V.: *Tous égaux? De la stratification aux représentations.* Zürich 1997

Meyer, H.: *Leitfaden Unterrichtsvorbereitung.* Berlin 2007

Montessori, M.: *Kinder sind anders.* Stuttgart 1952

Montessori, M.: *Grundlagen meiner Pädagogik: Und weitere Aufsätze zur Anthropologie und Didaktik.* Wiebelsheim 2005

Moreno, S., Besson, M.: »Musical training and language-related brain electrical activity in children«, in: *Psychophysiology,* 43/2006, S. 287–91

Moser, U.: *Jugendliche zwischen Schule und Berufsbildung.* Bern 2004

Moser, U.: *Analyse zur Volksschule zuhanden der SP Schweiz.* Zürich 2007

Moser, U., Keller, F., Tresch, S.: *Schullaufbahn und Leistung.* Bern 2003

Moser, U., Keller, F.: *Check 5: Schlussbericht zuhanden des Departements Bildung, Kultur und Sport des Kantons Aargau.* Zürich 2008

Moser, U., Lanfranchi, A.: »Ungleich verteilte Bildungschancen«, in: Eidgenössische Koordinationskommission für Familienfragen (Hrsg.): *Familien – Erziehung –Bildung.* Bern 2008a

Moser, U., Tresch, S.: *Best Practice in der Schule: von erfolgreichen Lehrerinnen und Lehrern lernen.* Zürich 2003

Müller, C.: *Dein Kind will dich.* Sankt Ulrich 2007

Müller, M.: »Unterricht wird zum Kindergeburtstag«, in: *Basler Zeitung,* 12. August 2006, S. 16

Neill, A.: *Theorie und Praxis der antiautoritären Erziehung. Das Beispiel Summerhill.* Reinbek 1969

Neill, A.: *Das Prinzip Summerhill. Fragen und Antworten.* Reinbek 1971

Neubauer, A., Stern, E.: *Lernen macht intelligent. Warum Begabung gefördert werden muss.* München 2007

Notter, P.: *Lesen und Rechnen im Alltag. Grundkompetenzen von Erwachsenen in der Schweiz.* Neuchâtel 2006

Notter, P., Bonerad, E.-M., Stoll, F.: *Lesen – eine Selbstverständlichkeit? Schweizer »Bericht zum International Adult Literacy Survey«*. Chur 1999

Nowicki, S., Duke, M. P.: »Individual differences in the nonverbal communication of affect: The diagnostic analysis of nonverbal accuracy scale«, in: *Journal of Nonverbal Behavior*, 18/1994, S. 9–13

OECD 2003 bis 2008: http://www.oecd.org

Oelkers, J.: *Selbst organisiertes Lernen (SOL)*. Projekt am Pädagogischen Institut der Universität Zürich 2008

Opp, G., Teichmann, J.: *Positive Peer Kultur. Best Practices in Deutschland*. Bad Heilbrunn 2008

Perner, J., Wimmer, H.: »John thinks that Mary thinks that. Attribution of second order beliefs by 5- to 10- year-old children«, in: *Journal of Experimental Psychology* 39/1985, S. 437–471

Pfeiffer, C., Mössle, T.: *Die Pisa-Verlierer – Opfer ihres Medienkonsums*. Hannover 2007

Piaget, J.: *Sprechen und Denken des Kindes*. Düsseldorf 1972

Piaget, J.: *Das Erwachen der Intelligenz beim Kinde*. Gesammelte Werke 1, Studienausgabe. Stuttgart 1975

Pinker, S.: *Das Geschlechter-Paradox*. Frankfurt 2008

PISA (2000) Deutschland: http://www.mpib-berlin.mpg.de/pisa/

PISA (2003, 2006) Deutschland: http://pisa.ipn.uni-kiel.de//pisa2003/index.html

PISA Finnland: http://www.sotunki.edu.vantaa.fi/pisa/

PISA OECD: OECD: http://www.pisa.oecd.org/

PISA Österreich: http://www.pisa-austria.at/aktuelle_ergebnisse.htm

PISA Schweiz : http://www.pisa.admin.ch/bfs/pisa/de

Polanczyk, G., de Lima, M. S., Horta, B. L., Biedermann, J., Rohde, L. A.: »The worldwide prevalence of ADHD: a systematic review and meta-regression analysis«, in: *American Journal of Psychiatry*, 164/2007, S. 962–48

Prader, A., Largo, R. H., Molinari, L., Issler, C.: »Physical growth of Swiss children from birth to 20 years of age (First Zurich Longitudinal Study of Growth and Development)«, in: *Helvetica Paediatrica Acta*, Supplementum 52, 1989

Preisendörfer, B.: *Das Bildungsprivileg. Warum Chancengleichheit unerwünscht ist*. Frankfurt a. M. 2008

Premack, D., Woodruff, G.: »Does the chimpanzee have a theory of mind?«, in: *Behavioral Brain Science*, 1/1978, S. 515–526

Prenzel, M.: »Die Stundenkürzungen sind eine Chance«, in: *Süddeutsche Zeitung*, 3. April 2008

Prenzel, M. et al.: *Pisa 2003. Untersuchungen zur Kompetenzentwicklung im Verlauf eines Schuljahres.* Münster 2006

Prosopagnosie: www.prosopagnosia.de

Rossbach H. G.: »Empirische Vergleichsuntersuchungen zu den Auswirkungen von jahrgangsheterogenen und jahrgangshomogenen Klassen«, in: Laging, R. *Altersgemischtes Lernen in der Schule.* Hohengehren 1999, S. 80–91

Rüesch, P.: *Gute Schulen im multikulturellen Umfeld: Ergebnisse aus der Forschung zur Qualitätssicherung.* Zürich 1999

Rutschky, K.: *Schwarze Pädagogik.* Berlin 1997

Rutter, M.: »Nature, nurture, and development: From evangelism through science toward policy and practice«, in: *Child Development* 73/2002, S. 1–21

Rutter, M., Maugham, B.: *Fünfzehntausend Stunden. Schulen und ihre Wirkung auf die Kinder.* Weinheim, Basel 1980

Rüttimann, D.: *Lehrpersonen für den Umgang mit Heterogenität fit machen.* Bildung Schweiz 1 (2008). http://www.lch.ch/dms-static/2396fea6-de3f-4e3d-8095-f21f4f719442/fitmachen.pdf

Salcher, A.: *Der talentierte Schüler und seine Feinde.* Salzburg 2008

Saris, W. H. M.: »Physical acitivity and body weight regulation«, in: Bouchard C., Bray G. A. (Ed.): *Regulation of body weight: Biological and behavioral mechanisms.* New York 1996, S. 135–148

Scarr, S.: »Developmental theories for the 1990s: Development and individual differences«, in: *Child Development* 63/1992, S. 1–19

Schaarschmidt, U.: *Halbtagesjobber? Psychische Gesundheit von Lehrerinnen und Lehrern.* Potsdam 2005

Schaarschmidt, U.: »Die Ausgebrannten«, in: *Die Zeit,* 51/2006, S. 47

Schell, L. M., Smith, M. T, Bilsborough, A.: *Urban ecology and health in the third world.* Cambridge 1993

Schellenberg, E. G.: »Music lessons enhance IQ«, in: *Psychological Science,* 15/2004, S. 511–514

Schmeiser, M.: *»Missratene« Söhne und Töchter. Verlaufsformen des sozialen Abstiegs in Akademikerfamilien.* Konstanz 2003

Schneider, M.: *Klassenwechsel. Aufsteigen und Reichwerden in der Schweiz: Wie Kinder es weiterbringen als ihre Eltern.* Basel 2007

Schneider, W., Stefanek, J., Dotzler, H.: »Erwerb des Lesens und des Rechtschreibens: Ergebnisse aus dem SCHOLASTIK-Projekt«, in: Weinert, F. E., Helmke, E. (Hrsg): *Entwicklung im Grundschulalter.* Weinheim 1997, S. 113–129

Schöbi, D., Perrez, M.: *Bestrafungsverhalten von Erziehungsberechtigten in der Schweiz*. Fribourg 2004

Slomkowski, C., Dunn, J.: »Young children's understanding of other people's beliefs and feelings and their connected communication with friends«, in: *Developmental Psychology*, 32/1996, S. 442–447

Sodian, B.: »The development of deception in young children«. In: *British Journal of Developmental Psychology* 9/1991, 173–188

Sonderegger, J.: »Erster Förderort ist der Unterricht. Allgemeindidaktische Einführung«, in: Schweizerische Koordinationsstelle für Bildungsforschung (SKBF): *Begabungsförderung in der Volksschule. Umgang mit Heterogenität*. Aarau 1999, S. 45–60

Spitzer, M.: *Lernen. Gehirnforschung und die Schule des Lebens*. Heidelberg 2002

Spitzer, M.: *Vorsicht Bildschirm!* München 2007

Stamm, M., Viehhauser, M.: »Frühkindliche Bildung und soziale Ungleichheit. Analysen und Perspektiven zum chancenausgleichenden Charakter frühkindlicher Bildungsprogramme«, in: *Zeitschrift für Sozialisation und Soziologie der Erziehung* 2008

Starkey, P., Selke, E. S., Gelman, R.: »Numerical abstraction by human infants«, in: *Cognition* 36/1990, S. 97–127

Steiner, R.: *Die geistig-seelischen Grundkräfte der Erziehungskunst*. Dornach 1978

Stern, E.: »Wer macht die Schule klug? Streitgespräch zwischen Elsbeth Stern und Manfred Spitzer«, in: *Die Zeit*, 287/2004, S. 69–72

Stern, E., Felbrich, A., Schneider, W.: »Mathematiklernen«, in: Rost, D. H.: *Handwörterbuch: Pädagogische Psychologie*. Weinheim 2006, S. 461–469

Stern, E.: »Raus aus den Schubladen!«, in: *Die Zeit*, 51/2005, S. 87

Teasdale, T. W., Owen, D. R.: »A long-term rise and recent decline in intelligence test performance: The Flynn effect in reverse«, in: *Personality and Individual Differences* 39/2005, S. 837–843

v. Hentig, H.: *Bewährung. Von der nützlichen Erfahrung, nützlich zu sein*. Weinheim 2007

Van Wieringen, J. C.: »Secular growth changes«, in: Falkner F., Tanner J. M. (Ed.): *Human Growth*, Volume 3. New York 1986, S. 307–332

Vögeli-Mantovani, U.: *Mehr fördern, weniger auslesen. Zur Entwicklung der schulischen Beurteilung in der Schweiz*. Trendbericht Nr. 3. Aarau 1999

Volken, J. S., Knöpfel, C.: *Armutsrisiko Nummer eins: geringe Bildung. Was wir über Armutskarrieren in der Schweiz wissen*. Luzern 2004

Vuille, J. C., Carvajal, M. I., Casaulta, F., Schenkel, M.: *Die gesunde Schule im Umbruch*. Zürich 2004

Watson, J. B.: *Behaviorism* (überarbeitete Auflage), Chicago 1930

Wetzikon: www.kzo.ch

Wilson, R. S.: »The Louisville Twin Study: Developmental synchronies in behavior«, in: *Child Development*, 54/1983, S. 289–316

Wimmer, H., Perner, J.: »Beliefs about beliefs: representation and constraining function of wrong belief in young children's understanding of deception«, in: *Cognition* 13/1983, S. 103–128

Wössmann, L.: *Letzte Chance für gute Schulen. Die 12 größten Irrtümer und was wir wirklich ändern müssen*. München 2007

Abbildungsnachweis

S. 33, S. 58: Ausserhofer D./SZ Photo
S. 40, S. 72, S. 93: Willy Spiller Fotografie, Zürich; www.willyspiller.com
S. 97: Ronald Frommann
S. 100, S. 165: ullstein bild – ddp Nachrichtenagentur
S. 103: Karen Kasmauski
S. 116, S. 131, S. 139, S. 151, S. 155, S. 229: dpa Picture Alliance
S. 119: AMW Pressedienst
S. 125, S. 214: SZ Photo
S. 144: Hartmut Schwarzbach/ARGUS
S. 164: ullstein bild – KPA – 90100
S. 173: Eckenroth P./SZ-Photo
S. 183: Whatatop
S. 195: Olivier Coulange
S. 213: Peter Ammon/Fotoagentur AURA
S. 215 (links): Bild Liu Hai/Reuters/Xinhua; S. 215 (rechts): Reuters
S. 261: Norbert Enker/DER SPIEGEL
S. 19, S. 25, S. 76, S. 84, S. 92, S. 115, S. 128, S. 169, S. 172, S. 203, S. 267,
S. 272: Mit freundlicher Genehmigung der Autoren

Dank

Wir danken allen Eltern und Kindern, die uns in den vergangenen Jahren an ihren Erfahrungen mit der Schule teilhaben ließen. Dieser Dank gilt auch den Lehrern und Lehrerinnnen aller Schulstufen, die uns Einblick in ihre Arbeit gegeben und sich freimütig dazu geäußert haben. Ebenfalls danken möchten wir den Bildungswissenschaftlern, die ihre Studien und theoretischen Konzepte mit uns diskutiert haben.

Unseren Familien möchten wir herzlich für das Verständnis danken, das sie uns beim Schreiben des Buches entgegengebracht haben. Sie waren nicht nur geduldig, sondern haben auch regen Anteil an der Entstehung des Buches genommen und uns mit ihren eigenen Schulerfahrungen bereichert.

Alle Personen, die das Manuskript gelesen und kritisch kommentiert haben, haben wesentlich zum Gelingen des Buches beigetragen. Unser Dank geht insbesondere an Gabi Bee Beglinger, Caroline Benz, Monika Czernin, Regula Grunder, Reinhard Kahl, Luciano Molinari, Urs Moser, Manfred Pfiffner, Anne Richter, Jürg Schoch, Catherine Walter und Daniel Wirz.

Den folgenden Eltern und ihren Kindern möchten wir danken, dass wir Bilder von ihnen in dieses Buch aufnehmen durften: Eva und Peter Gächter, Oskar und Sonja Jenni, Claudia und Willy Spiller, Catherine und Urs Walter sowie der 2. Gymnasialklasse der Kantonsschule Glarus.

Ein ganz besonderer Dank geht schließlich an unsere beiden Lektorinnen, Britta Egetemeier und Margret Plath, sowie Janine Erdmann. Sie haben mit ihrem großen Engagement die Entstehung dieses Buches von der Konzepterarbeitung bis zum Druck begleitet und mit ihren konstruktiven Beiträgen wesentlich zum Aufbau und Inhalt des Buches beigetragen.

Remo H. Largo
Martin Beglinger

Register